小实验 大智慧

幼儿科学学习与探究

蔡伟萍 主编

广西师范大学出版社
·桂林·

图书在版编目（CIP）数据

小实验 大智慧：幼儿科学学习与探究／蔡伟萍主编.

桂林：广西师范大学出版社，2025. 3. -- ISBN 978 - 7 - 5598 - 7985 - 1

Ⅰ. G613.3

中国国家版本馆 CIP 数据核字第 2025WT1376 号

小实验 大智慧：幼儿科学学习与探究

XIAOSHIYAN DAZHIHUI：YOUER KEXUE XUEXI YU TANJIU

出 品 人：刘广汉

责任编辑：李 梅

助理编辑：尤 佳

装帧设计：张 猎

广西师范大学出版社出版发行

（广西桂林市五里店路 9 号   邮政编码：541004）

（网址：http：//www.bbtpress.com）

出版人：黄轩庄

全国新华书店经销

销售热线：021 - 65200318   021 - 31260822 - 898

山东韵杰文化科技有限公司印刷

（山东省淄博市桓台县桓台大道西首   邮政编码：256401）

开本：720 mm × 1 000 mm   1/16

印张：17.5   字数：270 千

2025 年 3 月第 1 版   2025 年 3 月第 1 次印刷

定价：58.00 元

如发现印装质量问题，影响阅读，请与出版社发行部门联系调换。

序

　　幼儿时期，正是好奇心与求知欲最为旺盛的阶段，如何在这一黄金时期播下科学的种子，让智慧的火花在孩子们心中生根发芽，是我们每一位教育工作者和家长共同的责任与使命。《小实验 大智慧：幼儿科学学习与探究》一书的出版正是为了响应这一时代的呼唤，以小实验为钥匙，开启幼儿科学探索的大门，引领他们走向智慧的殿堂。

　　十几年来，好儿童幼儿园一直致力于科学教育的研究，本书中的"整体渐进设计与实施幼儿科学实验的行动研究"课题研究报告，不仅是好儿童幼儿园科学教育发展历程中的一个缩影，更是对当前幼儿科学教育模式的一次创新尝试。该课题的研究基于当前社会对创新型人才的需求以及幼儿科学教育在培养幼儿科学素养中的重要作用，旨在通过整体渐进的设计理念，优化科学实验的实施过程，提高教育效果。

　　好儿童幼儿园作为这一课题的实践基地，其科学课题的发展历程充满了探索与创新的精神。从最初的简单科学小实验的引入，到后来的系统化、整体化的科学课程设计，再到如今强调幼儿主动探究、亲身体验的"玩中学"模式，每一步都凝聚着教育工作者的智慧与汗水。幼儿园秉持"支持探究 向好发展"的办园理念，致力于为幼儿营造一个充满探索与发现的学习环境。在这里，孩子们不仅获得了科学启蒙教育，还提升了观察力、想象力、专注力、创造力以及解决问题等能力。这体现了"幼儿发展优先"理念下的"儿童视角"和"课程视角"。

　　"整体渐进设计与实施幼儿科学实验的行动研究"课题的研究，通过大量的实践探索和数据分析，研究团队揭示了幼儿科学实验设计的关键要素和实施策略，为一线教师提供了可借鉴、可操作的指导方案。这些研究成果不仅丰富了幼儿科学教育的理论体系，更为实践中的教育工作者提供了有力的支持。

《小实验　大智慧：幼儿科学学习与探究》一书紧密围绕幼儿科学学习的核心要素展开，层层递进，逐步深入。书中先后聚焦了幼儿科学教育的理论基础、实验设计原则、实验材料的选择与利用、实验过程中的观察与指导、实验成果的分享与评价，充分体现了科学教育对幼儿全面发展的深远影响。每一章节都蕴含着丰富的教育智慧和实践经验，值得幼儿科学教育工作中借鉴和参考。

《小实验　大智慧：幼儿科学学习与探究》一书中的实验设计巧妙、操作简便、材料易得，适合在幼儿园和家庭中开展。通过这些小实验，孩子们可以在动手操作中感受科学的魅力，在探究过程中培养解决问题的能力，在分享交流中提升语言表达和团队合作的能力。

以小实验为起点，开启幼儿科学探索的智慧之旅，为培养未来的科学家、工程师、创新者打下基础。让我们共同期待和见证孩子们智慧之花绽放的每一个精彩瞬间！

尹后庆

2024 年 12 月

目 录

第一章　研究报告

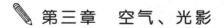

第二章　磁铁与电

经验文章

案　例

第三章　空气、光影

经验文章

案　例

第四章　沙　水

第五章　植　物

 第六章　重力、火山

 第七章　其　他

第一章

研究报告

整体渐进设计与实施幼儿科学实验的行动研究

◎蔡伟萍

一、问题提出

（一）概念界定

1. 科学实验

科学实验是指根据一定目的，运用一定的仪器、设备等，在人工控制的条件下，观察、研究自然现象及其规律的社会实践活动。

2. 幼儿科学实验

幼儿科学实验是指 3—6 岁儿童在老师或家长的支持下，通过对材料和物品的操作、观察、比较、分析等，从实验的过程和结果中发现或推断事物之间联系的活动。

3. 整体渐进设计与实施幼儿科学实验

针对当前幼儿园科学实验活动内容零散、无序列、不完整等情况，根据 3—6 岁幼儿的发展水平，依据学前教育课程要求，在物质、生命、地球宇宙等科学领域选取与幼儿生活有关的内容开展科学实验活动。其中物质科学实验领域包括沙水、声音、磁铁、电、力、机械、生活材料等主题；生命科学实验领域包括动植物的形态、动植物的生长、动植物与人类的关系等主题；地球宇宙科学实验领域包括引力、空气、光影、重力、地震、火山爆发、天气变化、季节等主题。按照不同的年龄段，由易到难、由模仿到拓展，循序渐进地开发设计、组织实施一系列的科学实验活动。注重培养幼儿好奇好问、大胆猜测、观察比较、记录分析、说明讲述、想象拓展、灵活运用的科学素养，最终形成包括集体实验、个别化实验、亲子实验、兼顾 3—6 岁幼儿科学经验的整体性和渐进性的序列实验活动以及课程资源包。在这些科学实验活动中，我们重点关注幼儿提出科学问题、进行问题假设、寻找实验材料、进行实操作、记录实验发现、解释交流实验现象、进行科学创想这七个步骤。因此我们提出了科学实验组织实施七部曲，包括"问一问""猜一猜""找一找""做一做""记一记""说一说""想一想"，让幼儿体验完整的实验过程，获得整体的实验经验。

（二）问题及分析

1. 幼儿科学实验内容零散，缺乏系统性、渐进性

系统性意味着科学实验内容开发应该以幼儿的年龄和发展水平为依据，确保每个阶段的学习都是基于前一阶段的经验和能力。这样，幼儿可以逐渐积累科学经验和能力，而不会在学习新内容时感到困难。渐进性则要求科学实验内容开发由浅入深，从简单到复杂。对于幼儿来说，接受新的科学实验需要时间，所以内容应该根据他们的学习速度和接受程度进行合理设计。

从当前国内外情况来看，科学实验设计开发主要从小学阶段开始。幼儿时期的科学实验内容开发较少，或者与小学的科学实验内容重复交叉。目前国内已有的幼儿科学实验内容开发比较零散，缺乏系统性和渐进性，基本是针对某一年龄段的，主要是中大班，对于幼儿科学实验的分类内容设计几乎没有。

2. 当前关于幼儿科学实验的实施偏重方法和策略，忽视内容的关联性

当前幼儿科学实验的实施偏重方法和策略，而忽视内容的关联性，可能与以下几个因素有关：（1）教学方法的影响。一些教师可能过于关注实验方法的教授，认为只要幼儿掌握了方法，就能够自主探索和学习。然而，这种做法可能导致幼儿对实验内容缺乏整体的理解，知识点变得零散。（2）课程设计的缺陷。当前幼儿科学实验的课程设计可能缺乏内在的逻辑性和层次性，导致内容之间缺乏必要的关联。这让幼儿在学习时可能难以建立知识体系。（3）评价体系的导向。科学实验评价体系过于注重方法和策略的掌握，而忽视内容的关联性和深度理解，教师在教学中可能更注重方法的教学，而不是内容的整体性。

3. 教师在幼儿科学实验的设计与实施中存在问题和困惑

当前幼儿科学实验内容零星，为幼儿设计合适的科学实验内容可能是一项挑战。教师需要确保实验内容既符合幼儿的认知发展水平和课程要求，又能激发他们的兴趣和好奇心，同时，适应不同幼儿的需求也是教师面临的一项挑战。教师需要了解如何将这些方法和策略以幼儿能够理解的方式给予他们。评价幼儿的实验可能是一项具有挑战性的任务。教师需要找到合适的工具、方法来评价幼儿的观察、记录等科学素养。

（三）国内外研究现状分析

通过中国知网高级检索，搜索关键词"幼儿科学实验"，并且包含"设计"或"实施"，期刊来源类别选择"核心期刊"和"CSSCI"，共发现27篇相关文章，国内出刊多集中在近三年，研究内容主要指向科学实验对幼儿发展的意义、培养途径策略和幼儿科学实验内容等方面。经过对国内外相关资料的分析，我们发现幼儿园科学实验主要研究方向如下：

1. 科学实验对幼儿的发展意义：符合终身发展、科学素质需求

在幼儿教育领域，科学实验对幼儿发展意义深远。诸多国家早已积极投身幼儿科学教育实践。美国自19世纪50年代起开展相关教育，其课程成熟，如在植物生长实验中培养幼儿科学探索技能与思维，还秉持科学活动的多元价值观。德国编制的科学实验教科书，依感官、用时、难度分类实验，材料简便安全且贴近认知，可以有效激发幼儿学习兴趣。英国在"全国学校课程"里将科学列为核心课程，着重培养儿童的科学探究与调查能力以及信息技术能力。澳大利亚的科技课程贯穿幼儿园至小学低年级，助力幼儿形成正确的价值观与态度。法国的"做中学"项目重视幼儿探究，并在众多幼儿园推行，为终身学习奠基。

2. 幼儿科学实验培养策略：内外协同促进幼儿能力提升

在培养途径策略方面，国外侧重创设科学分类体系辅助幼儿实验操作，国内则聚焦依据幼儿生活问题开展实验与探索方法。创设科学教育环境极为关键，合理规划科学区、自然角等能提升幼儿探究能力，且需营造宽松自由心理环境。教师要运用科学教育方法，保护幼儿好奇心，引导其参与实验，培养多种探究能力与自主性。家园共育也不可或缺，充分挖掘家长资源，开展亲子活动，如亲子制作，可增强幼儿自信，促进其科学探究能力发展。

3.幼儿科学实验内容现状：特点鲜明但存在系统性缺陷

然而，当前幼儿科学实验内容存在诸多不足。研究内容零散且缺乏联系，主要研究方向为提供实验材料或基于自然现象设计实验。实验设计特点鲜明，内容贴近生活自然，结果新奇有趣，操作简单安全，重视学习过程，然而，在设计方式上，虽有国外分类经验可借鉴，但系统分类设计匮乏，多依据幼儿生活问题选材研究，缺乏完整系列与各年龄段系统实验，且实验内容同质化严重。

总体来看，虽然已有的文献以及有关对幼儿园的科学实验设计的研究成果可以提供一定的借鉴，但是在研究幼儿园科学实验设计较完整的系列不多，主要方向多是对已有的案例进行的研究分析。同时，对幼儿园科学小实验的分类进行系统研究的还较少；根据幼儿园各年龄段选择相应的系统的科学小实验进行研究也不多。另外，科学小实验的内容大多大同小异，缺少较系统的可供教师参考的相应内容。我们可以做的是：（1）继续挖掘符合幼儿年龄特点的、儿童感兴趣的科学小实验（与生活密切相关的）；（2）抓住一切可以探索的机会，及时生成有价值的实验活动，让幼儿不仅在教学活动中接受科学教育，更要在生活中不断去发现、探索、提问、实验、解答、展示。

（四）研究意义

1.让幼儿在实验过程中像科学家一样探究

幼儿对周围事物和现象有着与生俱来的好奇心和探索欲望，离科学家只有一束光的距离，他们试图通过提问和直接经验来探索，在观察、探究和实验中不断获得关于周围世界的新知识。艾科思科学教育提出：通过好奇—探究，好奇—探究的过程，让孩子像科学家一样思考，像工程师一样解决问题。本课题的幼儿科学实验活动旨在通过"问一问"（提问）、"猜一猜"（猜测）、"找一找"（准备）、"做一做"（实验）、"记一记"（记录）、"说一说"（分享）、"想一想"（拓展）这一过程的实验设计与实践，达到完全符合科学家探究世界的过程的目标，这对培养幼儿的探究能力具有极大的促进作用。

2.让教师在研究过程中获得综合能力的发展

幼儿科学实验的研究对教师的发展具有深远的意义，具体的有以下几个方面。一是提升教师的科学素养。通过参与幼儿科学实验的研究，教师可以更深入地理解科学原理，掌握科学实验的设计和实施方法，从而提升自身的科学素养。二是增强教师的教学能力。幼儿科学实验需要教师具备引导、观察和解释实验现象的能力。通过不断地研究和实践，教师可以提高这些能力，使自己在教学中更加自如、有效。三是拓展教师的知识领域。幼儿科学实验涉及多个科学领域，如物理、化学、生物等。教师通过研究这些实验，可以拓展自己的知识领域，为未来的教学提供更多的可能性。四是促进教师的专业发展。参与幼儿科学实验的研究是教师专业发展的重要途径。通过研究，教师可以不断更新自己的教育观念和教学方法，提高自己的专业水平。五是增强教师的创新意识和实践能力。幼儿科学实验的研究需要教师具备创新意识和实践能力。通过研究，教师可以不断尝试新的实验方法和教学策略，提高自己的创新能力。

总之，幼儿科学实验的研究对教师综合能力的提升具有多方面的意义，因此，教师应该积极参与幼儿科学实验的研究，不断提高自己的专业素养和教学水平。

3. 让《幼儿园教育指导纲要（试行）》与《3—6岁儿童学习与发展指南》（以下简称《指南》）能落实到幼儿园

《幼儿园教育指导纲要（试行）》提出科学领域中幼儿的发展目标是：对周围的事物、现象感兴趣，有好奇心和求知欲，能运用各种感官，动手动脑，探究问题，能用适当的方式表达、交流探索的过程和结果。《指南》指出"科学领域"的核心是"激发探究兴趣，体验探究过程，发展初步的探究能力"。李季湄、冯晓霞在《〈3—6岁儿童学习与发展指南〉解读》中提出积极支持幼儿获得探究的完整体验，包括观察发现，提出问题；猜想和假设；形成问题的解释；交流探究结果。本课题研究能丰富我园科学教育课程的内容与方法，有效推动我园科学教育课程连贯性实施的步伐，提升科学教育活动的质量。

4. 让学前教育课程品质获得提升

幼儿科学实验研究在提升学前教育课程品质方面发挥着重要的作用。以下是几个关键方面。一是丰富课程内容。通过引入幼儿科学实验，学前教育课程可以变得更加丰富多样。这些实验不仅涵盖了物理、化学、生物等多个科学领域，还能激发幼儿的好奇心和探索欲望。这样的课程内容更符合幼儿的认知特点和发展需求。二是提升课程的趣味性。幼儿科学实验往往具有趣味性和互动性，能够吸引幼儿的注意力并让他们积极参与其中。通过亲手操作、观察实验现象，幼儿可以在玩乐中学习科学知识，提升对科学的兴趣。三是增强课程的实践性。幼儿科学实验强调实践性，要求幼儿亲自动手进行操作。这样的学习方式可以让幼儿更加深入地理解科学知识和原理，同时培养他们的动手能力和实践能力。实践性强的课程也更符合幼儿的学习方式和认知特点。

综上所述，幼儿科学实验研究对于提升学前教育课程品质具有重要意义。通过丰富课程内容、提升课程的趣味性、增强课程的实践性等方面的努力，我们可以为幼儿提供更加优质、全面的学前教育。

5. 在学前教育同行中起到辐射引领作用

幼儿科学教育一直是本园长期研究的领域。在科学实验研究中，我园积累的整体渐进性科学实验主题表、科学实验资源包、组织实施科学实验的策略方法等能够给予教师有益的操作参考和借鉴。我们将零星的科学实验知识与经验进行了整体的设计，体现整体性与渐进性，有助于教师更好地把握各年龄段幼儿科学知识经验之间的链接；我们将科学实验有机融入学习活动中，有助于幼儿通过有趣的科学实验更好地获得主题活动的体验；我们将幼儿生活中发现的问题让幼儿通过实验的方式自主解决获得答案，有助于更好地落实"幼儿发展优先"的理念，凸显以"活动、体验"为特点的课程实施。此课题的研究有助于推动整个学前教育行业对科学实验的重视和投入，让更多的幼儿园开始关注并实践整体渐进设计与实施幼儿科学实验，从而推动学前教育科学实验的进步和发展，在学前教育行业中起到辐射引领作用。

二、课题概况

（一）研究目标

1. 通过本课题研究，整体渐进设计形成与幼儿生活有关的物质、生命、地球宇宙的系列科学实验，丰富幼儿园科学课程。

2. 通过本课题研究，探索开展幼儿科学实验组织实施的途径、方法、评价等，初步形成一套开展科学实验的操作模式。

3. 通过本课题研究，让幼儿像科学家一样研究，激发幼儿探究兴趣，体验探究过程，发展初步探究能力；提高教师对幼儿科学实验的设计与实施能力，提升教师的科学素养。

（二）研究内容

1. 当前幼儿科学实验设计的现状分析
2. 整体渐进性幼儿科学实验的目标
3. 整体渐进性幼儿科学实验的内容设计
4. 整体渐进性幼儿科学实验的实施
5. 整体渐进性幼儿科学实验的评价

（三）研究方法

1. 问卷研究法

本课题研究中，我们主要采用问卷的形式向教师、家长开展调查，还通过集体交流（家长会、幼儿分享）、个别沟通等方式，了解活动成员对于亲子小实验开展后的想法，包括认可的地方和相关的建议；教师也可对家长、幼儿在活动过程中的表现进行客观的评定，了解亲子互动情况、孩子发展水平等，以此更好地调整和推动后续活动的开展。

2. 观察研究法

本课题研究中，观察幼儿在活动中对周围科学现象和事物的关注和表现，捕捉幼儿对科学现象和事物的兴趣点；观察幼儿在探索过程中的探究能力和科学素养；观察记录研究过程中的案例等。活动后教师可以通过引导幼儿分享交流科学实验，进行检验、帮助幼儿梳理总结科学现象，分析幼儿的记录，调整材料、实验、环境等隐性指导，支持幼儿再探索。

3. 案例研究法

本课题研究中，对幼儿科学实验系列活动的有效性、可行性以及渐进性进行反思及案例研究；总结经验，撰写课题研究报告。

4. 行动研究法

在本课题研究过程中，先拟定幼儿科学实验设计与实施的第一轮行动计划方案，包括制定目标、设计幼儿科学实验、制定实验七部曲、探索实施途径和策略方法等，然后在实践中实施，并对行动过程予以考察，将有关情况和问题"记录在案"，再根据考察情况进行反思、调整，修改、完善原有计划，进入第二轮行动。

课题研究主要借鉴了埃利奥特和埃伯特的行动研究模式一步一个脚印地开展。研究主要包括两轮行动：第一轮主要通过总体构想、调查分析、总体计划，实施行动步骤；第二轮主要通过监控过程和效果、修改总体计划，实施新行动步骤开展。（图1）

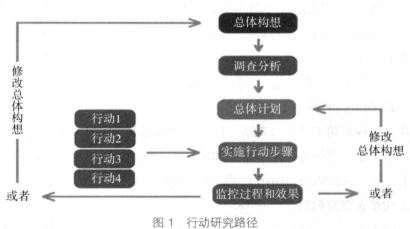

图1　行动研究路径

三、研究过程与实施

（一）第一轮行动研究（2020年4月—2021年8月）

1.对课题进行总体构想

我们组织课题中心组老师一起对本课题的课题由来、概念界定、研究目标以及研究内容进行初步的总体构想，明确课题研究的总体方向。

（1）课题由来

《上海市学前教育课程指南》提到"注重活动的过程体验"，倡导孩子像科学家一样探索体验，但是实践中存在未能很好地支持幼儿充分体验实验的探究过程的情况。如今教参中的科学实验内容零星，缺乏系统性和渐进性。本课题旨在解决这些问题。

（2）概念界定

课题中心组成员利用中国知网等网络资源以及《指南》等收集和学习了相关理论文章，对核心概念中的整体、渐进、科学实验等关键词进行了再解读和再界定，并在实践中不断完善和细化我们的概念界定，使概念界定更好地体现实际操作性，便于教师更精准地设计与实施科学实验。

（3）研究目标

我们倡导人人开展研究，成立了全园参与的课题大组，依据《指南》《上海市学前教育课程指南》《上海市幼儿园办园质量评价指南》，通过研讨，共同制定了科学实验研究总目标；教师根据自己的兴趣爱好自主报名，成立了三个课题小组，即物质科学实验小组、生命科学实验小组和地球宇宙科学实验小组。三个小组各自制定实验分类目标、年龄段目标。

（4）研究内容

在了解课题研究背景和现状，明确研究目标、界定研究范围，提出研究问题的基础上，课题组讨论了研究的可行性，并进行了相关的文献综述。通过以上步骤，逐步明确和细化了课题研究内容。

2.文献调查找问题

课题中心组成员通过文献调查，初步分析了幼儿科学实验开展的现状：总体来看，已有的文献以及有关对幼儿园的科学实验的研究成果可以提供一定的借鉴，但幼儿园的科学实验设计研究比较零散，随意性强，对幼儿科学实验的渐进性要求不明确，因此合理整体设计与实践幼儿科学实验，提高幼儿的科学素养是个亟待解决的问题。

3.设计总体计划

针对调查情况，我们制订了总体计划，并明确了各项研究内容的完成时间、负责人及预期成果，梳理细化了研究思路。（图2）

（1）收集文献进行概念学习及理性分析：2020年4月—2020年8月

（2）当前幼儿科学实验设计的现状分析：2020年9月—2020年10月

（3）制定整体渐进性幼儿科学实验的目标：2020年10月—2020年11月

（4）设计整体渐进性幼儿科学实验的内容：2020年11月—2021年11月

（5）组织实施整体渐进性幼儿科学实验：2020年11月—2023年9月

（6）开展整体渐进性幼儿科学实验的评价：2020 年 11 月—2023 年 9 月

（7）整理汇总研究成果进行汇报交流：2023 年 10 月—2024 年 4 月

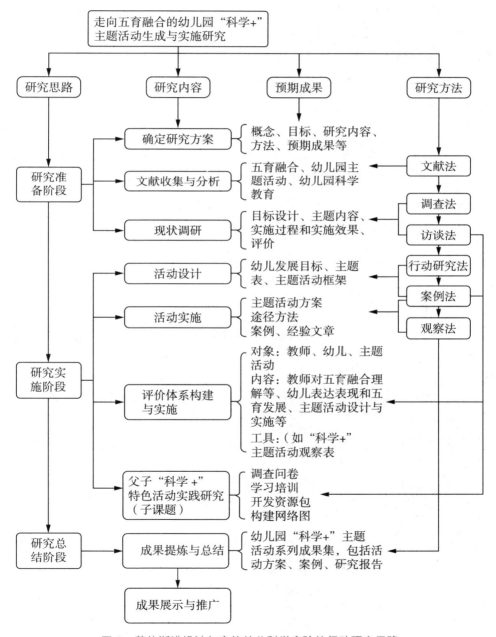

图 2 整体渐进设计与实施幼儿科学实验的行动研究思路

4.实施行动步骤

行动一：调查分析，了解当前幼儿科学实验设计的现状

本课题研究采用问卷星的形式向教师、家长开展了3份问卷调查:"幼儿在科学实验活动中的表现情况调查（教师卷）""教师开展幼儿科学实验的情况调查"以及"幼儿科学探究能力支持性现状调查问卷（家长卷）"，通过调查数据结果分析形成了调查报告，了解了当前幼儿科学实验设计的现状，发现了存在的问题，有助于我们更有针对性开展课题后续研究。

行动二："三位一体"设计整体渐进性幼儿科学实验的目标

我们采用课题中心组—课题大组—课题小组"三位一体"的模式开展对目标的设计研究，通过小组拟定、大组互动研讨、中心组修改确定，形成了比较完善的总目标、年龄段目标及围绕物质、生命、地球宇宙的实验分类目标。（表1）

表 1　整体渐进性幼儿科学实验的目标

总目标	分类目标		年龄目标	
1.保持好奇心，对生活中有关的物质、生命、地球宇宙的系列科学感兴趣 2.了解身边有关物质、生命、地球宇宙的系列科学现象及相关知识	物质科学实验	1.具有对物质科学的初步探索能力，在观察、比较、操作的过程中学习发现、分析、解决在物质科学方面遇到的问题和解决方法 2.通过直接感知、实验操作等方式，产生对物质科学的探索兴趣	小班	1.喜欢摆弄物品，对身边有关物质、生命、地球宇宙的简单科学现象与事物好奇、好问 2.初步感知身边物质、生命、地球宇宙的简单科学现象与事物的主要特征 3.能仔细观察，用多种感官和操作进行科学实验探索
	生命科学实验	1.对各种各样的生物、生物的生长发育、生物和我们生活的关系产生兴趣 2.了解:生命的外形特征、生活习性、相似性和差异性；动植物的基本特征、生长需求、成长过程、人体的部位及作用；生活小常识、保护动物、保护环境等相关知识	中班	1.经常乐于动手动脑探索生活中有关物质、生命、地球宇宙的科学现象及新事物 2.感知和发现生活中物质、生命、地球宇宙的简单物理现象及新事物的性质，初步了解其与我们生活的关系 3.能在尝试提问、观察比较、大胆猜测、简单记录中进行科学实验探索

（续表）

总目标	分类目标		年龄目标
3. 体验完整探究过程，具有初步科学探究能力，勇于提问、勤于操作、善于观察、敢于想象、会于解释、乐于交流等	地球宇宙科学实验	1. 发现地球及宇宙中的一些科学现象，初步了解并尝试探索这些现象形成的原因 2. 通过猜想、感知、观察、实验等方式了解宇宙中的一些科学现象的奇妙，萌发对探索宇宙科学的兴趣	大班	1. 乐于在动手动脑中寻找生活中有关物质、生命、地球宇宙科学问题的答案，并对自己的发现感到高兴 2. 能发现生活中物质、生命、地球宇宙的简单物理现象产生的条件、影响因素以及事物的结构功能，初步了解生活与环境之间的关系，知道保护环境 3. 能在科学实验探索中大胆提问、观察比较，猜测验证、分析记录、交流解释，并尝试将科学经验运用在生活中

行动三：关注提问，筛选整体渐进性幼儿科学实验的内容

我们以幼儿为本，关注幼儿对科学探究的问题，记录汇总幼儿的提问，筛选《学习活动》《玩中学》等教参及"自然科学"课程的实验，支持幼儿通过完整的实验过程自己回答提出的问题。在此基础上，我们整理形成了"整体渐进性幼儿科学实验问题式主题表"，呈现问题式主题实验内容。

5. 监控过程与效果

（1）幼儿发展目标

监控过程：随着教师对儿童视角的关注，通过教师讨论反馈，我们将培养目标调整为幼儿发展目标，从儿童的角度设计目标，并细化了各年龄段目标。

效果：形成了比较完善的目标体系，为组织实施指明方向。

（2）幼儿科学实验内容

监控过程：在教师、家长收集幼儿的提问确定实验内容过程中我们发现，实验内容未体现整体性和渐进性，于是教师讨论、反馈，将同类问题合并形成实验小主题，并进行观课评课、实践反馈，检验内容的适宜性。

效果：形成了小中大年龄段"物质、生命、地球宇宙三大科学实验问题式主题表"，其中包含了缘起问题、活动形式、年龄段、实验内容和相关主题。

（二）第二轮行动研究（2021年9月—2023年9月）

1. 改进总体计划

根据第一轮计划的监控和效果，我们在第二轮中对总体计划进行了优化和补充，细化了渐进性幼儿科学实验发展目标，增加了幼儿科学实验的内容，补充优化了幼儿科学实验的实施途径和方法，调整了幼儿科学实验的评价工具和评价内容。

2. 实施下一步行动步骤

行动一：教科研融合，组织实施"整体渐进性幼儿科学实验"

我们采用"教科研融合,同步研究"的方式通过集体教学活动、科学区（自然角）、亲子实验等途径实施研究，开展科学区的专题研究"儿童视角下科学区环境的创设""儿童视角下科学区教师的观察与支持"，子课题——区级规划课题"主题背景下幼儿园动态科学实验库创建的研究"；开展亲子科学实验的子课题——区级规划课题"家园合作开发亲子科学实验的实践研究"。让幼儿充分体验"问一问""猜一猜""找一找""做一做""记一记""说一说""想一想"实验过程中的"七部曲"，真正实现像科学家一样体验科学探究。

行动二：观察评价，优化整体渐进性幼儿科学实验目标、内容与方法

根据科学实验"七部曲"细化了幼儿的科学素养内容，形成了比较完善的"七部曲"，实验中幼儿的发展目标，使教师在组织实施实验"七部曲"时更好地体现"眼中有孩子，心中有目标"。

随着研究的不断深入，活动形式逐渐丰富。有集体教学活动、科学区活动、亲子科学小实验，还拓展到了自然角科学实验活动。活动内容也日渐完善，形成了小中大年龄段"物质、生命、地球宇宙三大科学实验问题式主题表"，其中包含了13大问题式主题、31个集体活动、56个科学区实验活动、30个自然角实验和20个亲子科学小实验。

为了检验科学实验研究的成效，我们拟定了"幼儿行为检核表""幼儿行为叙事描述记录表""教师行为观察指标"等评价量表工具，教师根据量

表中的观察要点，观察分析科学活动中的师幼互动现场，对幼儿在每个步骤实验的表现行为进行及时评价、对幼儿的成长档案袋中的科学素养发展进行定期评价，并通过分析科学活动中幼儿行为发展水平了解教师支持行为的有效性，优化调整科学实验教师的支持方法。观察评价实验活动，有效帮助教师更好地了解反思自身的专业化水平，推动幼儿在科学实验中的发展。

行动三：以课题、专题、项目研究为抓手，不断完善"整体渐进性幼儿科学实验"

我园通过"自然角中运用学习故事提升大班幼儿记录能力的实践研究""科学实验活动中提高大班幼儿说明性讲述能力的案例研究""主题背景下幼儿园动态科学实验库创建的研究"等区级规划课题研究的实施以及"科学区活动中有效观察与支持"等专题研究，深入开展班级科学实验活动、自然角实验、沙水实验等实践研究。在现场观摩、互动研讨、自我反思中动态调整实验"七部曲"，积累实验环境创设和支持幼儿在学习的经验。

同时，我园利用区级资源"师幼百语项目组""区科学联动组""区大数据组"成立园级项目组，采用一课三研的方式，利用数据开展"整体渐进性幼儿科学实验"集体教学活动的实证研究，同时邀请家长参与观课评课，不断调整完善《整体渐进性科学实验类集体教学活动方案集》，在实施过程中总结梳理了教师在科学实验集体教学活动中的八大支持策略。

行动四：家园合作开展子课题研究——区级规划课题"家园合作开发亲子科学小实验的实践研究"

我们秉承"家园合作共建课程"的理念，开展子课题"家园合作开发亲子科学小实验的实践研究"，我们招募家长成立科学实验开发组，通过教参《学习活动》、网络、科学类杂志或者书籍、电视、微信平台等渠道收集、筛选、改编、创编亲子科学实验，并将设计的科学小实验每学期在各班实施4—5个，同时开展亲子科学小实验内容的审议，一边实施一边积累及完善亲子科学小实验资源库，使亲子科学小实验更加具有科学性和可行性，能够更好地促进幼儿科学经验的获得，让家长在与老师共同研究、共建课程中获得支持幼儿科学实验的有效方法，更新家长的理念，从而更好地实现家园合力助推幼儿成长。

3. 监控过程与效果

（1）科学实验集体教学活动

监控过程：成立幼儿园"师幼百语项目组""科学联动组""大数据组""骨干教师工作室"等，采用一课三研、展示课等形式，通过专家指导点评、家长观摩评课、教师互评及自评，对集体教学活动实施监控。

效果：形成了较完善的《整体渐进性科学实验类集体教学活动方案集》，包含 31 个物质科学实验集体教学活动、11 个生命科学实验集体教学活动、18 个地球宇宙科学实验集体教学活动；总结了"整体渐进性幼儿科学实验"集体活动实施中教师的 8 个支持策略，即适宜提供、演示启发、情境创设、鼓励求异、分类摆放、媒体拓展、引发互动、基于目标，并对策略进行了诠释；形成 2 份观察表，即"科学实验集体活动教师观察指标""科学实验幼儿观察指标"，观察表帮助教师在观课评课中更有针对性地进行观察、分析，提高教师观察能力及解读幼儿的能力。

（2）科学区（自然角）

监控过程：我们设计了"幼儿行为检核表"和"幼儿行为叙事描述记录表"，通过现场观摩、互学互评、自我反思等形式对科学区及自然角实验进行监控。

效果：积累了"小中大科学区科学实验活动方案"和"小中大自然角科学实验活动方案"。拟定了"幼儿行为检核表""幼儿行为叙事描述记录表"，为评价提供了工具。帮助教师积累了科学区（自然角）实验环境创设及教师观察支持的有效方法，提高了教师科学区环境创设的能力及观察支持幼儿的能力。通过实验的"七部曲"，幼儿不仅充分体验了像科学家一样进行实验探索，而且在这过程中幼儿养成了好问、好探究的习惯；幼儿的专注力、坚持性更强；幼儿的观察记录、表达表现、想象创造的能力得到了大大提升。

（3）幼儿发展目标

监控过程：通过课题中心组讨论，发现本课题的幼儿发展目标宽泛，缺乏操作性、针对性等，于是根据"七部曲"以及幼儿年龄特点，对幼儿发展目标进行了重新梳理和优化。

效果：形成了"幼儿科学素养发展目标"，帮助教师更有针对性地根据目标开展科学实验活动。

（4）科学实验内容

监控过程：随着课题研究的实施，幼儿产生了更多的科学问题，于是根据这些问题，各班教师与幼儿共同设计科学实验，对"幼儿科学实验问题式主题表"进行了补充和调整。

效果："幼儿科学实验问题式主题表"中的科学问题增加了弹簧、轮胎、纸杯等方面的内容，相应的实验也增加了。

（5）亲子科学实验

监控过程：我们成立家园合作亲子科学实验设计小组、家长与教师共同设计形成亲子科学实验内容，并通过三类活动组织开展，包括每学期开展的亲子科学小实验俱乐部活动，每月一次亲子科学实验论坛活动，以及每学期一次亲子科学实验节活动。家园合作亲子科学实验设计小组对三类活动进行研讨，调整完善实验内容、互动方式等。

效果：由亲子科学小实验设计小组共同开发了55个科学小实验资源包，包括35个物质科学小实验、16个生命科学小实验以及4个地球宇宙科学小实验。资源包中包含实验方案、实验视频和实验照片。方案中包括详细的玩法、环境的创设、材料的准备、家长与幼儿互动的情况以及家长的反馈。

四、研究结果

（一）调查发现当前幼儿科学实验设计存在诸多问题

随着教育改革的深入，科学教育在幼儿教育中的地位逐渐提升。幼儿科学实验作为科学教育的重要组成部分，对于培养幼儿的科学素养、动手能力和创新思维能力等具有显著作用。对当前幼儿科学实验设计的现状进行调查分析，旨在为开展优化幼儿科学实验设计研究提供参考。

1. 调查对象

（1）幼儿在科学实验活动中的表现情况

（2）教师开展幼儿科学实验的情况

（3）家庭中支持幼儿科学探究的情况

2. 调查方法

本次调查采用问卷调查和实地观察相结合的方法，对多所幼儿园的科学实验设计情况进行了深入了解。问卷调查主要面向幼儿园教师和我园家长，实地观察则重点观察我园幼儿科学实验的具体实施情况。

3. 调查结果分析

通过对调查数据的统计分析，发现当前幼儿科学实验设计在实验内容、实验来源及材料提供、实验过程、教师支持、家长对幼儿科学素养的培养等方面存在如下问题：

（1）实验内容：科学实验内容零星，教师选择实验随机性强，缺乏系统性。

（2）实验来源及材料提供：教师主观意识的选择收集较多。

（3）实验过程：自主性不够，停留于操作摆弄。

（4）教师支持：比较忽视对科学经验的解释与迁移。

（5）家长对幼儿科学素养的培养：有培养的意识，但以参观、提供视听材料为主，共同参与幼儿科学实验活动较少。

通过本次调查，我们发现了当前幼儿科学实验设计中存在的一些问题。针对这些问题，我们认为形成完整的系统化科学实验内容，提升教师科学教育素养，建立科学的实验评价机制等都能够为优化幼儿科学实验设计提供参考，推动幼儿科学教育的持续发展。

（二）围绕科学实验"七部曲"，制定了幼儿科学实验中科学素养发展目标

在科学实验的研究中，我们重点关注幼儿体验完整的实验过程，我们定义为幼儿科学实验"七部曲"，即"问一问""猜一猜""找一找""做一做""记一记""说一说""想一想"的过程（表2）。注重培养幼儿好奇好问、大胆猜测、观察比较、记录分析、说明讲述、想象拓展、灵活运用的科学素养，满足幼儿终身发展的需要，满足幼儿内在成长的需要。

表2 幼儿科学实验中科学素养发展目标

七部曲 （实验探究过程）	小班年龄目标	中班年龄目标	大班年龄目标
问一问	能根据教师提问进行回答	能对事物和现象以及不懂的地方提出问题	对自己感兴趣的问题总是刨根问底
猜一猜	能在老师启发下，大胆猜测	会用画图画、记符号等方式记录自己的猜测	探究中能表达记录猜测，积极尝试验证猜测
找一找	能根据实验要求寻找相应材料	能根据问题和猜测，收集和寻找合适的实验工具和材料	能根据实验需要不断寻找，替换各种材料，使实验成功
做一做	在实验过程中愿意大胆尝试	能通过观察、比较和分析，发现不同种类物体的特征或某个事物前后的变化，简单的物理现象等，验证自己的猜测	能发现材料的新玩法，有新的创意
记一记	喜欢用简单的图画符号记录探究结果	能用图画、符号、数字、图表等记录实验探究过程和结果	记录的实验过程和结果能让别人理解
说一说	能在探究中表达自己的发现、问题、观点和结果等	能连贯、清晰、有序讲述发现、问题、观点和结果等	能和同伴相互交流，会倾听别人的观点和意见，尝试辩论
想一想	能理解新认识、新经验，在老师启发下进行联想	能根据实验获得的知识进行奇思妙想	用实验的经验联系生活，解决生活中的问题

（三）整体渐进性设计科学实验内容，形成了"幼儿科学实验问题式主题表"

在主题背景下，我们追随幼儿的兴趣，捕捉幼儿的科学问题，根据幼儿的年龄特点开展班本化科学实验主题，形成了"幼儿科学实验问题式主题表"（见表3）。其中包括了年龄段、学习主题、实验缘起、实验主题、实验内容以及活动形式这几个项目。

实验缘起有三类：第一类是主要源于幼儿所提的问题，教师收集整理幼儿自发提出的问题，如"水里能听到声音吗？电为什么会咬人"等；第二类是幼儿和教师一起讨论的科学问题，比如在"身体的秘密"主题下，教师和幼儿共同讨论"耳朵为什么能听到声音";第三类是教师日常观察发现幼儿感兴趣的科学问题,比如在盥洗室里,孩子们无意中发现水池里出现了彩虹,于是和他们共同讨论"怎么会有彩虹"的问题。

我们将这些科学问题进行分类梳理,形成了物质科学实验、生命科学实验以及地球宇宙科学实验主题。物质科学实验小班有 10 个科学主题,包括声音、动物、磁铁、静音、花、纸、轮滑、水等。中班有 12 个科学主题,包括声音、耳朵、玩具、车、磁铁、静音、电、工具、玩具、杠杆、水等。大班有 10 个科学主题,包括耳罩、车、小发明、纸杯、磁铁、电、桥、齿轮、水等。生命科学实验小班有 5 个科学主题,包括水果、动物、植物等。中班有 7 个科学主题,包括动物、生长、蛋、叶子、种植等。大班有 5 个科学主题,包括植物、动物、蚕宝宝等。地球宇宙科学实验小班有 6 个科学主题,包括力、光、叶子、太阳、会飞的物体、雨。中班有 7 个科学主题,包括重力、彩虹、光、空气等。大班有 5 个科学主题,包括力、影子、植物、空气、自然灾害。

在实验主题下,根据幼儿的科学问题生成了具体的科学实验。小班有 35 个物质科学实验、14 个生命科学实验和 15 个地球宇宙科学实验。中班有 44 个物质科学实验、16 个生命科学实验和 18 个地球宇宙科学实验。大班有 37 个物质科学实验、17 个生命科学实验和 18 个地球宇宙科学实验。

这些实验主题和实验内容会随着幼儿的探究深入不断进行补充、删减及完善,所以"幼儿科学实验问题式主题表"是渐进式动态调整而成的。我们通过科学区活动、自然角实验以及沙水游戏等形式开展,旨在让科学实验探究融于幼儿园一日活动中,充分满足幼儿的探究愿望。

表 3　物质科学实验主题表 —— 磁铁

年龄段	学习主题	实验缘起	实验主题	实验内容	活动形式
小班	学本领	教师提问: 1. 你玩过磁铁吗? 2. 磁铁怎么玩?	好玩的磁铁	小猫钓鱼 亲嘴鱼	科学区活动
	好朋友	师生共同讨论: 1. 磁铁能吸住哪些东西? 2. 磁铁不能吸住哪些东西?	神奇的磁铁	磁球找朋友 小猫钓鱼 神奇的磁铁	集体教学活动

（续表）

年龄段	学习主题	实验缘起	实验主题	实验内容	活动形式
中班	玩具总动员	幼儿提问： 1. 磁铁为什么能吸住东西？ 2. 为什么有的东西能吸住？有的吸不住？	磁铁探秘	会跳舞的磁铁娃娃	科学区活动
				磁铁找朋友	自然角实验
	常见的用具	师生共同讨论： 1. 哪些东西有磁力？ 2. 磁铁都一样吗？	有趣的磁铁	有趣的磁铁	集体教学活动
大班	在马路边	幼儿提问： 1. 马路上有没有磁铁？ 2. 是不是所有的磁铁都能吸起大铁块？	马路上的磁铁	热闹的马路	科学区活动
	我是中国人	幼儿提问： 1. 指南针为什么能指方向？ 2. 指南针和普通磁铁有什么不同？	磁铁的奥秘	指南针与磁铁	集体教学活动
				指南针的奥秘	自然角实验

（四）提炼出幼儿科学实验环境创设"六性""八步骤"

　　幼儿园环境对孩子的影响是潜移默化的。每个班都有科学区。科学区中有实验工具区、科学资料区、问题墙、发现角等，幼儿可以自选材料、自主结伴，随时开展各种科学实验。同时每个班都在自然角中创设了实验区，让科学实验无处不在；我们将科学实验拓展到了户外，在户外我们有大型的沙水实验区，其中有沙水融合的实验区，也有单独的玩水实验区；我们还在大片的种植园提供实验材料，满足幼儿不同的实验需要，让幼儿有更多的实验体验。

　　因此我们的科学实验环境的创设体现了"六性"。一是自主性，幼儿能自主收集、自主商讨、自主设计、自主表现、自主布置、自主结伴地进行科学实验环境的创设。二是开放性，科学实验材料多元，幼儿可以随时开展实验、随时与老师、同伴互动，实验活动形式多样、探索方式多样让幼儿感到宽松自由。三是互动性，即师生互动、生生互动、材料与幼儿互动、家园互动、材料与材料间互动。四是整体性，环境中呈现幼儿实验前、实验中、实验后幼儿提出的问题、猜想、发现、经验、感受、奇思妙想等，让幼儿获得完整的科学研究体验。五是适宜性，实验环境能体现幼儿的年龄特点、幼儿的兴趣需要、区域设计合理、实验材料取放方便、满足不同层次幼儿的需求，让幼儿觉得合适自己。六是渐进性，实验环境根据幼儿实验探索轨迹，呈现了幼儿先前科学经验、后期经验拓展、衍生新科学问题等，让幼儿得到循序渐进的发展。

幼儿和教师共同创设科学实验环境，在环境创设中呈现"八步骤"。一是师幼共同收集多元化的科学材料、科学工具、科学资料等布置科学区。二是幼儿用绘画、符号、录音等形式进行记录并呈现幼儿提出的问题。三是选择新颖有趣、贴近幼儿生活的内容。幼儿可通过亲身经历和体验的方式获得相关的科学经验，通过幼儿投票等方式选出幼儿更喜欢的科学实验内容。四是师生共同制作实验步骤展板，以便实验的具体实施和实际操作，并在实验中补充调整。五是引导幼儿在探究活动中敢于猜想，乐于猜想，并且记录猜想。六是幼儿记录实验发现、实验结果、实验困难、实验次数、实验现象等。七是根据幼儿实验的情况对实验材料进行调整或者补充。八是通过绘画奇思妙想、呈现生活运用照片、科学小制作等方式将科学经验运用到生活中。

比如，大班科学实验"空气的秘密"环境创设过程一开始，幼儿自主谈论台风的问题，追随幼儿的兴趣点，教师便提出"台风梅花是如何形成的?"孩子们通过自主或和爸爸妈妈一起查找资料，了解到台风的形成归根结底就是空气的流动。于是孩子们对于空气产生兴趣，在问题墙上有了幼儿画的空气的问题："空气有没有重量""空气还有哪些本领""空气又不是水为什么会流动"一连串的问题引发了幼儿对空气的秘密进行探索的愿望。孩子们自主结伴，自选感兴趣的问题，商量需要哪些材料。如针对"空气有没有重量""空气还有哪些本领"这些问题，孩子们寻找到了气球等材料，家长提供了亲子实验材料包、风力发电小灯、空气火箭还有一些书籍资料。然后孩子们大胆猜测问题答案并用图画、符号等形式呈现在墙面上。根据猜测，孩子们分组开展实验，有的小组想出了用天平的方法。孩子们将实验步骤通过数字、绘画等方式画在实验步骤图上，然后根据实验步骤图开展实验，通过实验验证了猜测并在纸上记录。实验后，教师鼓励幼儿将获得的空气科学经验加以迁移与应用，进一步认识空气和我们生活的关系。幼儿寻找到了很多关于空气应用的物品，如电吹风、风筝等，带到教室。教师还会引导幼儿进行奇思妙想"我们还能用空气发明什么"鼓励孩子们将自己的"奇思妙想"画出来、做出来。于是就有了"空气火箭"科学幻想画、"空气汽车"科学小制作等。

（五）积累了幼儿科学实验"七部曲"的支持方法

教师只有充分观察、适时支持，才能更好地帮助幼儿获得完整的科学实验的体验。因此我们通过研讨，梳理总结了幼儿科学实验中教师的支持方法，使教师能够更有针对性地助推幼儿的科学探索。

1. 问一问（提出问题）：提供宽松、和谐的氛围，鼓励幼儿自主发现表达科学问题

教师要提供宽松、和谐的氛围，鼓励幼儿自主发现科学问题，引导幼儿用语言、图画等形式表达。当幼儿发生以下几种情况时，教师要用不同的方法支持幼儿，引发幼儿的好奇好问。

在孩子没有主动提问时，教师要运用以下几种支持方法。（1）鼓励提问：教师可以鼓励幼儿大胆提问，比如，"你有什么问题吗？"教师要接受幼儿提出的任何天马行空的问题，激发幼儿养成好问的探究习惯。（2）榜样启发：教师可以先向幼儿提问，随后启发幼儿提问，比如"我有个问题……现在轮到你了，你有什么问题吗？"用榜样示范法提高孩子提问的积极性。（3）现象引发：教师可以演示实验结果引发孩子提问，比如实验后问孩子"你发现什么了？"引导幼儿对看到的科学现象进行提问与思考……

在幼儿主动提出问题时，教师要运用以下几种支持方法。（1）肯定表扬：教师要肯定幼儿的提问，比如"你提出的问题很好，那你就去实验一下吧！"用肯定方式引发探究兴趣。（2）补充完善：当孩子提问表达不清时，教师可以帮助补充完善幼儿的提问，比如"你说的是不是小球怎么会吸在瓶口？"特别是小年龄段的幼儿，他们表达还不够完整时，教师可以进行补充，完善句式，帮助幼儿理解和表达实验现象。（3）直接回应：根据年龄特点、问题的实际情况，面对年龄小的幼儿，教师可以用语言、动作、神情直接回应幼儿的提问。比如幼儿提问："为什么水里有泡泡呀？"教师可以直接回答："水里有空气了，所以才有了泡泡。"（4）引发讨论：教师可以将个体的问题引发幼儿与同伴之间的讨论，通过讨论让幼儿自己发现问题的答案。

2.猜一猜（猜测假设）：鼓励幼儿猜测科学问题的答案，并进行分享交流

教师应鼓励幼儿大胆猜测科学问题的答案，并根据不同年龄段幼儿的特点用绘画、投票等方式呈现，教师通过与幼儿互动，解读幼儿的猜测，并积极引导幼儿之间交流互动。

当幼儿没有猜测行为时，教师要运用以下方法引发幼儿的猜测。（1）鼓励引发。教师要让幼儿知道猜得不对也没有关系。用语言（鼓励、提示）、图标等方式鼓励孩子在活动前、关键步骤前猜一猜，建立实验中假设推断的意识和行为。实验前的"猜一猜"能增加幼儿的兴趣以及实验的趣味性。幼儿的猜测如果和实验结果相反，既让实验变得出乎意料，又能让幼儿加深对实验的印象，想要多次尝试一探究竟。操作前，特别是关键步骤前让幼儿猜一猜还能增加幼儿在实验观察时的注意力，也能增加实验的紧张氛围，让幼儿对实验更感兴趣。（2）耐心等待。在猜测时教师要给幼儿一定的猜测思考的时间，要学会等待。（3）榜样示范。可以试着用启发性的疑问句，或把"猜一猜"直接加入疑问句中，如，"猜猜看，水会不会倒出来?""猜一猜土豆能发电吗?"让幼儿直接通过教师提出的疑问来完成猜测。

当幼儿猜测与实验结果相符时，教师需要进行鼓励和引导，让幼儿收获猜测成功的满足感，并问问幼儿是怎么猜对的，猜测的时候是怎么想的，来强化幼儿对科学现象的认知，以及对猜一猜行为的认同感。

当幼儿猜测与实验结果不符时，教师更要进行鼓励引导，让幼儿知道猜错也是很正常的，原来实验结果和想的不一样也是很有趣、很特别的。教师还可以鼓励幼儿"我们多试几次一起来看看其中的奥秘"，启发幼儿思考"为什么和我们想的不一样呢?"推进幼儿继续探索发现。如果幼儿猜错了则更要对其进行鼓励。

3.找一找（寻找材料）：教师、幼儿、家长共同收集实验材料

教师要和幼儿、家长共同收集不同种类的实验材料，包括自然界中的物品、生活用品、废旧材料、玩具等，收集的材料要有生活性、可探究性、安全性等，并引导幼儿分类整理。师生共同创建科学材料库：包含科学工具区、生活材料区（百宝箱）、实验材料区、科学资料区，同时根据幼儿的实验情况随时增减，体现动态性。

当实验材料比较容易收集时，教师要与幼儿共同寻找材料。当明确实验内容后，教师可以和孩子一同商量确定材料，并鼓励幼儿回家和爸爸妈妈一起寻找生活中的实验材料。

当实验材料缺少时，教师要启发幼儿使用替代材料。教师可以鼓励启发孩子根据材料的特性及在实验中的作用找一找类似的材料，可进行材料的替代，保证实验的顺利开展。如火山喷发实验中幼儿没找到小苏打，教师引导幼儿用泡腾片代替等，让幼儿通过材料的替代了解更多材料的特性。

4. 做一做（实验探究）：引导幼儿大胆实验操作，验证猜测

教师应引导幼儿根据实验步骤，大胆进行实验操作，或独立或合作验证猜测。教师应根据幼儿的年龄差异、个体差异，给予不同程度的支持，引导幼儿使用各种实验工具，了解实验安全知识等。让幼儿体验失败后再探索、成功后再创造。

当开始做实验时，教师的支持是激趣导入，创设问题情境和猜测情境，鼓励孩子自己动手，如，"那我们来试一试吧！看看是不是像我们猜（或说）的那样"，使孩子对自己动手操作实验产生兴趣。

当孩子不愿或不敢进行实验时，教师的支持方法是：（1）合作实验。和孩子一起开始实验、帮助幼儿解决实验中的困难。如"需要我帮忙吗？我们一起来试试！"（2）对话互动。用语言激励和启发孩子进行实验。如，"可能会有不一样的发现哦！""老师相信你一定能行的，加油！"通过合作实验和对话互动的方法引导幼儿参与科学实验，并敢于大胆动手操作。

当孩子实验失败时，教师的支持方法是：（1）耐心等待。给予孩子充分的时间进行探索实验，但同时也要注意观察孩子在实验过程中的情绪状态和操作情况，并给予安慰"没关系，不着急！"（2）允许犯错。充分理解孩子，给予孩子多次实验的机会。当孩子实验操作有误或者没有达到预设的实验结果时，不包办代替，并鼓励幼儿"不要紧，再试一次！"（3）加油鼓励。在观察孩子实验情况的基础上及时给予孩子鼓励或肯定，激发孩子持续探索的兴趣和欲望。如，"再试一试可能会有新发现""你真棒，成功了！"

（4）寻找原因。教师可以和孩子一起回顾实验操作步骤，共同寻找实验成功及不成功的原因。如，"我们一起来看看为什么没有成功！""哪里出问题了？"（5）适当帮助。当孩子反复操作失败，要放弃时，教师可以给予帮助，如，"需要我帮忙吗"。

通过以上几种方法激发孩子在科学实验中的自信心，培养孩子在科学实验中的持久性以及良好的科学探究习惯。

5. 记一记（展板记录）：引导幼儿用不同方式呈现实验中的发现、实验的结果、实验中的问题

根据幼儿的年龄特点，教师应鼓励幼儿以自己喜欢的方式，如用符号、绘画或者照片等形式记录自己在实验中的发现、实验的过程、实验中遇到的困难等。这样可以更好地帮助幼儿理解科学现象，分享科学体验。

当孩子不愿意记录或不会记录时，教师可以进行以下支持：（1）共同记录。邀请孩子与老师一起共同记录，可以大大激发孩子记录的兴趣。（2）示范记录。教师可以先进行示范性记录，和孩子一起分析这样记录是否可行，然后引导幼儿模仿记录，逐步引导幼儿独立记录。通过共同记录、示范记录，提高孩子观察与探索的兴趣，帮助孩子学会记录。

6. 说一说（解释交流）：提供多种分享交流机会表达科学经验与困惑

在实验过程中教师应鼓励幼儿大胆表达，自由交流实验猜测、实验过程、实验发现、实验问题，分享实验中的喜怒哀乐。

当幼儿不太愿意表达时，教师应给予以下支持：（1）适当提问。可以用提问、追问的方式启发幼儿思考，鼓励孩子表达自己想法与发现。（2）榜样示范。教师可以给幼儿进行示范，让幼儿说说实验的步骤、实验的材料和自己的发现等。在幼儿表达卡顿的时候可以帮助幼儿一起说。

当幼儿表达不清楚时，教师会给予以下支持：（1）理解幼儿。根据不同年龄段幼儿表达能力的不同，教师要充分理解幼儿语言表达能力的发展情况。（2）鼓励引导。教师要保护幼儿愿意表达的积极性，及时给予肯定，并要耐心倾听，给予必要的补充与更正，最后与幼儿一起进行表述。

7. 想一想（自主拓展）：鼓励幼儿奇思妙想，将科学经验运用于生活

实验后，教师应鼓励幼儿对实验中的经验进行奇思妙想，用绘画、

制作等方式呈现生活中的运用。当孩子获得科学经验后，教师可以给予以下支持：（1）鼓励新玩法。教师可以鼓励幼儿继续尝试一些新玩法，寻找其他材料多次尝试。比如："还可以用其他材料做这个实验吗？"（2）运用于生活。当幼儿了解了实验原理后，教师可引导幼儿想一想在生活中的应用，生活中哪里会出现这种现象等，如"你在哪里也看到过旋涡，它有什么用呢？"

（六）积累了亲子小实验的教师支持策略

2010年，国家颁布了《国务院关于当前发展学前教育的若干意见》，进一步提出"要把幼儿教育和家庭教育紧密结合，共同为幼儿的健康成长创造良好环境"。因此，家庭科学教育和幼儿园科学教育都是不可取代的，两者紧密联系、互为补充。我们通过开展亲子小实验俱乐部活动，满足了幼儿的持续探究。活动过程中，教师既是支持者，也是合作者，需要做好科学实验的宣传工作、需要与家长互动交流、需要鼓励家长为其解惑等，因此教师在亲子实验中的支持家长的策略尤为重要。

1.鼓励推动，支持调整，激发家长对亲子实验的兴趣

班级亲子科学小实验俱乐部活动开始之初，家长们对这个活动的热情度不高，班级的活动实际参与率很低。通过反思，我们了解到仅仅发了活动通知和实验参考，并不能引发家长参与亲子小实验俱乐部活动的兴趣。

面对家长缺少实际行动的问题，我们采用了鼓励推动的方法。我们对家长和幼儿积极参与科学实验活动给予及时的表扬、积极的评价、及时回复家长和幼儿的反馈，激发他们的活动兴趣；对主动上传孩子实验照片的家长进行留言点赞，给孩子竖大拇指，"孩子实验很认真""孩子真是一个小小科学家""孩子自己动手实验真能干"等。并且在发放活动通知时，我们增加点名表扬的话语"表扬上个月×××，×××，×××……都积极参与了科学小实验，希望这个月继续加油！"

在开展亲子科学小实验俱乐部中，虽然我们给了家长亲子实验资源包，但是我们支持并鼓励家长和幼儿可根据实际情况随时进行实验方案的调整。如可以选择家里已有的相同材料进行实验材料的替代；可以根据需要调整、增加实验的步骤，鼓励家长创造更多、更新的实验玩法；可以和孩子有更多

的互动……因此，实验中家长和幼儿的自主性增强，兴趣不断提升。

2. 及时追踪，适时点拨，增强亲子实验互动的有效性

在开展亲子科学实验初期我们发现一些问题：如孩子一个人操作实验，家长只是在旁提示；家长操作较多，幼儿在旁观看；只是操作实验，亲子互动较少；家长对幼儿说的科学原理太深奥，孩子不理解；实验后，家长没有很好地引发幼儿的经验迁移。基于以上问题，我们开展了教研组研讨分析，发现亲子实验没有体现"亲子"特点，缺乏有效的互动性。于是，我们将教研组研究的经验，通过家长会、班级圈等方式向家长宣传亲子实验的方法，鼓励家长重视亲子实验中与孩子的互动。

我们应鼓励家长及时在群里发布亲子实验照片、视频、实验记录表等，老师们尽可能在第一时间看看每张照片、每个视频，以便及时了解实验活动的过程、亲子互动情况等，以便及时对实验中出现的问题作出回应与支持。同时通过钉钉班级圈、晓活动、私信等途径给予适时的点拨，从而提升亲子实验中互动的有效性。

3. 引发交流，评价反馈，共同优化实验的科学性

亲子科学小实验俱乐部活动是孩子、家长和教师共同开发的，我们需要了解家长和孩子的想法，才能对亲子科学小实验俱乐部活动进行优化和调整，让亲子科学小实验更加具有可行性、科学性。

基于此，我们通过多种方式对实验进行评价反馈。如通过钉钉群发表情、文字、语音、活动感悟、文本记录等，引导孩子、家长表达对亲子小实验的体验感受，了解亲子互动情况、孩子发展水平等。我们还通过面对面的家长会让家长交流亲子科学实验中的收获，通过问卷星等方式收集实验中的问题，从而不断调整优化实验，以更好地满足不同家长和幼儿的需求。

（七）形成了幼儿科学实验活动的评价体系

幼儿科学实验活动的评价是幼儿园科学教育的重要组成部分。通过评价，我们可以了解幼儿科学素养的发展情况，教师科学教育能力以及科学实验活动的设计与实施等情况，并及时发现问题并制定相应的改进策略，从而促进幼儿、教师的共同成长。本课题形成了一套幼儿科学实验活动的评价体系。

1. 评价目标

通过观察分析幼儿及教师在科学实验活动中的行为表现，了解幼儿科学素养的发展情况、教师科学教育能力情况，以及科学实验活动的设计与实施等情况，并及时发现问题并制定相应的改进策略，提升科学实验活动的品质。

2. 评价内容

教师：环境创设能力、观察能力、组织实施能力、活动设计能力、自我反思能力。

幼儿：探究兴趣（好奇心、参与性、持续性），探究能力（观察、思考、收集信息、合作交流等），学习品质（专注力、坚持性、解释与反思等）。

幼儿科学实验活动的设计与实施：价值性、适宜性、操作性、有效性、渐进性。

3. 评价方法与工具

我们拟定了"幼儿行为检核表""幼儿行为叙事描述记录表""教师行为观察指标"等评价量表工具，教师根据量表中的观察要点，观察分析科学实验活动中的师幼互动现场，对幼儿在每个实验步骤中的表现行为进行及时评价，对幼儿的成长档案袋中的科学素养发展进行定期评价，并通过分析科学活动中幼儿行为发展水平了解教师支持行为，优化调整科学实验中教师的支持方法。

在对幼儿科学实验活动进行评价时，教师需要根据实际情况选择合适的评价方法，并制定相应的评价标准。同时，教师还需要注意评价的客观性和公正性，避免主观臆断和偏见。

表 4　幼儿行为检核表

七部曲（实验探究过程）表现行为		能	不能	未观察到	简要表述
问一问	能根据教师提问进行回答				
	能对事物和现象以及不懂的地方提出问题				
	对自己感兴趣的问题总是刨根问底				

（续表）

七部曲（实验探究过程）表现行为		能	不能	未观察到	简要表述
猜一猜	能在老师启发下大胆猜测				
	会用图画、符号等记录自己的猜测				
	探究中能表达记录猜测，积极尝试验证猜测				
找一找	能根据实验要求寻找相应材料				
	能根据问题和猜测，收集和寻找合适的实验工具和材料				
	能根据实验需要不断寻找，替换各种材料，使实验成功				
做一做	在实验过程中愿意大胆尝试				
	能通过观察、比较和分析，发现不同种类物体的特征或某个事物前后的变化，简单的物理现象等，验证自己的猜测				
	能发现材料的新玩法，有新的创意				
记一记	喜欢用简单的图画符号记录探究结果				
	能用图画、符号、数字、图表等记录实验探究过程和结果				
	记录的实验过程和结果能让别人理解				
说一说	能在探究中表达自己的发现、问题、观点和结果等				
	能连贯、清晰、有序讲述发现、问题、观点和结果等				
	能和同伴相互交流，会倾听别人的观点和意见，尝试辩论				

（续表）

七部曲（实验探究过程）表现行为		能	不能	未观察到	简要表述
想一想	能理解新认识新经验，在老师启发下进行联想				
	能根据实验获得的知识进行奇思妙想				
	将实验的经验联系生活，解决生活中的问题				

上表用于对幼儿园科学实验活动中幼儿行为的检核，特点是记录快捷，便于教师随时使用，七部曲的表现行为为"问一问""猜一猜""找一找""做一做""记一记""说一说""想一想"，教师根据幼儿科学实验活动中的具体表现行为进行"能""不能"，或者是"未观察到"等评价，同时可以在"简要表述"中对幼儿的具体行为进行补充说明。教师可在科学实验活动中随时使用该表对幼儿的行为进行检核。

表5　幼儿行为叙事描述记录表

观察主题		观察行为		观察对象	
观察者		观察日期		观察时长	
时间		事件表述		分析	

上表为科学实验活动"幼儿行为叙事描述记录表"，特点是记录全面，可对幼儿的行为进行详细的具体描述，便于教师对幼儿在科学实验中的表现进行分析。教师填写具体的观察主题、观察行为、观察对象、观察日期、观察时长，并对科学实验活动中幼儿的行为进行叙事描述，便于教师对幼儿的具体行为进行深入的分析反思，以便及时调整后续的指导。教师可在科学实验活动中

观察幼儿，以叙事的形式撰写具体事件，再进行分析与反思。

表 6　教师行为观察指标

	观察点	举例/说明
目标制定	1.目标清晰、准确，突出重点，符合科学领域要求和幼儿年龄特点	
	2.合理处理科学知识经验与科学探究兴趣、实验探究过程方法、探究能力的关系	
内容选择	3.与已有科学经验有联系，有挑战性	
	4.有趣、有意义、符合年龄特点	
过程实施	5.引导幼儿"七部曲"实验过程	
	6.围绕目标，由易到难启发幼儿，体现渐进性	
	7.选用合适教学方法与资源，提供丰富机会，体现自主探索	
	8.有师幼互动、幼幼互动，推动幼儿的思考与交流	
	9.了解幼儿不同的学习状况，顾及个体差异	
	10.关注良好习惯的养成	
优点		
建议		

上表为幼儿科学实验"教师行为观察指标"，用于对教师在幼儿科学实验的支持行为的观察评估，观察点分为目标制定、内容选择和过程实施，对教师的行为进行举例说明，并总结出该教师的优点，对其不足提出建议。

4.评价运用及结果

（1）评价表运用情况

结合幼儿园"科学区活动中的有效观察与支持"等主题教研实践观摩、科学实验集体活动、一课三研、观课评课、教师一日观察等，教师普遍能够运用"幼儿行为检核表""幼儿行为叙事描述记录表"等对幼儿在科学实验中的表现进行记录和评价。评价表通常包括幼儿实验"七部曲"过程中幼儿探究兴趣、探究能力和学习品质三个维度，每个维度下又细分为多个具体的观察点。

在探究兴趣方面，教师主要关注幼儿是否对实验表现出好奇心、参与性、持续性等情况。通过观察幼儿在实验中的提问、对实验材料的兴趣程度以及主动探索的行为，教师可以对幼儿的探究兴趣进行初步评估。在探究能力方面，教师关注幼儿是否具备观察、思考、收集信息和合作交流等能力。教师会观察幼儿是否能够仔细观察实验现象，是否能够提出有针对性的问题，是否能够有效地收集信息以及是否能够与同伴进行有效的合作和交流。在学习品质方面，教师主要关注幼儿的专注力、持续性以及解释与反思等能力。教师会观察幼儿是否能够长时间专注于实验活动，是否能够在遇到困难时坚持不懈，以及是否能够在实验结束后对实验结果进行解释和反思。

同时，教师也应该利用"教师行为观察指标"分析和反思自己在幼儿科学实验中的支持行为，此表是教师在组织幼儿进行科学实验活动后，用以反思自身教学行为、优化教学方法的重要工具。通过评价表，教师可以全面审视自己在实验设计、组织与实施过程中的表现，从而找出存在的问题，提出改进措施，不断提升自己的教学水平。

在反思实验目标的设定时，教师应思考目标是否明确、具体，是否符合幼儿的年龄特点和认知水平。如果目标设置过于笼统或过高，可能会导致幼儿无法理解或无法达到，从而影响实验效果。因此，教师会根据幼儿的实际情况，合理设定实验目标，确保目标既具有挑战性又具有可行性。在反思实验内容的选择时，教师会考虑内容是否丰富、有趣，是否能够激发幼儿的探究欲望。同时，教师还会关注内容的科学性和安全性，确保实验内容符合科学原理，不会对幼儿造成危害。在反思实验过程的实施时，教师会关注实验过程的完整性和渐进性、自己在实验中的教学方法、材料资源、幼儿表现等方面是否得当。如果教师在实验中对幼儿行为过于干预或放任自流，可能会影响幼儿的探究能力和学习品质。因此，教师应根据幼儿的实际情况，采用适当的教学方法，合理安排时间，确保幼儿能够充分参与实验活动并有所收获。幼儿在实验中的表现和反馈，是作为反思自身行为的重要依据。如果幼儿在实验中表现出较高的探究兴趣和探究能力，那么说明教师的实验教学是有效的。反之，如果幼儿在实验中表现出消极的态度或无法完成实验任务，那么教师就需要深入反思自己的教学方法和策略是否存在问题。

（2）评价结果分析

通过运用评价表，教师对幼儿在科学实验中的表现进行了全面的评估。

评估结果显示，幼儿在探究兴趣、探究能力和学习品质上存在年龄差异和个体差异。

通过观察发现，大多数小班幼儿对科学探究活动表现出浓厚的兴趣。他们愿意主动参与实验，对实验材料充满好奇，能够持续关注实验过程，并在教师的引导下进行简单的探索。这种积极的兴趣表现有助于幼儿更深入地理解和体验科学现象。尽管大部分幼儿对科学探究活动感兴趣，但个体之间的差异仍然明显。一些幼儿对实验材料和现象表现出强烈的好奇心，愿意主动提问并尝试解决问题；而另一些幼儿则相对被动，需要教师的鼓励和引导才能积极参与。这种差异可能与幼儿的个性特征、家庭环境等因素有关。小班幼儿在科学探究活动中，已经初步形成了一些基本的探究能力。他们能够按照教师的指导进行简单的实验操作，观察并记录实验现象。同时，他们也能够提出一些问题或假设，并尝试通过实验来验证自己的想法。这些基本技能的掌握为后续的科学学习奠定了基础。

尽管小班幼儿已经具备了一定的探究能力，但他们在解决问题方面仍然存在一定的困难。当遇到实验失败或结果不符合预期时，一些幼儿可能会感到沮丧并想放弃，缺乏继续探究的动力和信心。因此，教师需要引导幼儿，教育他们要学会面对挫折和失败，鼓励他们积极寻找解决问题的方法。

随着幼儿年龄的增长，中大班幼儿相较于小班幼儿，其科学探究兴趣和探究能力、学习品质均有了显著的提升。他们不仅愿意主动参与各种科学活动，还对实验过程和结果表现出极大的好奇心。此外，他们还能对某一科学主题进行持续的关注和探究，表现出较高的探究热情。随着认知能力的提升，中大班幼儿对科学现象的理解也更为深入。他们不仅能够观察到事物的表面现象，还能通过简单的实验操作，探索事物背后的原理和规律。中大班幼儿能够更加细致地观察事物的特征和变化，并能用更为准确的语言进行描述。此外，他们还能通过观察，发现事物之间的联系和规律，为后续的探究活动提供有力的支持。中大班幼儿能够独立完成一些简单的实验操作，并能在遇到问题时主动思考、寻找解决方案。同时，他们还能与同伴进行合作，共同解决一些较为复杂的科学问题。

尽管中大班幼儿的科学探究兴趣和探究能力有了显著的提升，但仍存在一些问题。例如，部分幼儿在探究过程中过于依赖教师的指导，缺乏独立思考的能力；还有一些幼儿在面对挫折时容易放弃，缺乏坚持和毅力。

通过运用评价表对幼儿在科学实验中展现出的探究兴趣、探究能力和学习品质进行评估，教师能更全面地了解幼儿在实验活动中的表现，为今后的实验活动提供有针对性的指导。针对评估结果，教师会根据幼儿的实际情况调整实验内容和难度，以更好地激发幼儿的探究兴趣。同时，教师还会加强幼儿在合作交流、解释与反思等方面的训练，以提高幼儿的探究能力和学习品质。此外，我们还对评价表进行了持续更新和完善，以便更好地适应幼儿科学教育的发展需求。

五、研究结论

（一）幼儿科学实验适宜运用"七部曲"，让幼儿充分体验"像科学家一样做研究"

幼儿天生对世界充满了无尽的好奇与探索的热情，他们渴望通过提出问题、亲身体验来揭开周围事物的神秘面纱，在细致的观察、深入的探究以及不断的实验中，逐步积累对外部世界的全新认知。艾科思科学教育理念强调，通过不断激发幼儿的好奇心并引导其进行探究，可以使孩子们学会像科学家那样思考，像工程师那样解决问题。然而，当前许多幼儿仍受限于传统的教学模式，习惯于被动接受知识。

"实验"是科学探究中幼儿动手操作的重要形式。幼儿对某种现象感兴趣，表现出疑问，或不知道原委或有自己的猜测，然后用实验的方式寻找原因或验证自己的猜测，这样一个过程，完全符合科学家探究世界的过程，对培养幼儿的探究能力具有极大的促进作用。

本课题的幼儿科学实验活动要求教师和家长提供策略和方法，帮助幼儿完整体验科学探究过程，通过"问一问""猜一猜""找一找""做一做""记一记""说一说""想一想"来激发幼儿的科学探究兴趣，促进幼儿科学探究能力。这不仅是让幼儿在实践中解决科学问题的过程，也是幼儿敢于提出科学问题、有科学想象力、能巩固自己对科学的认识，呈现自己的学习过程，和他人分享交流，接受他人意见的过程。这一过程弥补了当前幼儿园忽视培养幼儿敢于提问、乐于想象、巩固科学经验，解释交流科学探究过程与结果的能力。

（二）教师的大课程意识对幼儿科学实验活动设计与实施至关重要

教师在幼儿科学实验活动中具备大课程意识是非常重要的。大课程意识要求教师从更宽广的角度来审视和设计幼儿科学实验活动，以促进幼儿的全面发展为目标，而不仅仅是局限于单一的实验操作或知识传授。

首先，大课程意识要求教师在幼儿科学实验活动中注重实验与生活实际的联系。在设计实验时，教师应注重将实验内容与幼儿的生活经验相联系，如通过观察动植物的生长、探究天气变化等现象，寻找生活中的材料开展实验，引导幼儿发现生活中的科学奥秘，培养其观察力和实践能力。这样的实验活动能够激发幼儿的好奇心和探究欲望，培养他们的观察力和实践能力。

其次，大课程意识要求教师在幼儿科学实验活动中注重幼儿的探究能力和创新思维能力的培养。在课题研究中，教师为幼儿提供足够的探究时间和空间，鼓励他们动手操作、观察记录、分析和思考。同时，教师还会设计一些具有挑战性的实验，引导幼儿发现问题、提出假设并通过实验来验证。这样的实验活动能够培养幼儿的探究能力和创新思维能力，为他们未来的学习和发展打下坚实的基础。

再次，大课程意识还要求教师在幼儿科学实验活动中注重跨学科整合。教师将科学实验与语言、数学、艺术等其他学科领域相结合，如通过科学绘本的阅读、绘制统计图进行观察分析、绘画记录科学现象等，为幼儿提供更加丰富和有意义的科学教育内容。通过跨学科整合，教师可以为幼儿提供更加丰富和有意义的科学教育内容，促进幼儿的全面发展。

最后，大课程意识要求教师在幼儿科学实验活动中注重评价和反思。利用"幼儿行为检核表"等工具，教师会对幼儿的实验活动进行观察和记录，分析幼儿的表现和发展情况，及时发现和解决存在的问题。同时，教师还会不断反思自己的教学方式和效果，不断改进和优化实验活动的设计，以便更好地促进幼儿的发展。

教师在幼儿科学实验活动中具备大课程意识是非常重要的。这种意识能够帮助教师更好地整合资源、设计实验活动、实施教学并评价幼儿的学习成果，从而为幼儿提供更加全面和有意义的科学教育。

（三）科学实验内容的系统化对整个幼儿园课程内容序列性产生积极影响

科学实验内容的系统化对整个幼儿园科学课程内容序列性产生了积极影响，有助于构建连贯、一致、深入和广泛的科学课程体系，促进幼儿科学素养和实践操作能力的培养，为他们的未来发展奠定坚实基础。首先，系统化的科学实验内容确保了科学课程内容的连贯性和一致性。每个实验的主题都与其他内容紧密相连，形成一个有序、逻辑清晰的教学序列。这种连贯性有助于幼儿逐步建立对科学概念的理解，并在不同阶段依旧保持知识的连贯。

其次，系统化的科学实验内容能够覆盖更广泛的科学领域，同时深入挖掘每个领域的核心概念和原理。这使得幼儿园科学课程既具有广度，能够涵盖多个科学领域，又具有深度，能够深入探究每个领域的核心知识。

再次，系统化的科学实验内容通常按照幼儿的认知发展规律和科学知识的难易程度进行安排。从简单到复杂、从具体到抽象，课程内容呈现出渐进性和层次性。这种安排有助于幼儿逐步建立科学概念，培养他们的逻辑思维能力和科学探究能力。

最后，科学实验内容的系统化有助于增强幼儿园课程内容的连贯性和逻辑性。在幼儿园教育中，各领域的内容应当相互联系、相互渗透，形成一个有机的整体。科学实验内容的系统化要求教师对科学教育的目标、内容、方法等进行全面考虑和系统规划，以确保科学教育的内容与其他领域的内容相互衔接、相互补充。这有助于确保幼儿园课程内容在整体上具有连贯性和逻辑性，帮助幼儿形成完整的知识结构和认知体系。

六、研究效果

（一）幼儿科学素养得到发展

幼儿园科学实验对幼儿科学素养的发展具有积极的影响。

1. 增强幼儿的科学探究兴趣

在班级幼儿之间的交流中，经常能看到和听到孩子们愉快地交流科学小实验过程、实验中的发现和实验中的"状况"。实验的成功体验更多，孩子们情绪愉快，他们表达了对这个活动的喜欢。

2. 提高幼儿的观察力和注意力

科学实验往往涉及各种实验现象的观察和记录。幼儿需要仔细观察实验过程中的变化，并记录下相关数据。这有助于培养他们的观察力和注意力，让他们学会关注细节，发现事物之间的联系和规律。

3. 提高幼儿的思考力，能发现问题、解决问题

实验中，幼儿可以对材料进行充分的探索，通过自己猜想假设、动手尝试、不断验证自己的假设等过程，逐步提高自己探究解决问题的能力。

4. 提高幼儿说明性讲述能力

幼儿在探究之后，会有一种表达的潜力和倾向，因此，我们在每次小实验活动后记录了幼儿的实验发现，并进行分享交流。在教师的引导下，幼儿会不断修正自己的语言，使表达更准确、更流畅。

5. 增加幼儿将科学经验运用于生活的机会

许多家长在记录表中反馈：幼儿对一些生活中的科学现象产生了兴趣，经常会提问其他的生活用品能不能也用来做科学小实验。许多幼儿会将科学实验中的一些科学发现运用到植物的养护、日常的清洁、食物的制作等家庭日常生活中。幼儿对科学经验的拓展和运用进一步深化。

（二）教师科学教育观念与能力获得提升

首先，本研究影响了教师科学教育观念。通过参与科学实验，教师能亲身体验到科学探究的乐趣，进一步认识到科学教育的重要性，从而加深对科学教育的重视，重构自身的科学教育观念。引导教师从单纯让幼儿模仿实验到引导幼儿思考，培养幼儿的探究精神，通过实验活动，教师能够与学生进行更深入的交流和互动，增进了师生之间的情感联系。其次，本研究提升了教师的科学教育能力，丰富了科学知识。通过参与科学实验，教师能够学习到更多的科学知识，提高自己的科学素养，从而为幼儿提供更丰富的科学教育资源。通过设计科学实验，教师能够提高自己的科学实验设计能力，从而为幼儿提供更多创新的教学活动和实验项目。通过参与科学实验，教师能够积累更多的教学策略，梳理总结了研究案例和经验文章，拓宽自己的教学思路，提高教学效果。

（三）幼儿园科学教育资源积累更加丰富

通过本课题研究，幼儿园积累了相关的研究资源，包括班级科学实验资源包、沙水实验资源包、自然角科学实验资源包，以及科学集体教学活动方案等，初步形成我园科学探究系列特色活动，加强了园内教育资源的整合和优化。幼儿园教师可以充分利用这些教育资源，为幼儿提供全面丰富的科学学习材料。还可以根据幼儿的年龄特点和认知水平，制订有针对性的科学教学计划，确保教育内容的系统性和科学性，如科学玩具展活动、科学知识小讲座、科技小制作比赛等。

通过家园合作开发亲子科学实验，深入挖掘家庭教育资源，积累了亲子科学小实验资源包。例如，邀请家长来园同幼儿进行科学活动、亲子科学小实验俱乐部活动等。这样可以让幼儿更加深入地了解科学知识，同时也加强了家园之间的联系。亲子科学实验不仅丰富了幼儿园科学实验活动方案，还利用科技手段收集了教师和家长制作的一些有趣的科学动画和实验视频，供家长之间相互学习借鉴。例如，教师利用多媒体技术，让幼儿通过观看蘑菇生长环境科学实验动画和视频，在短时间内了解蘑菇生长的环境条件，获得科学经验。

总之，在丰富幼儿园科学教育课程的过程中，教师也在不断创新教学方式和内容，结合幼儿的兴趣和年龄特点，引导幼儿发现生活中的科学，培养幼儿的实践能力和创新能力。同时，本课题也加强了家园合作和科技手段的运用，为幼儿提供更加全面和丰富的科学教育资源。

（四）家长科学教育内容与方法有指南

家长对科学教育的认识和指导更科学了。因为有亲子小实验活动方案的引导，家长在指导幼儿探索时就不盲目，渐渐地家长也获得指导孩子参与科学探究的经验和方法。通过钉钉班级圈、晓活动、实验记录表、论坛活动，教师和家长一起对亲子小实验中所存在的问题进行了详细的分析，如在记录单中，教师发现家长代替记录的问题、家长不会引导孩子表达科学发现、不会启发幼儿将科学经验运用到生活中的问题等；同时，亲子小实验为家长间的经验交流提供了很好的平台，促进了家长间互相学习，互相影响，记录单中家长代劳等现象明显减少，使家长逐渐明确应如何科学地指导幼儿做小实验，引导幼儿自主发现科学现象，也提升了家长对幼儿科学教育价值的认识和科学素养。

七、反思与展望

（一）研究优势

当前，幼儿园的科学实验课程在目标导向下的内容和实施方法都比较零散，随意性强，对于幼儿科学知识学习的渐进要求不明确，常常与小学科学实验重复交叉。因此，我们的研究是整体渐进设计一系列与幼儿生活有关的物质、生命、地球宇宙的"科学实验"活动，帮助幼儿建立系统化的科学经验，研究成果能发挥辐射性作用。

另外，本课题研究在促进幼儿科学探究能力上不仅体现在让幼儿在实践中解决科学问题的过程中，也体现在幼儿敢于提出科学问题、有科学想象力、能巩固自己对科学的认识、呈现自己学习过程、和他人分享交流、接受他人意见的过程中，弥补了当前幼儿园忽视培养幼儿敢于提问、乐于想象、巩固科学经验、解释交流科学探究过程与结果的能力。

（二）研究不足

1.行动研究的过程有待深入

本行动研究只实施了两轮，整个研究不够充分和深入。表现在两轮行动研究中没有对幼儿、教师以及科学实验内容本身做数据性的评价，在成效中多是描述性的总结，没有充分的数据支撑教师支持的有效性。因此，研究者可针对以上不足改进方案，在之后的教育实践中进行持续的研究。

2.以科学实验活动为主开展幼儿科学教育有局限性

幼儿科学教育并不仅仅局限于开展科学实验活动。虽然实验活动是幼儿科学教育的重要组成部分，可以帮助幼儿通过亲身实践来探索和了解科学现象，但是幼儿科学教育的内容应该更加广泛和多样化。幼儿科学教育应该注重培养幼儿的科学素养和探究能力。这包括培养幼儿的科学态度、科学精神和科学方法，以及提高幼儿的观察、思考、实验和解决问题的能力。这些素养和能力不仅仅可以通过实验活动来培养，还可以通过组织各种科学游戏、科学故事、科学手工制作等活动来培养。

（三）研究展望

结合上文论述的研究不足之处，研究者提出以下几点展望，以期在今后的研究中能够获得进步和突破。

1. 科学教育新方向：让科学家进校园

让科学家走进幼儿园是一种有益的科学教育新方向，它可以为幼儿提供更直接、更生动的科学学习经验。科学家作为专业的科学工作者，具备丰富的科学知识和实践经验，可以为幼儿提供高质量的科学教育，可以为幼儿提供更多的实践机会和探究环境，可以促进幼儿园与社区的合作和交流。通过与科学家的互动和学习，幼儿可以了解科学家的精神、态度和追求，培养他们的科学家情怀和科学精神。

2. 科学教育要用多样化的教学方式

科学教育可以通过组织各种科学游戏、科学故事、科学手工制作等活动来进行。科学教育还可以和语言、数学、艺术等其他学科领域相结合，通过跨学科整合来丰富科学教育的内容和形式。例如，教师可以组织幼儿进行科学绘本的阅读、编写和表演，通过语言和艺术的手段来培养幼儿的科学素养和探究能力。教师可以引导幼儿深入观察生活中的科学现象，探究身边的科学问题，例如，为什么天空是蓝色的、为什么水会结冰等。通过这些与生活实际相关的科学探究活动，幼儿可以更好地理解和应用科学知识。通过多样化的科学教育活动，可以帮助幼儿更好地理解和应用科学知识，培养他们的科学思维和实践能力。

通过整体渐进设计与实施幼儿科学实验的行动研究，验证了该方法在提升幼儿科学探究能力和科学素养方面的有效性。未来，我们将继续深化研究，探索更多适合幼儿年龄特点和认知水平的科学实验内容和方法，为幼儿园科学教育提供更加丰富和有效的资源。同时，我们也期待更多的教育工作者和研究者加入这一领域，共同推动幼儿科学教育的发展。

家园合作开发亲子科学实验的实践研究

◎沈 莺

一、问题提出

（一）幼儿科学领域核心经验的获得需要家园合力协同

幼儿大部分时间都生活在家庭这一具体的环境中，他们所接触的科学，其实大部分都来自家庭及周围的环境和事物。家庭科学教育和幼儿园科学教育都是不可取代的，两者紧密联系、互为补充。幼儿园的科学教育要以幼儿已有的科学经验为基础，而幼儿在幼儿园所学的科学知识也需要回归到家庭日常生活中去体验和实践。家庭和幼儿园紧密配合，才能真正使孩子获益。

（二）在亲子科学实验活动中家长需要科学的教育方法

大部分幼儿的家长都重视家庭科学教育，但其中有部分家长在家庭科学教育中满足于孩子掌握了多少知识而忽略了科学方法、科学技能的掌握。在和孩子做科学实验时，由于缺乏教育方法，家长往往采用的是直接教授的方式，手把手教孩子做实验。幼儿缺少自主探究的机会，兴趣往往会降低，从而无法获得科学经验的内化，无法提升发现问题、解决问题的能力。

（三）幼儿园需要关注家庭科学实验课程建设

当前幼儿园的科学教育课程中，教师往往关注在幼儿园中的科学实验活动，不太关注幼儿在家庭中的科学实验延伸活动，家庭科学实验课程建设较少。教师布置的家庭亲子实验内容一般都是在幼儿园条件下的科学实验，实验材料比较丰富、实验步骤也比较复杂，这样的实验在家庭中较难进行操作。家庭中的亲子科学实验需要与家庭生活息息相关，简单易操作，游戏性要更强。

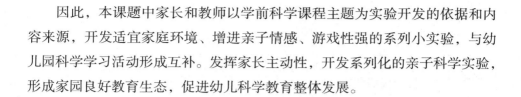

因此，本课题中家长和教师以学前科学课程主题为实验开发的依据和内容来源，开发适宜家庭环境、增进亲子情感、游戏性强的系列小实验，与幼儿园科学学习活动形成互补。发挥家长主动性，开发系列化的亲子科学实验，形成家园良好教育生态，促进幼儿科学教育整体发展。

二、研究目标

第一，通过本课题研究，以学前科学课程主题为实验开发的依据和内容来源，开发适宜家庭环境、增进亲子情感、游戏性强的系列科学小实验，与幼儿园科学学习活动形成互补。第二，通过本课题研究，探索开展亲子科学实验的步骤、方法、评价等，初步形成一套开展亲子科学实验的流程操作模式。第三，通过本课题研究，探索在亲子科学实验活动中家园合作的教师和家长的角色定位，提高家长在家园共育中的主动性。

三、研究内容

第一，当前亲子科学实验的来源、开发与实施现状调查。第二，亲子科学实验的设计研究。第三，亲子科学实验的实施研究。第四，家园合作开发亲子科学实验内容的审议。

四、研究过程

（一）当前亲子科学实验的来源、开发与实施现状调查情况

1. 家庭中亲子科学实验活动的现状（表1）

表 1　活动现状

调查目的	了解本园家庭中亲子科学实验的来源、内容与实施的现状，并分析现状，发现优势和问题，为本课题研究提供依据和方向
调查内容	亲子科学实验内容的来源；常用亲子科学实验内容；亲子科学实验材料；亲子科学实验的方式；评价方式；问题和困惑
调查方法	问卷法

2.家庭中亲子科学实验的设计现状（表2）

表2 设计现状

调查目的	了解当前亲子科学实验的来源、内容与开发的现状，并分析现状，发现优势和问题，为本课题研究提供依据和方向
调查内容	亲子科学实验设计人员；亲子科学实验内容的来源；常用亲子科学实验内容；亲子科学实验材料提供；亲子科学实验的指导；问题和困惑
调查方法	文献法、访谈法等

3.家庭中亲子科学实验活动的现状调查结果分析

（1）家长认为亲子科学实验是很有必要的，但缺少实际行动，没有定期的实验活动。

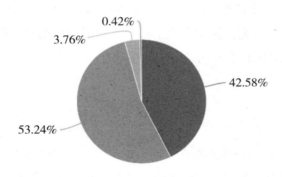

0.42%
3.76%
42.58%
53.24%

■很有必要(请说明原因)　■有必要(请说明原因)　■可有可无(请说明原因)　■完全没必要(请说明原因)

图1 亲子科学实验的必要性

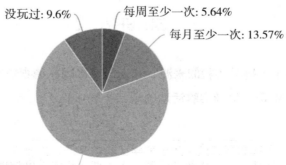

没玩过: 9.6%　每周至少一次: 5.64%
每月至少一次: 13.57%
偶尔想玩就玩: 71.19%

图2 亲子科学实验的频率

从图1数据分析，53.24%的家长认为进行亲子科学实验是很有必要的，

42.58%的家长认为是有必要的。但从图2中看到71.19%家长偶尔和孩子一起玩亲子科学实验。所以，家长对开展亲子科学实验的观念和实际行动不一致。

（2）家长选择的亲子科学实验内容多来自网络，比较零散。

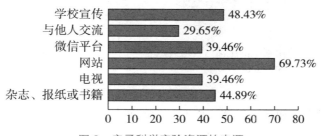

图3 亲子科学实验资源的来源

从图3中发现，69.73%的家长喜欢从网络获取关于亲子科学实验的资源，网络资源往往是零星的、随意的，没有系列性。

（3）实验内容中物质科学较多，家长喜欢用家里的材料进行实验。

根据图4数据分析，家长和孩子一起玩过的亲子实验涉及比较多的是水、电、磁铁、光与影、植物、声音，以物质科学类实验居多。

从图5中发现，64.09%的家长喜欢使用家中的物品进行亲子科学实验。

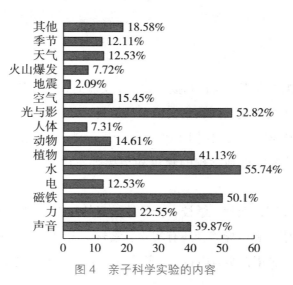

图4 亲子科学实验的内容

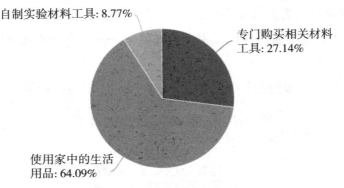

图 5　亲子科学实验的材料

（4）家长在和孩子一起实验时，会鼓励幼儿提问，较少地进行实验记录和经验迁移。

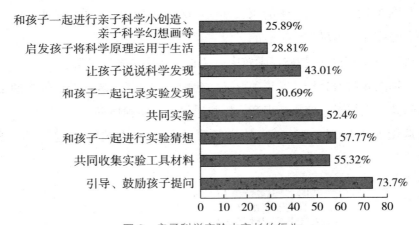

图 6　亲子科学实验中家长的行为

从图 6 数据中发现，家长和孩子做亲子实验时，比较常用的方法是引导、鼓励孩子提问，其次是共同收集实验工具材料，共同实验等，较少进行记录和引导孩子将科学经验运用到生活中，较少进行科学小创造等。

（5）家长希望得到学校的建议和指导等，比如实验内容、素材等。（图 7）

从图 7 中发现，老师、学校、指导等出现的频率较多，看到家长十分希望得到学校的建议和指导等，还有实验、素材、主题等词语出现的频率也比较多，不少家长希望在实验内容、实验素材等方面得到一些建议。

图 7　家长对学校需求的词频分析

（6）家长在实验原理、实验材料上有困惑。（图 8）

图 8　家长在亲子实验中的困惑词频分析

　　从图 8 来看，孩子、原理、材料、工具、方式、时间等词语出现的频率较高，看出家长对亲子实验中的实验原理、实验材料与工具、实验方法等方面都存在着一定的困惑，需要我们在课题研究中给予家长指导。

　　4. 亲子科学实验的设计现状调查结果分析

　　（1）当前亲子科学实验的研究主要以亲子科学实验的内容特点为主，科学实验的系列内容研究较少。

　　相关研究指出，亲子科学实验内容要生活化、趣味化和科学化。要选择幼儿感兴趣、符合幼儿年龄特点、认知发展水平的内容。研究发现，亲子科学实验源于日常生活、源于家长资源、源于传统节日、源于季节等。但亲子科学实验的系列内容研究较少。

　　（2）当前家庭科学教育中存在家长观念与行动不匹配、方法单一等问题。

　　在对当前家庭科学教育现状的调查研究中发现，当下父母的受教育水平与之前相比都有所提高，都知道一些基本的教育理念，如"以幼儿为中心"等。但在具体实施的过程中仍有不少问题：①家长思想与行动上的不统一；②家庭科学教育的内容以父母的主观选择为主；③家庭科学教育实施的途径单一；等等。因此，促使家长将理念转化为合适的行动就尤为重要。

（3）当前亲子科学实验的家园合作开展方法主要以幼儿园主导，家长配合的方式为主，教师指导是亲子科学实验开展的常用方法。

研究认为，通过讲座、公开幼儿园科学活动、网络信息宣传等方式向家长提供开展科学小实验的方法是开展亲子科学实验的常用方法。陈敏霞的研究认为：培训家长，让家长成为家庭亲子小实验的指导师。首先召开发动会，向家长宣传科学教育的重要性，开展家庭亲子小实验的目的、方法等。其次是向家长开放一节示范课，指导家长如何准备实验材料，如何提出问题、指导幼儿思考、指导幼儿实验操作等，让家长能成为家庭亲子小实验的指导师。

（4）亲子科学实验家园交流互动主要以开展亲子科学实验后，家长主要参与幼儿园组织的展示活动和科学小实验游戏活动，家长较少参与亲子科学实验的设计开发。

相关研究认为，在开展亲子科学实验中要组织交流，分享家庭亲子小实验的经验，通常是开展亲子科学实验后的记录表展示、现场展示、视频展示等。江景雅在研究中指出：为了能激发更多的家长参与到我们的课题活动中来，进一步发挥家长的主动性，幼儿园应邀请家长带着自己的特长来和孩子一起游戏，体验教学的乐趣，定期开展各种活动，如亲子游戏性科学实验现场展示、亲子游戏性科学实验视频展示等。而家长参与亲子科学实验的设计开发较少，即使实验设计源于家长，也是零散的、随意的。孙黎研究提出，来自家长资源的亲子科学实验是一次父母老师活动。

总之，调查结果分析发现，亲子科学实验比较零散、随意，家长缺乏合适的方法；家园合作的角色定位偏教师主导，家长配合，家长缺少发挥特长和作用的机会；家长参与亲子科学实验的设计开发较少。因此，家长和教师以学前科学课程主题为实验开发的依据和内容来源，开发适宜家庭环境、增进亲子情感、游戏性强的系列小实验，与幼儿园科学学习活动形成互补，形成家园良好教育生态，提高幼儿科学经验整体发展，是个亟待解决的问题。

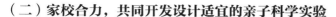

（二）家校合力，共同开发设计适宜的亲子科学实验

1. 向家长宣传幼儿园科学课程

近年来，我园在科学实验方面开展了课题研究，也逐步形成了小、中、大科学实验特色课程，陆续形成了主题式幼儿科学实验活动，包括班级科学实验活动、自然角科学实验活动、沙水实验等。我园通过家长会、家委会、园园通、家长讲座、家校论坛、家长观课评课、家长课程小组活动等方式向家长充分宣传我园科学课程制定与实施的来龙去脉，引导家长了解家园合作开展亲子小实验的目的，帮助家长建立"开发课程是怎么一回事"的初步印象。

2. 成立家园合作亲子科学实验设计小组

家园合作亲子科学实验设计小组（简称"设计小组"）由园级家委会课程小组和课题中心组组成。采用分层管理的方式，园级到年级组再到班级共同参与，通过杂志、报纸或书籍、电视、网站、微信平台、与他人交流、学校宣传等渠道收集和设计亲子科学小实验，最后由课题中心组老师梳理汇总。

3. 共同梳理亲子科学实验内容

根据调查结果分析，"设计小组"在共同梳理亲子科学实验时充分考虑了以下"三大原则"：（1）读懂家长及幼儿的需求。（2）充分考虑幼儿年龄特点。（3）结合幼儿园课程实施主题。梳理实验内容包括实验类型、实验内容、适合年龄等。由家园合作亲子科学小实验设计小组共开发了55个科学小实验，包括35个物质科学小实验、16个生命科学小实验以及4个地球宇宙科学小实验。（表2）

表2　家园合作开发亲子科学实验

实验类型	适合年龄	主题	实验名称
物质科学亲子小实验	小班	主题	逃跑的胡椒粉、颜色的秘密、会爬升的水、会跳舞的盐、彩虹纸巾、调色大师、彩色珍珠雨、神奇的气泡
		非主题	杯子起来了、被吸住的纸片、小力气办大事的杠杆
	中班	主题	塑料尺吸纸屑和转动的牙签、魔法水杯、水的"变形力"、水油相融、倒立的水杯、蜡烛抽水机、和面、会变色的碘伏水、哪里来的水、吹泡泡、会潜水的乒乓球
		非主题	承载重物的纸片

（续表）

实验类型	适合年龄	主题	实验名称
物质科学亲子小实验	大班	主题	让牙签变成五角星、水中的铅笔断了、魔法变色、神奇的水中花、水吸乒乓球、胡萝卜潜艇、瓶子吹气球、会动的小蛇、梦幻彩虹雨、神奇的水袋
		非主题	见证奇迹之纸盒烧水
生命科学亲子小实验	小班	主题	鸡蛋小船、验证大蒜和玩具的生命性、漂浮的鸡蛋
		非主题	会跳舞的红豆、黄豆的萌发
	中班	主题	会游泳的鸡蛋、跳动的小鱼、"吃糖"的土豆、鸡蛋壳消失、土豆的生长、多肉植物的繁殖、会呼吸的鸡蛋
	大班	主题	塑料袋里的植物、蚕的生长、跳动的豆子、提取叶绿素
地球宇宙科学亲子小实验	小班	非主题	火箭飞上天
	中、大班	非主题	压强实验、三球仪、水中火山喷发

4. 研制家园合作开发亲子科学实验的过程设计

实验内容梳理后，设计小组仍旧根据"三大原则"，共同讨论研制，家园合作开发了亲子科学实验，形成了亲子科学实验的基本框架。（表3）

表3 亲子科学实验的基本框架

	实验类型	物质科学实验、生命科学实验、地球宇宙科学实验
实验内容	实验名称/实验问题	需要解决的科学问题
	实验来源	实验的出处
	建议主题	渗透二期课改教材"学习"主题
	适合年龄	幼儿年龄
实验过程	预设目标	符合幼儿发展目标的科学经验
	幼儿已有经验	幼儿现有的相关科学经验
	材料准备	家长和幼儿共同收集、生活中的材料为主
	预设玩法	实验步骤
	亲子互动	家长和孩子在亲子实验中可以讨论的问题举例
	备注	实验中的注意点提醒
	家长感悟	实验后家长和孩子的收获、思考

比如大班的亲子科学小实验"瓶子吹气球"的基本框架。（如表4）

表4　亲子科学小实验"瓶子吹气球"

记录者：×××家长

实验类型	物质科学小实验	实验名称	瓶子吹气球
实验来源	网络	建议主题	我是中国人
实验问题	瓶子为什么能吹气球？		
适合年龄	大班幼儿		
预设目标	知道小苏打遇到醋会产生化学反应		
幼儿已有经验	了解气体的存在，知道气体也有体积		
材料准备	收集者：家长、幼儿共同收集 材料：（家庭生活中安全的材料为主） * 食用小苏打 * 白醋 * 空的饮料瓶（透明的最好） * 气球一个 环境材料照片 		
预设玩法	1. 将适量小苏打倒入气球 2. 塑料瓶中倒入 10ml 左右的白醋 3. 装有小苏打的气球套在塑料瓶口，立起气球使小苏打粉末落入白醋中 4. 小苏打和白醋混合后立刻会发生反应，我们可以观察到有气泡不停地翻滚，瓶口的气球会迅速变大		
亲子互动	爸爸：宝贝，我们来玩一个吹气球的游戏吧。 幼儿：好呀，我来吹。 爸爸：气球为什么会变大？ 幼儿：因为我在吹气。 爸爸：哦，你把气吹进了气球。那猜猜瓶子会吹气吗？ 幼儿：怎么吹呢？ 爸爸：那我们来试试吧。 幼儿：好的。		

（续表）

亲子互动	爸爸：气球怎么啦？ 幼儿：气球变大了。 爸爸：想想气球为什么会变大呢？ 幼儿：因为瓶子里有气？ 爸爸：瓶子里的气从哪里来的？ 幼儿：刚才加入了小苏打和白醋。 爸爸：就是说小苏打和白醋在一起会产生什么？ 幼儿：会产生气，哇，就像我们吹气球一样。
备注	1. 实验中套气球的时候注意先不要让小苏打落入白醋中，因为两者会很快反应，为防止气体跑走，一定要待气球固定好后竖起气球 2. 小苏打和白醋的量比例约1:1，适量即可
家长感悟	通过实验加强科学启蒙，小朋友了解到白醋和小苏打相遇就会发生化学反应，产生气体（二氧化碳）从而使得气球会被吹大。孩子通过观察、操作建立兴趣，了解科学，真正实现寓教于乐。亲子实验不仅能让幼儿学到一些小知识，也能提高幼儿的专注力、想象力和动手能力。亲子实验还增加了家长与孩子间的沟通与交流，有利于孩子身心的健康发展

（三）家校合作，探索亲子科学小实验的实施途径与方法

亲子科学实验的实施主要通过三类活动组织开展：包括每学期开展的亲子科学小实验俱乐部活动，每月一次亲子科学实验论坛活动，以及每学期一次亲子科学实验节活动。

1. 亲子科学小实验俱乐部活动

（1）活动过程是自由自主、轻松愉悦的

首先，各班教师从已梳理的亲子小实验内容中寻找合适年龄段的科学小实验。其次，家长和孩子可以根据喜好、每个家庭的实际情况自主选择实验内容以及具体开展时间。再次，实验中教师和家长、教师和孩子、孩子和家长之间能及时沟通、相互交流。最后，对实验后的感受、想法大家能敢于表达，乐于反馈。整个活动开展体现了孩子、家长、教师之间互动的自由自主、轻松愉悦，让亲子科学实验活动成为"俱乐部活动"，目的是培养家庭中幼儿进行科学探究的习惯。

实验过程中，幼儿园开展了三轮亲子科学小实验俱乐部活动，共55个活动。每个活动都通过照片、视频、活动情况记录表等方式进行了记录。

比如，大一班以"两周一个科学小实验"来开展亲子小实验俱乐部活动。

在具体实施前，教师进行了多方面的考虑，首先是要选择符合幼儿年龄特点的生活化的小实验内容，其次考虑到当时疫情的大背景下，选择的材料要尽量是家中可得的，所以第一次小实验内容，教师提供的是材料少且有趣的"魔法水杯"。发布后，家长及幼儿的参与度较高。而后教师又发布了"会吃糖的土豆""水中的缝线针和鸡蛋""水的变形力"三个小实验供家长和幼儿自由选择。其中，"会吃糖的土豆"参与度相比其他三个实验较低，可能还是因为实验材料，土豆并不是每家都有。所以实验材料准备越简单，家长和幼儿的参与度越高。

本次活动，教师采用的方式是将小实验定期发布至班级群，鼓励家长们使用"钉钉班级圈"，让家长和幼儿都能看到同伴们做实验的情况。

两位教师对每一个幼儿实验都会进行点赞和鼓励，对于实验方法还会做个别指导。家长之间也会互相点评其他幼儿的内容，效果良好，有效提升了师幼互动、家长互动、生生互动、家园互动。

（2）教师是家长的支持者和合作者

在活动过程中，教师是支持者，也是合作者，做好活动宣传工作、与家长交流、与家长相互学习、为家长解惑等，与家长共同引导孩子开展科学实验活动。

①鼓励推动，支持调整，激发家长对亲子实验的兴趣

班级亲子科学小实验俱乐部活动开始之初，我们通过家长讲座、钉钉班级群发通知等方式，告知了家长活动的开展，并将经过家委会和教师共同筛选的小实验的文本内容也发给了家长。

可是快要到截止日期，只有寥寥几个孩子的实验照片传到了群里，一个小实验视频都没有。班级的活动实际参与率很低。教师仅仅发了活动的通知和实验参考，并不能引发家长参与亲子小实验俱乐部活动的兴趣。

面对家长缺少实际行动的问题，我们采用了鼓励推动的方法，对家长和幼儿积极参与科学实验活动给予及时的表扬、积极的评价，及时回复家长和幼儿的反馈，激发他们的活动兴趣；对主动上传孩子实验照片的家长进行留言点赞，给孩子发大拇指提出表扬，"孩子实验很认真""孩子真是一个小小科学家""孩子自己动手实验真能干"等。我们反思了活动通知的重要性，在

下一次实验开展的通知中我们增加点名表扬"补充一点：先表扬一下上个月很多孩子，×××，×××，×××……都积极参与了这个科学小实验，视频发得也非常好，希望这个月我们继续哦！"

同时，我们支持家长和幼儿可以根据实际情况随时调整实验材料、实验步骤及亲子互动内容，还可以进一步探索或者挖掘更多的相关实验，以积极的态度进行亲子科学小实验。我们提供的小实验虽然是由班级家委会和教师共同筛选的，实验材料、实验步骤等都提供家长参考，但由于家庭的已有条件限制，实验材料可能有，可能无；对于实验步骤，不同的家长和孩子可能有不同的想法。这些原因可能会阻碍家长的积极主动，于是我们在通知中进行了补充："如果你觉得实验材料可以用其他东西代替也可以，关键是让孩子了解这个实验原理，如果有其他玩法，请你用拍照或者文字形式又或者语音发在群里面，让我们知道你的新玩法和新材料。"

②及时追踪，适时点拨，增强亲子实验的互动性

在亲子实验视频中，我们发现：很多都是孩子一个人在进行实验操作，家长全程只是进行了录像，很少和孩子进行言语对话等互动交流，仅有的交流就是孩子操作有困难时，家长会帮助孩子进行操作而已。偶尔有的家长会在实验结束后和孩子进行简单的对话，说说实验的科学原理。比如，"你知道盐为什么会跳舞吗？""因为有声音，产生了振动，盐就会跳起来了。"但交流就仅此而已。

在实验过程中，孩子往往都是独自进行实验操作，和家长缺乏沟通交流，偶尔有沟通交流也是比较简单"粗暴"的关于科学原理的解释而已，孩子可能并没有理解，家长缺乏引导孩子进行实验记录、启发孩子科学经验迁移的意识。这样的实验没有体现"亲子"特点，缺乏有效的互动性。

为了增强亲子实验的互动性，教师在发布活动通知后要通过钉钉班级圈、私信、实验记录表等途径及时收集开展亲子实验的照片、视频等资料，以便及时了解亲子实验的开展情况。

在每个实验活动通知发布后，家长会不定时在群里发布照片、视频，但不管什么时候，我们都尽可能在第一时间查看每张照片、每个视频，以便马

上了解实验活动的内容、材料、亲子互动情况等，以便及时作出回应。此时，往往家长也会及时进行回复，家长就会及时调整自己和孩子在实验中的互动内容，提升亲子实验互动性。

③引发交流，评价反馈，共同优化实验的科学性

亲子实验俱乐部活动是在家中开展的，亲子小实验孩子喜欢吗？孩子在实验中、实验后有没有提升对科学实验的兴趣，实验后的情况如何？家长对实验有什么想法，实验有什么要调整的地方呢？这一连串的问题都是我们需要了解的。

亲子科学小实验俱乐部活动是孩子、家长和教师共同开发的，我们需要了解家长和孩子的想法，才能对亲子科学小实验俱乐部活动进行优化和调整，让亲子科学小实验更加具有可行性、科学性。我们通过钉钉群发表情、文字、语音，活动感悟文本记录等方式，引导孩子、家长表达对亲子小实验的体验感受，了解亲子互动情况、孩子发展水平等。

比如，教师说："家长朋友们或者孩子们都可以采发表情、文字、语音等说说自己做小实验的感受。"家长提出："陪伴孩子发现生活中的小乐趣，孩子在过程中充分地感受到了爸爸妈妈的陪伴，增进了亲子关系。在整个实验过程中，孩子自己的动手能力都得到了很有效的提升，很认真地参与其中。""孩子对家长做这样的小实验很感兴趣，一方面在玩，一方面在学，实验做完和她讲一些生活中的例子，她也就很容易理解了。""科学小实验可以让孩子更好地认识自然，让幼儿在实际操作中观察现象并能用自己的语言表达所看到的现象，很好地开发了幼儿动手能力和观察能力。科学在他们幼小的心灵里埋下了一颗探索的种子，激发他们对自然科学的兴趣，让他们知道遇到事情不仅可以动脑，还可以动手实践。"

（3）家长是孩子的支持者和合作者

在学校里，教师是孩子主要的支持者和合作者。在家里，家长就是孩子主要的支持者和合作者。在亲子实验中我们向家长提供操作方法引导幼儿发现问题、假设猜想、寻找材料、实验操作、观察记录、解释说明、拓展运用体验完整实验过程。家长还可以通过问卷星调查、晓黑板、晓活动、任务卡、钉钉群回复接龙等方式随时记录并反馈活动开展情况。

①鼓励启发，积极回应孩子的提问

在孩子没有主动提问时，家长可以鼓励孩子大胆提问，比如，"你有什么问题吗？"家长要接受孩子提出的任何天马行空的问题，激发孩子养成好问的探究习惯。家长可以先向孩子提问，启发孩子提问，比如"我有个问题……现在轮到你了，你有什么问题吗？"用榜样示范提高孩子提问的积极性。家长可以演示实验结果引发孩子提问，比如实验后问孩子"你发现什么了？"从看到的科学现象引发孩子的提问与思考……

在幼儿主动提出问题时，家长要肯定孩子的提问，比如，"你提出的问题很好，我们就动手操作一下吧！"用肯定方式引发孩子的探究兴趣。当孩子提问表达不清时，家长可以帮助补充完善孩子的提问，比如"你说的是不是小球怎么会吸在瓶口？"特别是小年龄段的孩子，他们表达还不够完整时，家长可以进行补充，完善句式，丰富孩子的词汇量。根据年龄特点、问题的实际情况，对年龄小的孩子，家长可用语言、动作、神情直接回应孩子的提问。和孩子对现象进行讨论，引导孩子自己发现问题的答案，如阅读参考书籍、通过做实验、从生活中找答案。

②共同寻找材料，启发替代

当明确实验内容后，家长可以和孩子一同商量确定材料、在家中寻找生活中实验所需的材料，提升孩子和家长在活动中的参与度。当实验材料缺少时，家长可以鼓励、启发孩子根据材料的特性及在实验中的作用找一找类似的材料来替代，保证实验的顺利开展。

③鼓励猜测，肯定"天马行空"

当孩子没有主动进行实验猜测时，家长可鼓励、启发孩子，让其知道猜得不对也没有关系。用语言（鼓励、提示）、图标等方式鼓励孩子在活动前、关键步骤前猜一猜，建立实验中假设推断的意识和行为。实验前就让孩子进行"猜一猜"能增加孩子的兴趣。如果孩子的猜测和实验结果相反，这既让实验变的出乎意料，又能让孩子加深对实验的印象，想要多次尝试一探究竟，可以给孩子一段时间去想一想，给孩子猜测思考的时间；家长可以试着用启发性的疑问句，或把"猜一猜"直接加入疑问句中，如，"猜猜看，水会不会倒出来？""猜一猜土豆能发电吗？"让孩子通过家长提出的疑问来完成猜测。

这也是"猜一猜"最主要的方法之一。

当孩子的猜测与实验结果相符时，家长需要对孩子进行鼓励和引导，让孩子收获猜测成功的满足感，并在问孩子"你是怎么猜对的?"的时候进一步问"你是怎么想的，"来强化孩子对科学现象的认知，以及对"猜一猜"行为的认同感。

当孩子猜测与实验结果不符时，家长要告知孩子，猜错也是很正常的，"原来实验结果和你想的不一样，是不是很有趣很特别，我们多试几次一起来看看其中的奥秘""为什么和我们想的不一样呢"，推进孩子继续探索发现。孩子猜错了，家长更要对其进行鼓励，鼓励孩子猜测的勇气，并鼓励孩子继续探索，了解科学实验、科学发现不是一蹴而就的道理。

④共同实验，适当帮助

当开始做实验时，家长可以在"问一问"或"猜一猜"的基础上，鼓励孩子自己动手，如"那我们来试一试吧! 看看是不是像我们猜(或说)的那样"，使孩子对自己动手操作实验产生兴趣。

当孩子不愿或不敢进行实验时，家长和孩子一起做实验，帮助幼儿解决实验中的困难。如"需要我帮忙吗?""我们一起来试试!"家长用语言激励和启发孩子进行实验。如"可能会有不一样的发现哦!""爸爸(妈妈)相信你一定能行的，加油!"家长可以通过合作实验和对话互动的方法引发孩子参与亲子科学实验的意愿，并使孩子敢于大胆动手操作。

当孩子实验失败时，家长给予孩子充分的时间进行探索实验，但同时也要注意观察孩子在实验过程中的情绪状态和操作情况。如，"没关系，不着急!"家长充分理解孩子，给予孩子多次实验的机会。当孩子实验操作有误或者没有达到预设的实验结果时，不包办代替，多给予鼓励，如，"不要紧，我们可以再试一次!"家长在观察孩子实验情况的基础上及时给予孩子鼓励或肯定，激发孩子再次探索的兴趣和欲望。如，"没关系，我们再试一次好吗!""你真棒，成功了!"家长可以和孩子一起回顾实验操作步骤，共同寻找实验未能成功的原因。如，"我们一起来看看为什么没有成功，哪里出问题了。"家长可以用开放性的语言启发孩子找到解决办法，而不是直接把答案告诉孩子。如，"是不是可以先这样"，在征求孩子同意的基础上，对个别操作难度较高的实验步骤给予帮助，如果孩子能独立完成，建议让孩子独立完成。如，"这个有点难，需要我帮忙吗？""这个不难的，你可以的"……

家长可以通过以上几种方法激发孩子在科学实验中的自信心，培养孩子在科学实验中的持久性，培养孩子良好的科学探究习惯。

⑤共同记录实验发现

当孩子没有记录行为时，家长可以参考教师推荐的记录表，引导孩子共同记录，但注意要以孩子的记录为主。如"你先来记一记，我可以帮你一起完成"。家长可以在猜想和验证环节启发孩子进行有目的的记录，比如，"我们现在来猜一猜，会发生什么样的变化呢？你可以把你的猜想记下来。等会儿看看猜得对不对"。家长可以通过共同记录、启发孩子有目的的记录等方式来提高孩子观察与探索的兴趣，帮助孩子学会记录。

当孩子有记录行为时，家长可以鼓励孩子用自己喜欢的方式来记录探究过程和结果，如用符号、绘画或者照片记录的形式，有助于孩子及时记录新的发现。比如，"你发现了什么？可以用你喜欢的方式记录下来"。家长可以通过帮助孩子分析记录的内容，让幼儿进一步理解科学实验的原理。

⑥理解幼儿，表达发现

当孩子没有表达行为时，家长可以用提问、追问的方式启发幼儿的思考，鼓励孩子表达他的想法与发现。家长可以给幼儿进行示范，说说实验的步骤、实验的材料和自己的发现等。在幼儿表达卡顿的时候可以帮助幼儿一起说。通过适当的提问和榜样示范的方法，引导幼儿进行大胆的表达。

当幼儿表达不清楚时，家长应结合幼儿年龄特点理解孩子表达能力有限，可能无法说清复杂的实验现象；鼓励、引导孩子有条理地表述实验过程、实验中的发现、实验中发现的问题等。在幼儿表述实验的过程中，家长要耐心倾听，给予必要的补充与更正，最后与幼儿共同梳理。通过理解帮助幼儿有条理地、清晰地表达实验过程、发现与问题等。

⑦迁移经验，引发思考

当孩子获得实验中的科学经验时，家长可以鼓励幼儿继续尝试一些新玩法，寻找其他材料多次尝试。当幼儿了解了实验原理后，家长可引导幼儿想一想其在生活中的应用、生活中哪里会出现这种现象等。

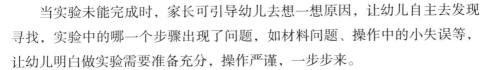

当实验未能完成时，家长可引导幼儿去想一想原因，让幼儿自主去发现寻找，实验中的哪一个步骤出现了问题，如材料问题、操作中的小失误等，让幼儿明白做实验需要准备充分，操作严谨，一步步来。

2. 亲子科学实验主题论坛活动

（1）聆听、学习科学教育观点和做法

我们鼓励家长积极参与幼儿园亲子科学实验的开发与实施。为此，家教组开展了亲子科学实验主题论坛活动，比如开展了"对此次亲子科学小实验活动的想法和建议""童眼看世界——幼儿科学教育启蒙"等主题的教育论坛活动。通过论坛活动，教师和家长在轻松愉快的氛围中相互聆听开发亲子科学小实验活动的需求和意见，相互学习对科学教育的观点和做法，亲子科学实验论坛活动成为亲子科学实验开发家园沟通交流平台。

比如，在"对此次亲子科学小实验活动的想法和建议"主题论坛中，许多家长对实验活动进行了交流，让老师聆听到了对实验的需求和看法，比如"幼儿园提供的小实验原材料都比较好找，方便操作，通过实验工具和材料的寻找增加了孩子对周围熟悉事物的兴趣和探究"，"围绕'水'做了几个系列实验，这样系列性的实验很好，可以拓展孩子对水的认识，认识与水相关的不同科学原理"，"居家办公期间，小实验也增加了亲子间的互动，高质量地陪伴了孩子"。

家长提出的建议，让家长相互之间学习了科学教育的好做法，比如"实验的种类和方式可以丰富些，这样有助于孩子调动各种感官，动手动脑，提高探究能力"，"通过钉钉班级圈晒实验视频，对于孩子来说也是加强表达和交流的好方式"。

（2）以点带面，鼓励家长积极"发声"

为了鼓励家长在论坛活动积极"发声"，我们还使用了以点带面的方法，发挥家委会家长的"领头羊"作用，组成强弱搭配的亲子家庭互助团体，积极引发幼儿之间、家长之间、师幼之间互相学习，增强共学互学的氛围，激发亲子积极参与实验活动。

首先，我们与家委会家长针对如何鼓励家长积极参与论坛活动进行了交流沟通，共同思考解决办法。交流中，家委会家长提出，除了积极上传自己的亲子小实验视频、照片以外，还可以去回复评论其他家庭的亲子小实验视频，家长之间相互鼓励。其次，我们家委会家长在群里积极上传了小实验视频，并表达了孩子在实验中的愉悦之情。然后，我们趁热打铁，及时鼓励家长相互交流。"孩子开心就好，家长朋友们或者孩子们都可以来发表情、文字、语音等说说自己做小实验的感受，也可以来评价（点赞）一下同学的哦"。

在论坛活动中，"以点带面"的方法奏效了，许多家长发声了，有的家长对其他幼儿竖起了大拇指，表扬其他幼儿"真棒"，"看到其他孩子做实验，我们家也吵着要做实验呢"，"其他同学的小实验视频，他都仔细看了"。在后来的实验论坛活动中，交流内容更丰富了。有的家长还分享了自己和孩子的小实验视频和照片，有的家长还和孩子做了新的实验——"喷泉实验"，其他家长和孩子看了，纷纷学习效仿。

3. 亲子科学实验节活动

（1）发现生活中的科学

生活中处处有科学，时时在用科学。《3—6岁儿童学习与发展指南》中指出："幼儿科学学习是在探究具体事物和解决实际问题中，尝试发现事物间的异同和联系的过程。"幼儿科学学习的核心是激发探究能力，体验探究过程。因此，通过开展亲子科学实验节系列活动引导幼儿主动寻找生活中的科学，了解科学小知识，让幼儿在实际生活中探究和学习，并为家长提供一个了解幼儿园科技教育开展的平台，使他们共同参与幼儿园的科技活动中。

幼儿园先后开展了"绿色·环保·创意"六一科技节活动、"巧手创新·预见未来"六一科技节活动、"我身边的科学"快乐六一科技节亲子活动等。

比如，"巧手创新·预见未来"六一科技节活动以科学发展为统领，结合六一儿童节，开展"奇思妙想科技展""科学实验大发现""科学知识我知道"等一系列活动，让科学探索走进幼儿园，激发孩子对科学的兴趣，让孩子在欢笑中、游戏中感受成长的快乐与探索的乐趣。"奇思妙想科技展"里有孩子和家长共同收集的琳琅满目的科技玩具，有酷炫的遥控赛车，有趣会跳舞的机器人，有科技感满满的智能产品，等等，引来孩子们驻足欣赏、为之惊叹。孩子们根据活动前和家长一起准备的"发言稿"，向大家介绍展示了自己的科技玩具。孩子们对科技玩具充满着好奇，神奇有趣的玩具最能引起他们的探究欲望。在"科学实验大发现"中，我们准备了孩子们最感兴趣的生活科学小实验，真正做到让孩子们和家长一起直接感知，实际操作，亲身体验，在丰富的科学小实验中探索与发现。"科学知识我知道"开展了有趣的身边的科学知识竞赛，小选手们和家长后援团全神贯注听题，沉着冷静思考，自信准确的回答，充分调动了孩子们了解生活中科学知识的积极性。

（2）共同品尝科学实验节"甜头"

首先，形成家园合作活动策划小组，制定方案，尝尝共同策划的"甜头"。一是明确举行活动的目的，要考虑活动是否有利于孩子的科学素养发展、是否尊重了孩子、家长的兴趣需要等；二是明确活动内容，活动内容强调趣味性，能让家长和孩子沉浸式体验科学的乐趣；三是思考有效的保障措施，包括活动材料、活动时间、活动场地安排等。选举家园合作活动策划小组长，收集意见，确定活动最终方向，其他成员集思广益、出谋划策。有些家长点子多，就让他想些好的组织形式；有些家长组织能力强，就让他带领大家有计划地开展活动……原则就是尊重组员的意见和想法，充分发挥各自专长，让大家各尽其能，充分展示自己。

其次，注重让家长与幼儿共同参与活动，尝尝科学实验的"甜头"。在组织亲子科技节活动时，我们不仅鼓励家长和孩子一起收集各种科技、实验的材料开展活动，而且把家长也邀请到活动中来。多次组织这样的活动的经验告诉我们，"亲身参与后才会有深刻感受"。鼓励家长亲身参与活动后，家长尝到了科学实验的"甜头"，不仅使家长参与亲子科技节活动的积极性大大提高，还让家长逐步成为幼儿园科学教育活动的参与者、组织者和支持者，增进了家园间相互理解，实现了家园沟通，形成了共同促进幼儿科学素养发展的教育合力。

例如，在"绿色·环保·创意"六一科技节活动中，家长和孩子一起准备了各种科技小制作材料，如纸、塑料袋、筷子、一次性杯子、易拉罐、泡面盒、光盘等，材料真是五花八门，应有尽有。家长一面充分发挥自己的聪明才智，巧妙构思，一面有条不紊地"指挥"着自己的"助手"（幼儿）做这个粘那个，不一会儿一件件好玩的科技小制作就呈现在我们面前，孩子们拍手叫好，家长们兴高采烈地在微信中"晒"他们的作品，老师更是惊喜地说不出话来！

（四）家园合作开发亲子科学实验的审议

1. 审议目的

我们通过分析亲子科学实验记录表、家长问卷调查以及幼儿访谈，充分了解了亲子小实验活动开展情况、家长的困惑或建议，更好地调整和推动了后续活动的开展。

2. 参与对象

家长、孩子。

3. 审议内容

（1）家庭中亲子科学小实验活动开展情况，包括实验时间、实验内容、家长的支持方法、对活动的困惑及建议。

（2）幼儿的愉悦性、幼儿的专注性、幼儿的创造性、幼儿的延续性。

4. 审议方式

分析亲子科学实验活动资料（记录表、照片、视频）、家长问卷、幼儿访谈。

5. 审议时间

每学期末开展一次。

6. 审议结果及调整情况

（1）第一次：增加亲子科学实验的亲子互动性

亲子科学实验活动开展后的第一次审议活动组织了班级家委会成员和班级教师共同参与，针对亲子科学实验资料，围绕家长的支持方法进行重点审议。通过大家对亲子互动记录、照片、视频的观察解读，参与者们开展热烈的讨论。

从大家的交流中，肯定了家长运用的方法：鼓励启发、共同寻找材料、提供帮助，给予孩子充分的时间、共同操作等。但也发现了家长与孩子之间缺乏对话交流，尤其是孩子操作实验后，家长不会引导孩子表达实验中发现的问题。针对这个问题，大家提出了调整建议，并达成了一致意见：①增加亲子互动内容对话参考；②教师关心询问、提示家长与孩子之间的互动交流方式。

（2）第二次：关注亲子科学小实验的季节性与生活化

第二次审议活动上，对第一次的问题解决以及亲子科学小实验的活动方案的科学性进行重点审议。这次除了将亲子科学实验资料作为审议材料外，还增加了家长问卷和幼儿访谈。

从审议结果来看，家长与孩子之间的互动性增强了。90% 的家长开始引导孩子在实验前认识实验材料，比如，"看，我们准备的材料是什么？"90% 的家长能够通过提问启发逐步引导孩子自主发现实验现象。比如，"仔细看看，红豆现在干什么啊？"但家长对于部分实验，尤其是生命科学实验，由于受到季节性限制，可能会出现无法实验的情况，还有的实验可能比较适合实验室开展，对科学工具要求有点多。针对此问题，大家的调整建议是：①调整实验内容，提供符合当下季节特征的亲子科学小实验供孩子和家长选择；②材料参考中减少实验室工具，用生活中的工具代替。

（3）第三次：启发亲子科学小实验的拓展和运用

第三次审议活动中，针对第二次的问题解决以及亲子科学小实验的拓展和运用方面进行重点审议。从审议结果来看，家长认为 96% 的实验内容主要来自生活，符合季节特征，实验材料也来自日常生活中，这样的实验便于在家庭中开展。但也发现孩子对于科学实验中获得的科学经验运用机会较少，家长也很少去启发幼儿拓展及运用。针对此问题，大家的调整建议是：①增加幼儿拓展运用科学经验参考，包括启发性问题、拓展内容等；②教师及时追踪实验后的延伸活动。

经过调整，90% 的家长能够通过提问、启发，逐步引导孩子自主发现实验现象。比如，"仔细看看，红豆现在干什么啊？"47% 的家长在实验后会通过说一说、画一画、做一做等方式启发孩子进行科学创想；45% 的家长会引导孩子将科学经验运用于生活中，比如，"你知道面粉变成面团后还可以做哪些美食吗？"

通过审议活动，不仅让亲子科学小实验更加具有科学性、可行性，而且教师和家长在几轮审议中也成长了，明白了审议过程中需要不断反思、积累与梳理，才能让科学教育真正追随幼儿的脚步，助推幼儿的成长。

五、研究成效

（一）开发了 55 个有关物质、生命、地球宇宙亲子科学实验

"设计小组"共开发了 55 个亲子科学小实验，其中 35 个物质科学小实验、16 个生命科学小实验以及 4 个地球宇宙科学小实验。在开发实验过程中，设计小组首先根据家长及幼儿的需求，选择有趣、简易、生活中的实验内容和材料。其次充分考虑幼儿年龄特点，将实验步骤进行调整，提高实验的趣味性和可操作性。最后结合幼儿园课程实施主题，选择部分和课程主题有关的实验，作为幼儿园科学教育的延伸和拓展。55 个亲子科学小实验不仅充分体现了适合家庭开展的特点，也与幼儿园的科学教育形成互补。

（二）促进了幼儿专注、创造、表达及运用能力发展

通过亲子科学小实验活动的开展，幼儿的探究兴趣与探究能力不断增强。

一是幼儿的科学探究兴趣增强了。从家长和幼儿的互动记录中，经常能发现孩子们愉快地交流科学小实验过程、实验中的发现以及实验中的"状况"。和父母一起实验的成功体验更多，孩子们情绪愉快，他们表达了对这个活动的喜欢。

二是幼儿的专注力和创造力提高了，能发现问题、解决问题。家长按照科学小实验的活动方案在家庭中和孩子一起寻找材料，陪伴和引导孩子自主完成实验和记录。亲子小实验是"一对一"的方式，因此探索时间更加自由，幼儿可以对材料进行充分的探索，通过自己的猜想假设、动手尝试、不断验证自己的假设，不断提高探究解决问题的能力。

三是幼儿表达能力也明显提高。幼儿在探究之后，会有一种表达的潜力和倾向，因此，我们在每次小实验活动记录中都明确提出，实验中请家长和幼儿进行互动，并请家长用文字记录幼儿的实验发现。记录表回收后，各班还进行幼儿交流，在教师的引导下，幼儿会不断修正自己的语言，使表达更准确、更流畅。

四是幼儿将科学经验运用于生活的机会更多了。许多家长在记录表中反馈：孩子们对一些生活中的科学现象产生了兴趣，经常会提问其他的生活用品能不能也用来做科学小实验；许多幼儿会将科学实验中的一些科学发现运

用到植物的种植、日常的清洁、食物的制作等家庭日常生活中，幼儿对科学经验的拓展和运用进一步深化。

（三）减少了"家长代劳"，增加了"亲子对话""启发运用"

家长对科学教育的认识和指导更科学了。因为有亲子小实验活动方案的引导，家长在指导幼儿探索时就不盲目，渐渐地家长也获得指导孩子参与科学探究的经验和方法。通过钉钉班级圈、晓活动、私信、实验记录表、论坛活动，教师提供支持，和家长一起对科学小实验中所存在的问题进行了详细的分析，如在记录单中发现家长代替记录的问题，家长不会引导孩子表达科学发现，不会启发幼儿将科学经验运用到生活中的问题等；同时为家长经验交流提供了很好的平台，促进了家长间互相学习，互相影响，记录单中家长代劳等现象明显减少，使他们逐渐明确应如何科学地指导幼儿做小实验，引导幼儿自主发现科学现象，也提升了家长对幼儿科学教育价值的认识和科学素养。

（四）形成一套开展亲子科学实验的流程操作模式

在亲子科学实验的开发过程中，初步形成一套流程操作模式。（图9）

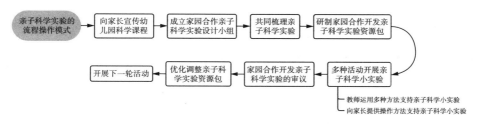

图9　流程操作模式

（五）走向家园合作中教师和家长平等

本着家园合作中教师和家长都要有平等的态度，任何一方都不应该是居高临下的指挥者，也不是服从配合者。在家园合作开发亲子小实验的过程中，教师始终本着平等的态度来与家长合作，把家长当作教育的合作伙伴，及时向家长了解孩子在家亲子小实验活动的方方面面，认真考虑家长提出对科学实验设计与实施的意见和建议，尊重与接纳家长的合理建议。另一方面，家长也愿意向幼儿园提出自己对亲子小实验的建议、困惑等，以一种积极主动的态度与幼儿园共同合作教育孩子，逐步形成平等的家园合作理念。

（六）让幼儿园的科学教育特色更凸显

　　幼儿园里的科学探究活动，大都采用"集体活动和个别化结合"的教学模式，但班级人数偏多、教育发展均衡的教育现状往往限制了幼儿科学教育的深入开展和幼儿的深度学习。而在家庭亲子科学小实验的开展中，充分利用家长一对一的指导资源，让更多的幼儿在科学教育中获得更好的发展。随着亲子小实验在全园的普及，补充了幼儿园科学教育，营造了浓厚的科学教育氛围，使我园的科学教育特色不断凸显。

主题背景下幼儿园动态科学实验库创建的研究

◎顾虹霞

一、问题提出

（一）概念界定

幼儿园科学实验库：指3—6岁幼儿进行科学实验活动所必需的资源总称。每一个科学实验活动包含活动起源、实施建议、科学区环境创设、科学实验材料、实验内容设计、实验记录表、调查问卷、科学实验的拓展与延伸、科学实验小结等。

幼儿园动态科学实验库：指根据幼儿的兴趣及发展水平，不断进行更新、调整、补充的幼儿园科学实验库。

主题背景下幼儿园动态科学实验库：在与幼儿生活有关的物质、生命、地球宇宙的科学实验主题背景下，根据幼儿的兴趣及发展水平，不断进行更新、调整、补充的幼儿园科学实验库。

（二）问题及分析

1. 幼儿科学实验活动内容零散、缺乏系统性管理，导致资源共享比较困难

幼儿科学实验活动作为幼儿科学教育的重要组成部分，旨在激发幼儿对科学的兴趣和探索欲。然而，当前一些幼儿科学实验活动的内容设计显得零散，缺乏系统性的资源管理，这不仅影响了活动的连贯性和有效性，还导致资源共享的困难，进而制约了幼儿科学教育的质量提升。目前，对幼儿园阶段的科学实验资源的分类研究几乎没有。学校的科学实验往往以提供实验材料、步骤、原理为主，几乎没有相应的管理平台，缺乏一定的交互性，意味着各个实验之间缺乏系统的联系和递进关系，难以形成一个完整的知识体系。幼儿在学习科学时，需要循序渐进地构建认知框架，而零散的活动内容无法为他们提供这样的支持。

2. 幼儿园科学实验的材料内容过于固定，缺乏动态性

幼儿园科学实验在材料内容方面存在着较大的问题，即过于固定且缺乏动态性。作为启蒙幼儿科学素养和探索能力的重要手段，科学实验的材料内容选择与设计至关重要。然而，当前许多幼儿园科学实验的材料内容几乎一成不变，这种固定性在很大程度上限制了孩子们对科学的兴趣激发和认知发展。孩子们在多次重复相同的实验后，很容易对科学实验失去新鲜感和好奇心。更为关键的是，缺乏动态性的实验材料内容无法满足孩子们多样化的学习需求。每个孩子都是独一无二的个体，他们拥有不同的兴趣、认知能力和发展水平。如果实验材料内容过于单一，无法根据孩子们的实际情况进行灵活调整，那么孩子们的学习潜力和创造力就无法得到充分激发。因此，我们亟须对幼儿园科学实验的材料内容进行优化，增加其动态性和多样性，从而更好地满足孩子们的学习需求，激发他们对科学的兴趣和热情。

3. 教师忽略了幼儿对科学实验的管理和参与

在幼儿园科学实验中，教师的角色至关重要，他们不仅是实验的引导者和指导者，更是孩子们的伙伴。然而，当前一些教师在组织科学实验时，往往过于注重实验的流程和结果，而忽略了幼儿对科学实验的管理和参与，这一问题对幼儿的全面发展产生了不利影响。首先，忽略幼儿对科学实验的管理，意味着孩子们在实验过程中缺乏自主性和责任感。该阶段的幼儿正处于自我意识和自主性发展的关键时期，他们渴望在实验中发挥自己的作用，体验成功的乐趣。如果教师完全掌控实验过程，孩子们只能被动地跟随教师的指示操作，他们就无法真正投入实验中，也无法在实验过程中激发自主性。其次，忽略幼儿对科学实验的参与，限制了幼儿的学习效果和体验。科学实验是一种探究性的学习方式，孩子们需要通过观察、操作、思考和交流来深入理解科学现象和原理。

（三）国内外研究现状分析

通过中国知网检索，搜索关键词"科学实验""科学实验库"，期刊来源类别选择"核心期刊"和"CSSCI"，共发现 12 篇相关文章，国内出刊多集中在近 3 年，经过对国内外相关资料分析，我们发现幼儿园科学实验主要现状如下：

1. 科学实验资源分类缺失，实验内容零散

目前，针对幼儿园阶段的科学实验资源缺乏系统的分类与整理。实验材料、步骤往往较为零散，缺乏统一的标准和框架。

2. 科学实验资源共享平台缺失

现有的科学实验资源缺乏相应的管理平台，导致资源的查找、筛选变得困难，教师难以快速获得适合幼儿年龄特点和兴趣的实验资源。

3. 科学实验资源更新滞后

当前幼儿园科学实验在材料内容方面存在一成不变、缺乏动态性的问题，这在一定程度上限制了孩子们对科学的兴趣激发和认知发展。一成不变的实验材料内容，往往意味着孩子们在多次重复相同的实验后，可能会逐渐失去对科学实验的新鲜感和好奇心。幼儿阶段的孩子正处于认知发展的关键时期，他们对周围世界充满了好奇和探索欲望。如果实验材料内容过于陈旧和单调，孩子们可能会觉得科学实验枯燥无味，从而失去对科学的兴趣和热情。

从国内外研究资料来看，对于幼儿园阶段的科学实验资源的分类研究几乎没有。学校的科学实验往往以提供实验材料、步骤、原理为主，几乎没有相应的管理平台，缺乏一定的交互性。一些资源库的数据信息往往只是简单的堆砌，缺乏完善的信息整合工具和运用支持功能。我们可以做的是：第一，挖掘符合幼儿年龄特点的，顺应兴趣的科学小实验（与生活密切相关的）；第二，将科学实验汇总成科学实验资源包，并使之系统化；第三，不断关注幼儿的兴趣及发展水平，持续将科学实验库进行动态调整。

（四）研究意义

1. 让科学实验库成为幼儿建立系统化科学经验的重要辅助手段

科学教育内容作为实现科学教育目标的载体，历来是科学教育改革关注的焦点。我国脱胎于"科学常识"特征的传统幼儿园科学教育内容其实质是一种"事实性知识"，具有诸多弊端；而伴随幼儿园科学教育改革与发展，科学教育内容多停留在目标性描述，尚未形成相对完整的框架与内容体系。

科学教育资源无处不在、无时不有，在向幼儿进行科学教育时是很难建构和内化的。当前，幼儿园的科学小实验内容往往比较零散，随意性强，对于幼儿科学知识学习的要求不明确。因此，我们需要与幼儿一起采用多种途径、多种方式对科学教育资源加以改进和整合，帮助幼儿不断地整理经验。因此，我们的研究试图创建一系列与幼儿生活有关的物质、生命、地球宇宙的"科学实验库"，帮助幼儿建立系统化的科学经验。

2. 让科学实验库的创建与运用成为幼儿园强化科学实验活动的重要途径

我园整体渐进设计的幼儿科学实验活动已经开始进行，但没有将科学实验活动的资源进行系统化整理，没有使建构主义理论发挥应有的效用，因此，研究幼儿园科学实验库的创建有着非常重要的意义。

另外，在《3—6岁幼儿学习与发展指南》的相关解读中，大家都提出积极支持幼儿获得探究的完整体验。其中包括观察发现、提出问题，猜想和假设，形成问题的解释，交流探究结果等。科学实验库定位准确，那么科学实验活动就更具备针对性，不同主题的科学实验需要哪些不一样的教学资源，科学知识可以如何拓展与延伸，都是我们需要思考的。将实验主题定位为与幼儿生活有关的物质、生命、地球宇宙，科学实验库的创建可以包含活动起源、实施建议、实验内容设计、环境创设、科学知识的拓展与延伸等。

3. 在科学实验库的创建与实施过程中提升教师的专业素养

在科学实验库创建过程中，教师可以将组织实施的科学实验活动整理收集，并根据原有内容不断更新、调整、补充，那么以后教师就不必依赖网络寻找适宜的科学实验活动。科学实验库具备操作简便、直观快捷的功能，让教师节约时间，节省精力，提高教师对科学实验的组织与实施能力，实现教师之间科学实验活动的资源共享，促进科学实验活动的组织与实施。

4. 推动我园科学教育课程园本化建设的连贯统一

幼儿科学教育一直是本园长期研究的领域。本园也开展过国家级、区级科学教育的课题，积累了一些科学教育的环境、材料、方案、案例、文章等，并在区层面进行了展示和推广。但在科学教育研究中，对集体教学活动研究比较多，对科学实验的研究比较少；在小实验中研究单一材料的比较多，未涉及系列渐进性的实验内容。因此，我们的科学研究活动比较零散，缺乏系列性、渐进性和完整性，从而导致幼儿获得的科学经验比较零星，没能将幼儿的已有经验和新经验建立联系。本课题能弥补以往研究中的不足，能有效推动我园科学教育课程连贯性建设的步伐，提升科学教育活动的质量。

二、课题概况

（一）研究目标

通过本课题研究，形成主题背景下与幼儿生活有关的物质、生命、地球宇宙的系列科学实验活动，丰富幼儿园科学实验库，并根据幼儿的发展水平，不断进行更新、调整、补充。

通过本课题研究，使幼儿逐步掌握解决问题的方法，学会如何思考、表达和主动探索，体验探究过程中的乐趣，培养幼儿良好的科学素养。

通过本课题研究，提高教师对科学实验的设计与实施能力，实现教师之间科学实验活动的资源共享，促进科学实验活动的组织与实施。

（二）研究内容

1.幼儿园动态科学实验库的设计

幼儿园动态科学实验库的设计包括幼儿园动态科学实验库的主题——物质科学、生命科学、地球宇宙科学；动态科学实验库资源包，其内容包含了实验主题、实验名称、实验来源、实验问题、预设目标、实验材料、实验玩法步骤、实验猜想、实验记录表、实验在生活中的运用、实验反思、实施建议。教师应定期对实验库进行评估，根据幼儿兴趣变化、教育目标调整等因素，建立反馈机制，及时更新实验内容，不断优化实验设计。

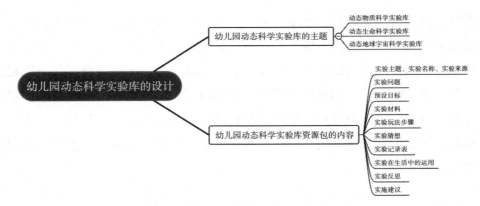

幼儿园动态科学实验库的设计

幼儿园动态科学实验库的主题
- 动态物质科学实验库
- 动态生命科学实验库
- 动态地球宇宙科学实验库

幼儿园动态科学实验库资源包的内容
- 实验主题、实验名称、实验来源
- 实验问题
- 预设目标
- 实验材料
- 实验玩法步骤
- 实验猜想
- 实验记录表
- 实验在生活中的运用
- 实验反思
- 实施建议

图 1　幼儿园动态科学实验库的设计思维导图

2. 幼儿园动态科学实验库的创建与实施

（1）基于幼儿兴趣与年龄定制实验内容。紧紧围绕幼儿的兴趣点和不同年龄段的发展特征，精心挑选与设计科学实验内容，确保活动的吸引力和适宜性。

（2）幼儿主导的实验材料收集与玩法创新。鼓励幼儿主动参与科学实验材料的收集过程，并引导他们设计独特的实验玩法，自主布置科学实验区，以此激发其主动探索精神。

（3）多元化猜想方式激发思维。实施多样化的猜想活动，如实物投票、集体讨论投票、创意绘画猜想等，丰富幼儿的猜想形式，促进幼儿思维的活跃与发散。

（4）留白猜想与发现，促进资源动态更新。在"我的猜想"和"我的发现"环节预留空间，鼓励幼儿持续提出新猜想，不断拓展实验资源，推动已有实验的迭代更新与优化，形成动态循环的研究氛围。

（5）开放科学实验区，促进自由探索。扩大科学实验区域，打造开放、灵活的探索空间，让幼儿能够自由进出、随时互动，享受形式多样的科学探索乐趣。

（6）个性化材料支持，满足多元需求。依据幼儿的年龄差异和个体差异，提供多样化的实验材料，确保每位幼儿都能获得适合自己的探索支持，促进幼儿的个性化学习。

（7）年龄分层设计科学记录表。

小班：采用集体记录方式，结合实物、贴纸和教师辅助拍照等直观手段。

中班：引入个人记录，涵盖表格、符号、简单绘画和数字记录，逐步提升幼儿的记录能力。

大班：鼓励小组和个人自主多元记录，支持幼儿以更复杂的方式表达科学发现。

（8）搭建多元分享平台，深化交流互动。创设多种分享交流机会，如实验后的即时分享、"我"的发现展示区、奇思妙想小制作展示区，不仅让幼儿有机会展示自己的探索成果，也促进了幼儿间的相互学习与启发，进一步强化了动态研究的氛围。

通过上述策略的实施，幼儿园动态科学实验库的创建不仅满足了幼儿多样化的学习需求，还促进了其科学素养和探索能力的持续提升，形成了一个充满活力、不断进化的科学学习环境。

3. 幼儿园动态科学实验库的评价

（1）评价对象：幼儿园科学实验库、幼儿。

（2）评价目的：通过教师的互学互评以及幼儿访谈充分了解科学实验库的开展情况，及时地进行调整和优化，同时促进教师对科学实验的设计与实施能力。

（3）评价内容：①幼儿园科学实验库的实施情况。②幼儿探究兴趣（好奇、好问、好探究）、探究能力（观察、思考、收集信息、合作交流等）、学习品质（专注力、坚持性、解释与反思等）

（4）评价方法：观察法。

（三）研究方法

1. 观察研究法

在本课题研究中，观察幼儿在活动中对周围科学现象和事物的关注和表现，捕捉幼儿对科学现象和事物的兴趣点；观察幼儿在探索过程中的探究能力和科学素养；观察记录研究过程中的案例等。活动后教师可以通过引导幼儿分享交流科学实验，检验、帮助幼儿梳理总结科学现象，分析幼儿的记录，调整材料、实验、环境等隐性指导，支持幼儿再探索。

2. 案例研究法

在本课题研究中，对幼儿科学实验库的有效性、可行性、动态性进行反思及案例研究；总结经验，撰写课题研究报告。

3. 行动研究法

在本课题研究中，先拟定幼儿科学实验设计与实施的第一轮行动计划方案，包括制定目标、设计幼儿科学实验主题、创设科学区环境等，然后在实践中行动，并对行动过程予以考察，将有关情况和问题"记录在案"，再根据考察情况进行反思、调整、修改、完善原有计划，进入第二轮行动。

三、研究过程与实施

（一）第一轮行动研究（2022年9月—2022年12月）

1. 对课题进行总体构想

课题中心组老师一起对本课题的课题由来、概念界定、研究目标以及研究内容进行初步的总体构想，明确课题研究的总体方向。

（1）课题由来

根据《上海市学前教育课程指南》提到"注重活动的过程体验"的内容，倡导孩子像科学家一样探索体验。但是在实践中，往往存在未能很好地支持幼儿充分体验实验的探究过程的情况，如今教参中的科学实验内容零星，缺乏系统性、渐进性等。本课题旨在解决这些问题。

（2）概念界定

利用中国知网等网络资源以及《3—6岁儿童学习与发展指南》等收集和学习了相关理论文章，对核心概念中的动态、科学实验库等关键词进行了再解读和再界定，并在实践中不断完善和细化我们的概念界定。

（3）研究内容

在提出研究问题的基础上，考虑了研究的可行性，并进行了相关的文献综述。通过以上步骤，逐步明确和细化了课题研究内容。

2. 对问题进行深入调查

通过文献调查，初步分析了幼儿科学实验库的现状：学校的科学实验往往以提供实验材料、步骤、原理为主，几乎没有相应的管理平台，缺乏一定的交互性；一些资源库的数据信息往往只是简单的堆砌，缺乏完善的信息整合工具和运用支持功能；幼儿园的科学实验设计研究比较零散、随意性强，对幼儿科学实验的渐进性要求不明确；当前幼儿园的科学实验资源比较单一，分类不够科学规范，导致管理和共享均比较困难，对于幼儿科学实验活动开展的要求不明确。因此，我们的研究试图设计一系列与幼儿生活有关的物质、生命、地球宇宙的"科学实验库"，帮助幼儿建立系统化的科学经验。

3. 制订总体计划

针对调查情况，课题组进行了总体计划的制订，并明确了各项研究内容的完成时间、负责人及预期成果，梳理细化了研究思路。（图2）

准备阶段：（2022年9月—2022年12月）

（1）建立课题小组，明确分工，落实研究任务。

（2）收集情报文献，分析整理，寻找理论，掌握动态。

（3）设计研究方案，组织研讨，理清研究思路。

实施阶段：（2023年1月—2024年2月）

（1）主题背景下捕捉幼儿兴趣点，选择科学实验内容。

（2）创设灵活多变的科学区环境，材料工具区、资料区、操作区、展示区、亲子互动区等。

（3）动态更新实验内容和实验材料、记录表、调查问卷等，保持实验活动的新鲜感和吸引力。

（4）组织科学实验活动，观察幼儿在探索过程中的探究能力和科学素养动态发展，调整活动。

（5）鼓励幼儿持续研究，引发幼儿自主或在家进行开拓性亲子实验，并将实验过程展示。

（6）拓展已有资源，根据幼儿的兴趣及发展水平，不断进行更新、调整、补充。

（7）组织阶段小结，反思实验活动的动态变化和调整过程，提炼出有效的做法和存在的问题。

（8）开展相关评价研究，对幼儿表现以及实验内容进行分析，根据评价结果进一步完善动态调整方案。

总结阶段：（2024年3月—2024年6月）

（1）理清研究过程，分析研究资料。

（2）设计总结提纲，撰写研究报告。

（3）组织专题活动，展示研究成果。

（4）聘请专家指导，进行结题论证。

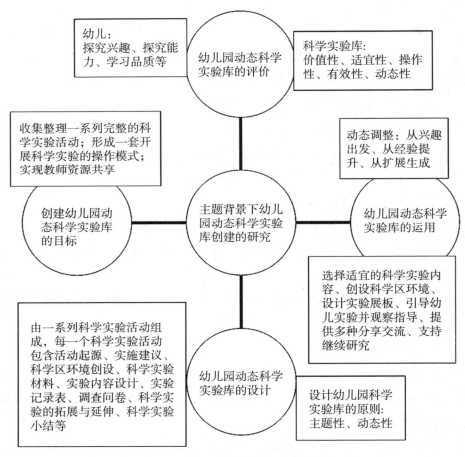

图2　主题背景下幼儿园动态科学实验库创建的研究思路

（二）第二轮行动研究（2023年1月—2024年3月）

1.改进总体计划

根据第一轮计划的监控和实施效果，我们在第二轮中对总体计划进行优化和补充，增加了幼儿科学实验的内容，补充优化了幼儿园科学实验资源包

中动态调整的表格部分，调整评价工具和评价内容。

2. 实施下一步行动步骤

行动一：教科研融合，组织实施幼儿园动态科学实验库

在"整体渐进设计与实施幼儿科学实验的行动研究"这一主课题的引领下，我们深入开展科学区专题研究，聚焦"儿童视角下科学区环境的创设"与"儿童视角下科学区教师的观察与支持"。通过实施"问一问""猜一猜""找一找""做一做""记一记""说一说""想一想"这"七部曲"，让幼儿全面体验科学探究过程，仿佛置身于科学家的探索之旅。

构建幼儿园动态科学实验库的关键在于以下几点。

实验内容的动态选择：紧密围绕幼儿兴趣点与年龄段，灵活选取适宜的科学实验内容，确保活动的吸引力和适宜性。

幼儿自主参与：鼓励幼儿主动收集实验材料，设计实验玩法，并自主布置科学实验区，以此激发其探索欲和创造力。

猜想与发现的留白：鼓励幼儿提出实验猜想，并在"我的猜想"和"我的发现"环节预留空间，引导幼儿持续提出新猜想，不断丰富实验资源和探索工具，根据幼儿的年龄和个体差异提供个性化支持。

科学记录表的动态设计：根据幼儿年龄特点，设计多样化的科学记录表，如小班的实物记录、中班的表格与符号记录、大班的自主多元记录，以支持幼儿在不同阶段的记录需求。

分享交流的多元化：提供多种分享交流机会，如实验后的即时分享、我的发现展示区、奇思妙想小制作区等，促进幼儿之间的交流与合作，同时根据幼儿反馈，动态调整分享形式和内容。

持续观察与支持：教师在科学区进行持续观察，倾听幼儿需求，及时提供必要的支持和引导，确保实验活动的顺利进行和幼儿的深度学习。

通过以上措施，我们旨在构建一个充满活力、不断进化的动态科学实验库，让幼儿在探究中不断成长，体验科学带来的乐趣与魅力。

行动二：优化幼儿园动态科学实验库的内容与动态调整策略

科学实验库的每一个实验都是幼儿想要探究解决的问题，探究内容依靠问题的推动不断深入，从而构成具有内在逻辑联系的渐进性系列活

动。优化幼儿园动态科学实验库的内容与动态调整策略，是确保科学实验活动既能激发幼儿兴趣，又能有效促进其科学认知与探究能力发展的关键。

1. 实验内容的深度优化

问题导向的探究内容：每个实验均源于幼儿想要探究解决的实际问题，通过问题推动探究内容不断深入，形成具有内在逻辑联系的渐进系列活动。

幼儿兴趣与需求的满足：密切关注幼儿探究兴趣和需求，设计各类新颖小实验，创设富有趣味性的探究情景，引发幼儿主动关注和深入探究。

领域整合与安全环保：综合考虑幼儿的年龄特点、领域整合需求以及安全环保因素，确保实验内容既符合教育目标，又安全可行。

2. 动态调整策略的实施

观察与适时调整：教师在实验过程中持续观察幼儿表现，一旦发现幼儿注意力不集中或显得无所事事，立即进行适时调整，激发幼儿探索兴趣。

新玩法的衍生：针对幼儿操作中遇到的问题，及时调整实验玩法，引导幼儿在尝试、思考、交流中递进获得有意义的知识经验。

灵活性与适应性：保持科学实验库的灵活性和适应性，根据幼儿学习需求的变化，动态更新实验内容，确保实验活动始终贴近幼儿当前的兴趣和能力水平。

四、研究结果

（一）优化了主题背景下幼儿园科学实验库，形成了动态科学实验库资源包

1. 制定幼儿园动态科学实验库主题表

在主题背景下，我们追随幼儿的兴趣，捕捉幼儿的科学问题，根据幼儿的年龄特点开展班本化科学实验主题，形成了幼儿园科学实验资源包的基本框架。（表1）

表 1 幼儿园科学实验资源包的基本框架

** 班主题名称科学实验资源包

设计者：***、***

实验主题	物质科学 / 生命科学 / 地球宇宙科学	主题名称	***
实验来源	如：自创、《学习活动》、小红书、抖音视频……	建议主题	指二期课改《学习活动》中的主题
实验问题			
提出者			
预设目标	科学知识 / 经验	了解 / 尝试 / 发现……（科学原理）	
	科学词汇	电、光、水……	
	探究技能	观察、操作、猜测	
	情感、态度、价值观	喜欢 / 获得……	
幼儿已有经验			
问一问（图文解读孩子的问题）	幼儿 1：*****？ 幼儿 2：*****？ 幼儿 3：*****？ ……		
猜一猜（图文解读孩子的猜测）	幼儿 1： 幼儿 2： 幼儿 3： ……		
找一找（与实验内容相关的材料）	实验 1 材料：…… （图片 + 文字） 实验 2 材料：…… （图片 + 文字） 根据各班实验来写 实验资料： （图片 + 文字）		
做一做（附照片）	实验 1： 实验 2： 实验 3： …… （附照片）		
记一记（幼儿的记录表、幼儿的发现等）	幼儿将实验后的发现用绘画的方式记录，教师用文字加以注解		

（续表）

说一说	教师启发引导 问题1： 问题2： ……	
	实验中幼儿的话（发现、问题、互动交流等）： 幼儿1： 幼儿2： ……	
想一想 （用一用） （图文解读幼儿 奇思妙想）		
动态调整 （根据幼儿的兴趣 及发展水平做出相 应的动态调整）	调整前	调整后
	调整前图片	第一次调整：…… 第二次调整：…… 第三次调整：…… （以图文形式阐述，根据实际 情况自行添加）
		第一次调整：…… 第二次调整：…… （以图文形式阐述，根据实际 情况自行添加）
		第一次调整：…… 第二次调整：…… （以图文形式阐述，根据实际 情况自行添加）
实施建议		

　　我们将这些科学实验进行分类梳理，形成了物质科学实验，生命科学实验以及地球宇宙科学实验主题。物质科学实验主题有声音、力、磁铁、电、水、材料、机械。生命科学的实验主题有生物的特征、生物的成长以及生物与我们的关系。地球宇宙实验主题有力、光与影、空气、其他自然现象。小班有17个物质科学实验，包含"好听的声音""有趣的弹力""磁铁的秘密""水的沉浮"等；12个生命科学实验，包括"豆子宝宝真有趣""制作皮蛋""小蜗牛"等；15个地球宇宙科学实验，包括"空气在哪里""苹果橘子掉下来""找太阳"等。中班有24个物质科学实验，包括"奇妙的传声筒""有趣的弹簧

球""水果的沉浮""滚动的油"等；14 个生命科学实验，包括"神奇的紫甘蓝""神奇的豆宝宝""会站立的鸡蛋"等；20 个地球宇宙科学实验，包括"赛道大比拼""五颜六色的光""制造彩虹"等。大班有 26 个物质科学实验，包括"隔音耳罩""沙中取物""城市灯光""管道吸球"等；12 个生命科学实验，包括"小植物走迷宫""食物的旅行""净化污水"等；15 个地球宇宙科学实验，包括"曹冲称象""天秤的秘密""火山爆发""空气炮"等。这些实验内容会随着幼儿的探究深入进行不断补充、调整及完善，所以幼儿园动态科学实验主题表是动态调整的。

2. 制定科学实验库资源包的基本框架

根据该每个不同的实验初步制定了科学实验资源包的基本框架（表 1），包括实验主题、实验来源、实验问题、预设目标、问一问、猜一猜、找一找、做一做、记一记、说一说、想一想、动态调整、实施建议。

其中，动态调整指根据幼儿兴趣及发展水平，对实验内容、材料、步骤等进行灵活调整，确保实验的适宜性与有效性。

实施建议指提供优化建议，如增加实验材料、调整实验步骤、丰富探究问题等，以持续完善实验库资源包。

通过上述优化措施，科学实验库资源包不仅具备了清晰的结构与丰富的内容，还充分体现了动态性与灵活性，为幼儿的科学探究提供了有力的支持与保障。

（二）提炼了幼儿科学实验环境创设的动态调整经验

在幼儿园科学实验库的创建与管理中，动态调整是一个至关重要的环节。我们根据幼儿的兴趣、发展水平以及实验进展，灵活调整实验内容、材料、记录方式等，以确保科学实验活动始终符合幼儿的需求和认知水平。

1. 动态调整的方法经验

（1）随时观察与评估。我们会持续观察幼儿在科学实验中的表现，包括他们的兴趣点、操作水平、问题解决能力等。通过评估幼儿的学习成果和反馈，了解他们对当前实验内容的掌握程度和兴趣变化。

（2）灵活调整实验内容。根据幼儿的兴趣和认知水平，适时引入新的实验主题或调整实验难度。我们允许幼儿参与实验内容的选择和设计，激发他们的探究欲望。

（3）动态更新实验材料。根据实验需求，我们会及时添加或替换实验材料，确保材料的多样性和适宜性。鼓励幼儿自主收集实验材料，培养他们的动手能力和创造力。

（4）优化记录实验发现。我们设计了适合幼儿年龄段的科学记录表，提供足够的留白空间供幼儿记录自己的猜想和发现。鼓励幼儿使用图画、符号等多种方式记录实验结果，提高他们的表达能力。

（5）促进分享与交流。我们提供了多种分享交流的机会，如实验后的分享会、我的发现区等，让幼儿展示自己的实验成果和发现。通过分享交流，促进幼儿之间的合作与互助，共同提升科学探究能力。

同时，我们也实现了教师间科学实验资源包的共享，通过相互学习评价，促进相互学习与借鉴，教师在实施后可及时对资源包进行补充、调整，共同推动科学实验库的不断完善。

以大班《植物的秘密》科学实验资源包（表2）为例。教师观察到幼儿对植物为什么有香味产生了浓厚兴趣，并出现了各种猜测。通过评估幼儿的猜想和实验操作能力，教师发现幼儿对实验材料的需求和兴趣点正在发生变化。于是根据幼儿的兴趣点，引入了新的实验主题——探索植物的香味来源。允许幼儿参与实验设计，如选择实验材料、制定实验步骤等，激发他们的探究欲望。原本的实验材料主要是花朵，但幼儿对其他有味道的植物也产生了探索欲望。教师及时添加了迷迭香、薄荷叶等实验材料，满足了幼儿的探究需求。教师设计了适合大班幼儿的科学记录表，提供了足够的留白空间供幼儿记录自己的猜想和发现，鼓励幼儿使用图画、符号等形式记录实验结果，提高了他们的表达能力。在实验后的分享会上，幼儿展示了自己的实验成果和发现，如制作的植物香水、观察到的植物香味变化等。

通过分享交流，幼儿之间互相学习、互相启发，共同提升了科学探究能力。

综上所述，动态调整在幼儿园科学实验库的创建与管理中起着至关重要的作用。通过持续观察与评估、灵活调整实验内容、动态更新实验材料、优化记录方式以及促进分享与交流等方法经验，教师可以确保科学实验活动始终符合幼儿的需求和认知水平，激发他们的探究欲望和创新能力。

表 2 《植物的秘密》科学实验资源包（大五班）

实验主题	生命科学	主题名称	植物的秘密
实验来源	小红书	建议主题	有用的植物
实验问题	为什么有的植物有香味？		
提出者	幼儿		
预设目标	科学知识/经验	植物的特性	
	科学词汇	叶绿素、叶脉、油细胞、配糖体	
	探究技能	观察、猜测、比较、发现	
	情感、态度、价值观	持续探索植物，能仔细、耐心进行观察比较	
幼儿已有经验	幼儿知道有些植物有香味，有些植物没有香味		
问一问	 幼儿 1：为什么花朵有不同的颜色，不同的香味？ 幼儿 2：树叶为什么会从绿色变成黄色？ 幼儿 3：为什么有些植物会有香味？ 幼儿 4：为什么树叶的形状会不一样？		
猜一猜	 幼儿 1：我觉得将花朵的花瓣压成汁就能变成花朵香水 幼儿 2：我猜把绿色的树叶浸泡在酒精里，酒精就会变成绿色 幼儿 3：我觉得把枯萎的黄叶浸泡在酒精里，酒精就会变成黄色		

（续表）

找一找	实验1材料： 香水专用酒精、塑料杯子、小漏斗、咖啡滤纸、剪刀、香水小样喷瓶、贴纸、春、有味道的鲜花、有味道的植物 实验2材料： 酒精、不同颜色的色素、树叶若干、盘子、牙刷、书签装饰 实验3材料： 不同颜色的色素、白色花朵、瓶子、水 实验4材料： 春、酒精、树叶若干、剪刀、杯子 

（续表）

找一找	实验资料： 1. 书籍《植物界的活化石》《会行走的植物》《善于伪装的植物》《植物之最》 2. 亲子植物资料书 
做一做	实验 1：自制植物香水 1. 请幼儿收集各种有香味的植物 2. 将收集来的植物放在研钵中，使用木棍进行敲砸、捣碎 3. 一边敲砸一边放入水和酒精，让植物的汁液和水进行充分融合 4. 将植物残渣进行过滤，不要堵塞喷口和管道 5. 将过滤好的汁液倒入喷瓶中，可以加入精油，进行浸泡，香味会更加浓郁 实验 2：叶脉探索 1. 将叶子清洁干净 2. 将叶子放在热水里泡一段时间，直至变软 3. 捞出，用牙刷将叶肉刷掉 4. 用纸巾吸干水分，可以涂色装饰叶脉，将叶脉变成漂亮的叶脉书签，并晒干 实验 3：变色的花朵 1. 准备白色花朵若干，红黄蓝色素倒入玻璃瓶中 2. 将花枝下斜剪后插入色素瓶中，观察变化 实验 4：提取叶绿素 1. 用剪刀将叶子剪碎，放入酒精溶液中 2. 用搅拌棒搅拌 3. 观察酒精溶液的变化，并记录
记一记	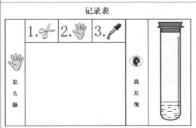 幼儿先进行猜测，再做实验进行验证，空白区幼儿可自行绘制

（续表）

记一记	 幼儿与家长共同记录有香味的植物有哪些，进行前期调查  幼儿将实验后的发现用绘画的方式记录，教师用文字加以注解
说一说	教师启发引导： 问题1：怎么样才能把植物的香味提取出来？ 问题2：任何颜色的叶子都有叶绿素吗？ 问题3：你觉得叶子的叶脉是什么样子的？
	实验中幼儿的话： 幼儿1：我觉得要拿工具研磨植物，研磨出水分就有香味了 幼儿2：绿色的叶子才有叶绿色，黄色的枯叶是没有叶绿素的 幼儿3：我觉得不同叶子的叶脉是不一样的，叶脉像鱼骨头一样
想一想 （用一用）	 幼儿亲子制作关于植物的美术作品和自制桂花蜜 幼儿自制树叶装饰画布置教室

（续表）

动态调整	调整前	调整后
		第一次调整：将原本摆放实验材料的区域调成为实验的资料区，家长、幼儿、教师共同收集有关植物的书籍  第二次调整：在资料区增加亲子资料书
		第一次调整：丰富自制植物香水的材料，不光是花朵，还让幼儿收集各种有香味的植物  第二次调整：结合植物角让幼儿带有香味的植物，如薄荷、迷迭香等，让幼儿在实验时按需自主选择

（续表）

动态调整	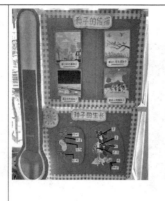	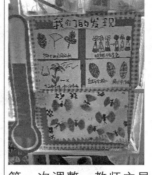 第一次调整：教师主导比较多，与幼儿互动性不强，调整为"我们的发现"板块，记录幼儿实验后的发现，更符合大班幼儿年龄特点 第二次调整：拓展了"想一想"区域，将幼儿实验后生成的叶脉作品贴在阳光照射处，便于幼儿仔细观察叶脉形态
实施建议	1. 这个主题的科学区实验适合在春秋季开展，这样植物的种类较多，能更有利于幼儿探索 2. 在进行实验的过程中，教师应有意识地培养幼儿的探索能力，多观察幼儿，适时介入 3. 可以进行亲子探索活动及亲子小实验	

（三）形成了幼儿园科学实验库的评价体系，提高了教师对科学实验的设计与实施能力

1. 评价目的

通过教师的互学互评以及幼儿访谈充分了解科学实验库的开展情况，更好地对其进行调整和优化，同时促进教师对科学实验的设计与实施能力。

2. 评价内容

（1）幼儿园科学实验库的实施情况

（2）幼儿的探究兴趣（好奇、好问、好探究）、探究能力（观察、思考、收集信息、合作交流等）、学习品质（专注力、坚持性、解释与反思等）

3. 评价方法及工具

我们拟定了幼儿园动态科学实验库互评表（表3）、幼儿园动态科学实验

库学习交流表（表4）、幼儿园科学实验活动幼儿行为检核表等评价量表工具，教师可对幼儿在每个实验步骤的表现行为进行及时评价、对幼儿的成长档案袋中的科学素养发展进行定期评价，并通过分析科学活动中幼儿行为发展水平了解教师支持行为，优化调整科学实验教师的支持方法。

　　在对幼儿科学实验活动进行评价时，教师需要根据实际情况选择合适的评价方法，并制定相应的评价标准。同时，教师还需要注意评价的客观性和公正性，避免主观臆断和偏见。

表3　幼儿园动态科学实验库互评表

评价人：＿＿＿＿＿＿

内容与要求	小一	小二	小三	小四	小五	中一	中二	中三	中四	中五	大一	大二	大三	大四	大五
科学区环境创设布局合理，能体现幼儿探究轨迹并能对应科学探索七部曲（20分）															
科学区实验材料丰富、方法多样，材料区域明显，包含工具区、生活材料区、资料区等，归类摆放整洁（20分）															
科学区内幼儿痕迹明显，能体现幼儿对实验的兴趣、探究过程及动态性（20分）															
材料收集、观察、管理能体现有幼儿的参与。实验内容有趣，利于幼儿观察，促进幼儿发展（20分）															
幼儿在实验过程中专注、有兴趣，乐于探索并用多种方式记录自己的发现（20分）															
总分															

注：以上内容与要求请大家认真互学，公正地进行互评打分。（大班给中班打分，中班给小班打分，小班给大班打分）

上表（表3）应用于对幼儿园动态科学实验库的互学互评，教师可互相观摩并评价。

表4　幼儿园动态科学实验库学习交流表

交流者：＿＿＿＿＿＿＿＿＿＿＿

班级	我最喜欢的动态科学实验库 （照片）	喜欢的理由
班级	需改进的动态科学实验库 （照片）	意见建议

上表（表4）应用于幼儿园动态科学实验库的学习交流，请说一说最喜欢的科学实验库的优点，对不足提出建议。

4.评价运用

为进一步提升教师对科学区域环境创设与材料投放的思考力、执行力，引导幼儿用观察、比较、操作、实验等多种方法，发现问题、分析问题和解决问题，形成终身受益的学习态度和能力，开展了"幼儿园动态科学实验库互学互评"活动。互学互评活动为教师搭建了一个践行教学理念、锻炼自己、展示才能、交流学习的平台，让教师们能主动学习、积极探讨、大胆反思、认真总结，提高了幼儿园动态科学实验库的质量。环境的布局事先邀请幼儿共同参与，一起规划位置的选择、区域的布局、交流分享自己的设计缘由，教师充分尊重幼儿"我的地盘我做主"的自主意识。又结合我们幼儿园的科学"七部曲"的步骤创设科学实验库环境，帮助了教师在创设环境时设计更适宜本班孩子的年龄特点和探索需要的活动。互学互评交流活动也让教师的实验库创建资源获得了共享机会，在创建中开拓了新的思路，获得了更多经验。

5. 评价结果

（1）评价目标达成情况较好

通过实施幼儿园科学实验库的评价体系，我们旨在全面了解科学实验库的开展情况，促进教师对科学实验的设计与实施能力的提升，并激发幼儿的探究兴趣、提高幼儿的探究能力。从目前的实践来看，评价目标得到较好的实现。

教师能力提升：通过互学互评和学习交流活动，教师对科学实验的设计与实施有了更深入的理解。他们开始更加注重实验的创新性、趣味性和教育性，能够根据幼儿的兴趣和需求进行灵活调整。同时，教师在环境创设和材料投放方面的思考力和执行力也得到了显著提升。

幼儿探究兴趣和能力激发：借助评价量表工具，教师能够更准确地评估幼儿在科学实验活动中的表现，从而为他们提供更有针对性的指导。幼儿们在探究兴趣、探究能力和学习品质等方面均取得了明显的进步。他们开始更加好奇、好问、好探究，能够运用观察、思考、收集信息和合作交流等多种方法进行科学探究。

（2）评价结果总体良好

经过评价，我们发现科学实验库的实施情况总体良好，但仍有部分实验内容需要进一步优化和创新，以便更好地适应幼儿的发展需求。

从幼儿表现来看，他们普遍对科学实验表现出浓厚的兴趣，积极参与各项活动，在观察、思考、收集信息和合作交流等方面均有所提升，但他们仍需加强在解释与反思方面的训练。孩子们的专注力、坚持性等学习品质得到了显著改善，但教师仍需关注个别幼儿在注意力分散方面的问题。

（3）评价方法反思

虽然现有的评价量表工具在一定程度上满足了评价需求，但仍需根据幼儿科学教育的发展需求进行持续更新和完善。例如，可以增加更多关于幼儿创新思维和问题解决能力的评价指标。

在评价过程中，我们注重多种评价方法的结合使用，如观察记录、幼儿访谈、教师互评等。然而，仍需进一步探索更多有效的评价方法，以更全面地了解幼儿在科学实验活动中的表现。

在评价过程中，我们始终强调评价的客观性和公正性，避免主观臆断和偏见。然而，仍需加强对评价者的培训和指导，以确保评价结果的准确性和可靠性。

综上所述，通过实施幼儿园科学实验库的评价体系，我们取得了显著的成效，但仍需在评价目标、内容和方法等方面进行持续优化和改进。未来，我们将继续探索更多有效的评价策略和方法，为幼儿科学实验活动的深入开展提供有力支持。

五、研究结论

（一）幼儿园科学实验库的创建是根据幼儿的兴趣和发展水平进行动态调整的

1.材料的动态调整——材料投放要满足幼儿需要

材料是物质环境的一个重要组成部分，是活动的物质支柱，幼儿通过与材料的相互作用，可获得多种经验，使身心各方面能力得到发展。所以，教师要帮助幼儿置身于能产生探索行为的环境中，及时提供丰富的、操作性强的、满足幼儿探索需要的材料，支持幼儿自主活动的延伸，引发幼儿积极主动地与材料相互作用。在科学实验活动中，幼儿对材料充满兴趣，因此，我让幼儿、家长共同去收集一些生活中的材料来支持幼儿的实验探索，许多幼儿自主在百宝箱中找了一些手工纸、棉花、玩具积木。当幼儿将这些材料运用到科学探究活动时，便产生了神奇的效果。

（1）丰富幼儿的知识经验

在科学活动中，幼儿是探索者、发现者，而实验材料是科学活动中重要的研究资源，因此，教师要善于捕捉幼儿探索、发现的信息，不断调整材料的内容和数量，以满足幼儿不同层次的需要。在"有用的隔音筒"实验中，幼儿发现使用一些材料能将声音变得很轻，但还没有找到完全隔绝声音的材料。因此，我便展开了亲子大调查，共同去寻找哪个隔音材料的隔音效果是最好的，使幼儿获得更多的信息及知识经验。

（2）培养幼儿的动手能力

幼儿在探索科学的过程中，他们的活动积极性被激发，探究能力得到了培养，但他们科学知识储备有限，在探究过程中可能会遇到一些困难。教师要做好充分的准备工作，多为幼儿提供一些材料，让幼儿通过自己动手操作来解决问题。在"有用的隔音筒"实验中，幼儿对如何塞隔音材料、要放入多少没有概念，于是我让幼儿自己动手，尝试多用一些材料，把管道内塞得没有缝隙。在这个过程中，幼儿不仅能体验到成功的喜悦和满足感，还能进一步提升他们的动手能力。因此，教师要多为幼儿提供一些生活中常见的材料来丰富幼儿的科学经验和知识经验。

（3）发挥幼儿主体作用

在科学探究活动中，我们应充分发挥幼儿的主体作用，并引导幼儿积极主动地参与到探究活动中来。因此，教师在选择材料时应充分考虑幼儿的年龄特点、兴趣爱好和探究能力。为了丰富实验材料，我们可以不断地进行调整和更新。

2. 内容的动态调整——适时调整实验内容，激发幼儿主动探究

在科学探究活动中，教师应充分结合幼儿兴趣爱好和发展水平制定合适的实验，并根据实验的内容及时调整，保证实验活动的顺利开展。

（1）从兴趣出发——激发趣味性

日常生活中，我们鼓励幼儿对感兴趣的问题进行探讨，并为他们提供必要的支持，由此也延伸出了许多可以持续探究的科学教育内容。科学区的每一个实验都是幼儿想要探究解决的问题，探究内容依靠问题的推动不断深入，从而构成具有内在逻辑联系的渐进系列活动。在"有用的传声筒"实验中，幼儿发现了没有阻隔的直管或弯管都能传递声音，而有阻隔的管道能够隔绝声音，在几次探索中，我发现幼儿操作时已存在不专心、显出无所事事的状态，这时教师就要进行适时调整，不断激发幼儿的探索兴趣，引导他们在实验中体验快乐、享受成功，从而不断激发其科学探究的兴趣。在我的询问下，我发现幼儿已经不满足于反复成功的实验，反而对隔音材料产生了浓厚的探索欲望。针对这一问题，我及时进行调整，衍生出了该实验的新玩法——"有用的隔音筒"，引导幼儿在操作中不断进行尝试、思考、交流，引领幼儿逐渐递进获得有意义的知识经验。我们从幼儿的探究兴趣和需要出发设计各种新的小实验，充分满足了幼儿好奇心和求知欲，创设富有趣味性的情景以引发幼儿的关注和探究。我们以问题引领，系列推进。

（2）从经验提升——注重探究性

《3—6岁儿童学习与发展指南》提出，幼儿科学学习的核心是激发探究欲望，培养探究能力。成人要善于发现和保护幼儿的好奇心，充分利用实际生活机会，引导幼儿通过观察、比较、操作、实验等方法，学会发现问题、分析问题和解决问题，帮助幼儿不断积累经验，并运用于新的学习活动，形成终身受益的学习方法和能力。我们为幼儿创设环境和材料，让科学区"动"起来，幼儿凭借已有经验提升内化后动手动脑，自然习得，使幼儿获得感性经验。幼儿对什么样的材料的隔音效果最好产生了浓郁的探究欲望，我引导幼儿与家长共同收集各种各样的隔音材料，如纸巾、棉花、手工纸等，对声音进行更深层次的探索，并收集了许多关于隔音在生活中运用的资料。经过探索与收集资料，幼儿获得了真正内化的经验，由此延伸出"有用的隔音筒""生活中的隔音材料"的展示板等。

（3）从拓展生成——凸显延续性

我们从科学区实验扩展和延伸，敏锐地捕捉幼儿在科学实验中产生的各种教育契机，适时生成新的科学探究活动，让幼儿动手动脑，去主动探索，发现科学现象。幼儿享受着参与、探究的过程，心中充满着尝试、获得、超越的快乐。我们鼓励幼儿继续回家跟爸爸妈妈做亲子小实验，激发幼儿对科学的兴趣，乐于探索、思考。幼儿可以与教师、家长、同伴一起观察、讨论、交流引以为豪的科学新发现，凸显科学实验的延续性。

（二）不同年龄段的幼儿在科学探究活动中有不同的特点

在探究兴趣、探究能力和学习品质上，幼儿的表现存在年龄差异和个体差异。通过观察发现，大部分小班幼儿对科学探究活动表现出浓厚的兴趣。

他们愿意主动参与实验，对实验材料充满好奇，能够持续关注实验过程，并在教师的引导下进行简单的探索。这种积极的兴趣表现有助于幼儿更深入地理解和体验科学现象。一些幼儿对实验的材料和现象表现出强烈的好奇心，愿意主动提问并尝试解决问题；而另一些幼儿则相对被动，需要教师的鼓励和引导才能积极参与。这种差异可能与幼儿的个性特征、家庭环境等因素有关。小班幼儿在科学探究活动中，已经初步形成了一些基本的探究能力。他们能够按照教师的指导进行简单的实验操作，观察并记录实验现象。同时，他们也能够提出一些问题或假设，并尝试通过实验来验证自己的想法。这些基本技能的掌握为后续的科学学习奠定了基础。

尽管小班幼儿已经具备了一定的探究能力，但他们在解决问题方面仍然存在一定的困难。当遇到实验失败或结果不符合预期时，一些幼儿可能会感到沮丧并想放弃，缺乏继续探究的动力和信心。因此，教师需要引导幼儿学会面对挫折和失败，鼓励他们积极寻找解决问题的方法。

随着幼儿年龄的增长，中大班幼儿相较于小班幼儿，其科学探究兴趣和探究能力、学习品质均有了显著的提升。相较小班幼儿，中大班幼儿对科学探究的兴趣更为浓厚且持久。他们不仅愿意主动参与各种科学活动，还对实验过程和结果表现出极大的好奇心。此外，他们还能对某一科学主题进行持续的关注和探究，表现出较高的探究热情。随着认知能力的提升，中大班幼儿对科学现象的理解也更为深入。他们不仅能够观察到事物的表面现象，还能通过简单的实验和操作，探索事物背后的原理和规律。这种深入的理解使他们对科学探究的兴趣更为浓厚。中大班幼儿能够更加细致地观察事物的特征和变化，并能用更为准确的语言进行描述。此外，他们还能通过观察，发现事物之间的联系和规律，为后续的探究活动提供有力的支持。中大班幼儿能够独立完成一些简单的实验操作，并能在遇到问题时主动思考、寻找解决方案。同时，他们还能与同伴进行合作，共同解决一些较为复杂的科学问题。

尽管中大班幼儿的科学探究兴趣和探究能力有了显著的提升，但仍存在一些问题。例如，部分幼儿在探究过程中过于依赖教师的指导，缺乏独立思考的能力；还有一些幼儿在面对挫折时容易放弃，缺乏坚持和毅力。针对这些情况，教师会根据幼儿的实际情况调整实验内容和难度，以更好地激发幼儿的探究兴趣。

五、研究成效

（一）优化了物质、生命、地球宇宙主题背景下的幼儿园动态科学实验资源包

　　课题研究共形成并优化了45个幼儿园科学实验资源包，其中25个物质科学小实验、9个生命科学小实验以及11个地球宇宙科学小实验。在物质、生命、地球宇宙这三大主题背景下的幼儿园动态科学实验资源包中，我们注重资源的动态调整与优化，以确保教育内容的时效性与适应性。随着孩子们认知水平的提升和兴趣点的变化，我们不断引入新的科学实验，调整原有的实验，确保每个实验都能紧密贴合孩子们的学习需求与兴趣点。及时的动态调整不仅保持了科学实验资源包的新鲜感与吸引力，更促进了孩子们在科学探究道路上的持续进步与全面发展，为孩子们的科学启蒙之路铺设了坚实的基础。

（二）促进了幼儿逐步掌握解决问题的方法，学会如何思考、表达和主动探索，体验探究过程中的乐趣，培养幼儿良好的科学素养

　　1. 增强幼儿的问题解决能力。问题解决能力是幼儿在面对问题时，能够运用已有知识和经验，通过分析和推理，找到并解决问题的能力。在幼儿园的科学实验中，幼儿通过反复尝试和调整，他们不仅学会了解决问题的方法，还锻炼了耐心和毅力。

　　2. 提高幼儿的思考与表达能力。思考与表达能力是幼儿认知发展和社交互动的重要工具。在科学实验中，教师引导幼儿提出问题、做出假设、进行预测，并鼓励他们用语言、图画或实物等多种形式表达自己的观察和想法。这种过程不仅促进了幼儿逻辑思维的发展，还增强了他们的语言表达能力和创造力。

　　3. 加强幼儿的自主探索意识。主动探索是幼儿科学素养教育中的核心要素，它激发幼儿的好奇心和求知欲，使幼儿在探索时提出问题、大胆猜测、

收集信息，寻找材料、验证实验、表达交流、生活迁移。这种主动探索的过程，不仅让幼儿体验到发现的乐趣，还培养了他们的自主学习能力和创新精神。

（三）实现了教师之间开展科学实验活动的资源共享，促进科学实验活动的组织与实施

教师通过幼儿园动态科学实验库互学互评的活动主动学习、积极探讨、大胆反思、认真总结，促进了自己的专业化发展。

幼儿园动态科学实验库资源包的整理归纳实现了教师之间科学实验活动的资源共享，促进了科学实验活动的组织与实施。

（四）让幼儿园的科学教育特色更凸显

动态科学实验库的建立，不仅提升了幼儿园科学教育的整体水平，还展现了幼儿园的科学教育特色。幼儿园动态科学实验库的开展，对提升科学教育的系统性、渐进性和完整性，推动科学教育课程的连贯性建设，以及提升科学教育活动的质量，具有不可替代的作用。同时，它也成为幼儿园科学教育特色凸显的重要标志。

本研究在探索与实践中圆满落幕，我们成功创建了主题背景下的幼儿园动态科学实验库。这一创新举措不仅丰富了教育资源，更激发了幼儿对科学的热爱与探索。通过动态调整实验内容，我们确保了科学教育的时效性与适应性，促进了幼儿科学素养的全面提升。研究过程中，我们见证了幼儿在科学探究中的成长与喜悦，也深刻体会到了教师团队的专业成长与凝聚力。

展望未来，我们将继续优化科学实验库，引入更多趣味实验，深化科学教育与幼儿生活的融合，让动态科学实验库引领幼儿走向更加宽广的科学世界。

第二章

磁铁与电

导　言

　　磁铁与电之间存在密切的关系。磁铁是自然界中的一种物质。当我们提到磁铁时，通常会提及磁极，也就是 N 极和 S 极。磁铁具有同性相互排斥、异性相互吸引的性质。电也是小朋友平时非常感兴趣的内容。磁铁、电都属于物质科学的范畴，同时它们之间存在着相互作用和转化关系。磁铁和电的实验包含探索磁铁的磁力作用和电的产生等一系列相关实验，这些实验可以帮助小朋友更好地理解磁铁和电的性质和原理，具有很强的趣味性和探索性，又与生活紧密相关，深受不同阶段的幼儿喜爱。

　　幼儿科学学习的核心是激发探究兴趣，体验探究过程，发展初步的探究能力。磁铁和电的实验对幼儿具有重要的探索意义。我园设计了探秘磁铁、发电小侦探等不同年龄段有关磁铁与电的实验，幼儿通过"问一问""猜一猜""找一找""做一做""记一记""说一说""想一想"的"七部曲"方法探究磁铁和电，了解它们的特性和作用，获得相关的经验。

　　开展磁铁与电的实验活动中，我们运用多种方法为幼儿提供有效支持。

　　一是创建动态科学实验库。创建一系列与幼儿生活有关的"幼儿园动态科学实验库"，帮助幼儿建立系统化的磁铁相关经验；帮助幼儿不断地整理经验、分享成功，调动他们探索的积极性、主动性，促进他们综合能力的发展；使幼儿逐步掌握解决问题的方法，学会如何思考、表达和主动探索，体验探究过程中的乐趣，培养幼儿良好的科学素养。实现幼儿的自我探索、自我发现和自我完善。

　　二是创造机会和可能性。添加各种各样的磁铁，收集更多让幼儿感兴趣的物体当作实验材料，让幼儿发现磁铁的多样性。以家园互动形式让爸爸妈妈一起参与，与幼儿共同使用磁铁制作一个小玩具，磁铁除了可以吸附物体，在生活中还有很多用处，鼓励家长跟孩子一起去发现磁铁在生活中的妙用，丰富幼儿的生活经验，让幼儿对磁铁有进一步的认识。

三是增加实验游戏性、趣味性。实验活动内容以幼儿兴趣为主，在实验中增加磁铁足球、磁铁小车迷宫的科学游戏，让幼儿的探索过程既有趣又好玩，让幼儿在玩游戏的过程中观察到磁力相斥、相吸的现象，通过游戏支持幼儿对于科学现象、科学问题、科学实验的探究。

四是支持和引导幼儿在科学实验中的记录。记录是用于科学研究的常用工具，我们通过提供丰富的、可选择的记录表，以与同伴合作记录等方式，引导幼儿利用图表、绘画、照片、符号等来记录他们在实验过程中的想法及操作步骤。不同的记录方式可以激发孩子们的积极性和主动性，有利于在科学探索活动中发挥出记录的最大效应，使幼儿能够直观地感受到不同事物的不同发展方向，提升幼儿观察及思考能力，逐渐养成"尊重事实"的科学态度。

在磁铁和电的实验中，幼儿能够直观地了解磁铁和电的特性和作用，还可以激发幼儿的探究兴趣、培养幼儿的探究精神和解决问题的能力。同时，使幼儿体会磁铁和电与人们生活的关系，萌发关心周围环境，节约用电的环保意识。

有效提升大班幼儿科学实验记录能力的策略
——以"发电小侦探"系列实验为例

◎张　敏

记录是用于科学研究的常用工具。孩子们利用图表、绘画、照片、符号和其他方式记录，以此来表达他们的见闻、想法、操作，以及通过科学活动进行探索，使过程成为具体的、可视的和可操作的。《3—6岁儿童学习与发展指南》（以下简称《指南》）中提出幼儿应学会用不同的方式表达、交流和分享研究的过程和结果。有效记录是儿童探究的一个重要方法，开展科学研究，有利于孩子们理性分析，在提出成果和有效支持下促进儿童学习掌握不同的方法，提升观察及思考能力，以便改进信息的收集和处理，并逐渐养成"尊重事实"的科学态度。

本学期，我班开展了探索"电的秘密"的系列实验，在植物角、科学区、亲子实验中都能看到孩子记录和探究的痕迹。下面就以"发电小侦探"系列实验为例，谈谈教师如何有效地支持和引导幼儿在科学实验中的记录。

一、提供丰富的、可选择的记录表

生动形象的"记录语言"不仅能够再现过程，也能够让幼儿领略探究的乐趣，获得更多的经验。《指南》指出：在科学探究活动中，老师要鼓励幼儿们利用照相、绘画、做标本等形式来记录观察和探究的过程和结果，要让孩子们了解记录的意义，通过记录帮助他们丰富经验，建立对事物的主观认识。

大多数的幼儿还不能够用语言来表达自己的所想、所闻、所感。所以，幼儿记录的形式就显得极为重要，老师要善于去引导和鼓励幼儿们用多种方式来进行记录，让记录更加完整地展现出自己的发现。

（一）数字式

这是一种常用的记录方式，可以记录顺序、时间、数量、速度、先后的量化内容。在植物角的"太阳能浇水器"实验中，教师可以引导幼儿进行有序记录，用"1.2.3……"来标记实验记录的顺序和植物生长的规律，引导幼儿进行连续性记录。这样也有利于幼儿在之后的分享活动中能有序地说明自己的发现。

（二）标记式

用简单的标记来进行记录，标明特征、进行判断或选择。记录可以用不同的色彩来表示，或者用波浪线、直线的方式。可以通过使用箭头来指示方向，用正确和错误的符号来判断。在"水果发电"实验记录表中，用"√""×"来标记小灯泡是否亮了。在绘制水果电路图时，孩子会自主选择用不同颜色的笔来画自己所用的水果，用红色的笔画红色导线，黑色的笔画黑色导线。

（三）留白式

给予较大的记录空间，适当留白，供随机记录，使记录更加灵活多变。在"水果发电"及"小灯亮了"实验记录表中，都有"我的发现"，让幼儿自己画下在实验中的发现、问题或是结果。有的幼儿会把电路图画下来，但老师要注意时间与难度，谨防幼儿花大量的时间用于绘画而不是对科学问题的探究。

针对幼儿记录能力的差异，教师可提供符号支持，如：数字、箭头、顺序的框架，让幼儿能自主选择是自己画，还是拿现成的符号粘贴。经过一段时间，幼儿逐步学会一些记录的方法。

二、示范与启发相结合

记录是科学研究的一个重要组成部分，儿童记录什么以及如何记录对记录效率至关重要。从幼儿教育的目标出发，教师必须使儿童了解周围的一切和每一个人，并确定科学活动的目标。在确定记录的内容和方法时，教师必须考虑他们是否应该有效地指导、促进、针对儿童并且从中发现新问题。此外，还需要选择合适的方式或工具使幼儿观察和记录更容易、有趣和具体。如在"小灯亮了"实验中，有一次我发现幼儿之间在很开心地介绍自己的实验发现，馨馨说："你快看，合上开关小灯亮了，断开小灯又不亮了，神奇吧？"萌萌突然说："不如我们一起来试试，让我这个小灯也亮起来。"萌萌和馨馨开心地试了起来，串联完成后，只有一个小灯亮了。我问道："怎么这个灯亮了，那个没有亮？"馨馨说："因为这个小灯离电池近，那个远。"于是，萌萌和馨馨决定再次挑战让两个小灯亮起来。她们开始用一节电池，两个小灯没亮。这时，在一旁观察的瑶瑶着急地说："两个灯应该需要两个电池吧，一个电池电量少，两个电池电量会更多一些。"萌萌一听，马上又拿了一节电池，快速连接好，发现小灯还是没亮。我说："怎么两个灯都不亮了呢？你再仔细看看。"萌萌看了看说："我发现问题了，这根黑色的线连错了，黑色要跟黑色的地方连在一起。"她马上进行了调整，两个小灯都亮了起来，她们开心地叫道："哇，成功啦！两个小灯都亮了，我去记录了。"教师在指导幼儿对科学实验的记录过程之中，应当给予幼儿充分的尊重，以平等的关系对待孩子们，成为幼儿记录过程中的帮助者、支持者、欣赏者，让幼儿沉浸在实验乐趣之中。同时，老师还可以根据科学活动内容，来引导幼儿对实验进行观察、感知和体验。

三、引导同伴合作记录

（一）个体记录

在实验中，很多孩子对于事物的发生过程都有着自己独特的看法和理解，所以我们要善于鼓励小朋友们去表现这种个性，挖掘他们潜在的创造力和想象力。引导着小朋友们用他们喜欢的方式来进行思考和记录。有创意的记录方式也会促使着小朋友们开展科学探索活动。

（二）合作记录

教师可引导记录能力较强和较弱的幼儿进行合作记录，幼儿通过观察同伴记录、交流实验过程，能有效提高幼儿的记录水平。

如在"模拟电路"的实验中，幼儿组队实验，合作记录。能力强的幼儿在"我的发现"中能够画出完整的电路图,能将开关、灯泡、电池的正负极都记录下来。能力较弱的幼儿在一旁通过观察后,逐渐理解表格内容,在下一次的实验中,也会尝试去画电路图。

四、倡导幼儿个体自主记录

（一）明确幼儿特点

大班幼儿都有着一个共同的特征——好问。教师要引导幼儿围绕既定的观察目标去提出相应的问题,让幼儿根据老师所提出的问题来进行观察对象的记录。

（二）激发幼儿的逻辑思维

大班幼儿的逻辑思维在此阶段会有一定程度的发展,他们会对所见到的一切事物感到好奇不已,所以老师一定要善于抓住契机,激发幼儿观察的内驱力。在实验后期,我们开展了"我的发电小装置"亲子制作活动,幼儿对同伴带来的"太阳能发电小车""太阳能小卫星""太阳能摩天轮"等装置都感到好奇不已。自由活动时,他们会主动把它们放到能晒到太阳的地方,一边观察一边叽叽喳喳地讨论,观察太阳能板吸收阳光后装置会发生什么变化,当小车开了起来,都会高兴地说,"哇,你看,小车吸收太阳光开起来了","为什么这个卫星没有转呀?是不是吸收的阳光还不够?"

这时,教师可引导幼儿进一步探究"太阳能发电"的秘密,提供不同大小的太阳能板和记录表。幼儿则仔细观察、记录、猜想以及比较。太阳能板越大,吸收的能量越多;太阳光越好,能量吸收越快的秘密也就慢慢地被幼儿观察和记录出来了,在老师的鼓励和引导之下,孩子们的积极性也被极大地调动了起来。

五、同伴分享和经验拓展

完成实验记录表,教师要给予幼儿充分的时间和空间进行交流分享。组织形式有:个别交流、小组分享、集体分享。记录能力较弱的可进行个别交流,与幼儿共同认识、解读记录表。根据实验的不同特性，可分组实验，实验后进行组内交流，帮助幼儿提升经验。记录表呈现较好的，可进行集体分享，让幼儿来介绍自己的记录，拓展提升全班幼儿记录的水平。

　　老师必须时刻提醒自己，不破坏孩子们的天性、不强制孩子们按照固定的思维去进行，要给孩子们一个健康的、快乐的实验环境。记录是让孩子们更好地掌握住科学方法而服务的，老师要根据科学实验活动的特点、孩子们年龄的特点以及个体的差异性来对他们进行有效的引导，让孩子能够在轻松、愉快的氛围中去积极地进行科学事物的观察和记录。

　　在开展科学活动的过程中，让孩子们应用不同的记录方式，可以最大程度地激发孩子们的积极性和主动性，也有利于在科学探索活动中发挥出记录的最大效应，使孩子能够直观地感受到不同事物的不同发展方向，让孩子们始终徜徉在科学探索活动之中，能够真正意义上体验到来自于科学的伟大魅力。

附：科学实验资源包

"发电小侦探"科学实验资源包（大班）

实验主题	物质科学	实验名称	发电小侦探
实验来源	小红书	建议主题	我们的城市
实验问题	这些材料为什么可以发电呢？		
提出者	幼儿		
预设目标	科学知识/经验	认识正负极、学会用导线、学会用锌片、铜片	
	科学词汇	正负极、导电	
	探究技能	猜测、发现、研究	
	情感、态度、价值观	积极探索	
幼儿已有经验	知道太阳能可以发电		
材料准备（找一找）	收集者：师生、家长共同收集		
	实验材料：简易路线图、导线、电池盒、电池、灯座、开关、电珠、灯泡、锌片、铜片 生活材料：柠檬、香蕉、橘子等 实验资料： 1. 玩中学城市电路 2. 小红书		

（续表）

材料准备 （找一找）	环境材料照片： 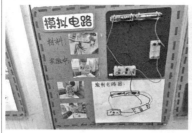
预设玩法 （玩一玩）	玩法 1： 1. 选择一种水果，如柠檬、香蕉等（以柠檬为例） 2. 将柠檬切成两瓣，之后将铜片和锌片分别插入柠檬中 3. 按照试验装置图，用导线连接起来 4. 最后用导线两端的鳄鱼夹，分别夹住发光二极管（小灯泡）的一根引线，观察二极管是否发光 玩法 2： 1. 用若干数据线将发电盒、二极管、收音话筒以及开关连接起来（注意正负极的差别） 2. 观察连接的电路二极管是否能够亮起来 玩法 3： 1. 观察电路提示图，选择一种电路 2. 根据提示、尝试进行电路连接、让小灯泡亮起来
预设玩法 （玩一玩）	玩法 1： 玩法 2： 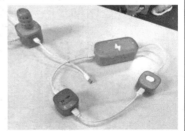

（续表）

预设玩法 （玩一玩）	玩法 3：    
实验步骤 （附照片）	1. 问一问 问题：电是怎么来的呢？ 幼儿 1：我爸爸告诉我说太阳能可以发电，有一块电池会吸收太阳的能量。 幼儿 2：我在海边看到过大风车，我爸爸说是风力发电。 幼儿 3：我在电视上看到三峡大坝水力发电。  2. 猜一猜 幼儿 1：刚才我们做实验的时候老师教我们用柠檬发电，成功了。 幼儿 2：那用别的水果可不可以啊？ 幼儿 3：你想用什么水果？ 幼儿 2：我还想试试用香蕉可不可以。 幼儿 3：真是个好办法，我回家让妈妈跟我一起试一试。 

（续表）

实验步骤 （附照片）	3. 记一记 通过实验，幼儿自主记录不同水果的实验结果  4. 说一说（教师启发引导） 问题1：为什么小车放到阳光下就跑起来了？ 问题2：为什么电路连好，但小灯不会亮？ 问题3：水果发电是用什么水果都可以发电成功吗？ 实验中幼儿的话（发现、问题、互动交流等）： 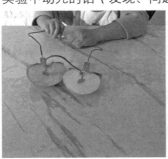 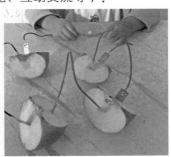 幼儿1：在水果发电实验中，两块苹果也可以亮起来！ 幼儿2：但是我发现四块苹果的时候小灯比较亮。 5. 想一想（亲子制作——幼儿模拟的电路）  
实施建议	1. 鼓励幼儿积极用绘画的形式在"我的发现"区域，表达自己在实验过程中遇到的困惑以及成功之处 2. 实施的时间放在大班的下学期 3. 利用家长资源，进行亲子小实验，鼓励幼儿探索多种不同的玩法

有趣的磁铁

◎周晨中

一、活动背景

　　探索俱乐部里有一套磁铁小火车的玩具，幼儿都十分感兴趣。除了磁铁火车以外，还有很多各式各样的磁铁、材料供幼儿探索。看着孩子们意犹未尽的样子，我觉得有必要在班级里也开展磁铁的科学小实验，让幼儿尽情探索磁铁的秘密。我们班的伊伊小朋友，平时比较文静，回答问题比较害羞，但是对于科学实验十分感兴趣，而且最近越来越乐于在大家面前介绍自己的发现，不会害羞。为了更了解伊伊的变化，我仔细观察她在科学区发生的故事。

二、故事实录

【镜头一】爸爸告诉我

　　伊伊做实验的方法有点与众不同；与其说是做实验，不如说她是在自由探索。只见她将两个磁铁圆环套在一根塑料棒上，一下子就吸住了，然后她又将上面的磁铁圆环翻了个面，神奇的一幕出现了，圆环漂浮了起来。边上的小伙伴森森投来惊讶的目光，伊伊说："这叫排斥。"森森："那为什么反过来的时候它们就会吸在一起？再反一反就吸不了了呢？"伊伊从磁铁材料篮子里找出两块涂有颜色的磁铁，然后开启了小老师模式："爸爸告诉我，磁铁是分为S极和N极两极的。你看，这个磁铁上蓝色的地方上有一个S，它就是S极，红色的就是N极。"伊伊边说边又拿出一块磁铁，"你看好哦！"伊伊把磁铁相同颜色的S极相互靠近，两块磁铁马上就弹开了。"看到了吗？这就是排斥，两个相同的极就会排斥。"然后她又把磁铁转180度，把S极和N极放在一起，两块磁铁马上就吸住了。"不同的极在一起会吸住。"说完，森森也照着伊伊的方法试了一试。"你看，小车也能这样玩，"伊伊边说边利用斥力让一辆磁铁小车推着另一辆小车走。"让我试试，真的耶，真好玩，"森森边玩边说。在之后的交流环节中我请伊伊和森森把他们今天的对于磁铁间会相互"排斥"的发现进行了介绍。

【镜头二】磁铁还能这样玩

伊伊来到科学区，被新创设的磁铁足球、磁铁小车迷宫两个科学游戏所吸引。"磁铁足球"就是用小手套住两个小球靴，用上面的磁铁产生的斥力进行带球、射门的动作。伊伊招呼森森一起来比试一下，看看谁利用磁铁的斥力更胜一筹。在不断地比试过程中伊伊又发现了有趣的现象：当你用磁铁快速接近另一块磁铁时，产生的斥力更大，会让磁铁足球的速度也变化。发现了这个现象以后，伊伊脸上明显地露出一丝微笑，在之后的磁铁比赛中她也一直遥遥领先，当然几次快速进球以后，森森也发现了这个秘密，也开始模仿伊伊的动作，用磁铁球靴快速接近磁铁足球，进行射门，比分慢慢地赶上来了。两人比了三场，一直玩到游戏时间结束。

【镜头三】爸爸教我新玩法

伊伊今天在科学区将磁铁玩出了新的玩法，只见她带来了一盒回形针，用磁铁一个一个吸住，发现吸到第四个的时候吸不住了，然后她拿出另一块磁铁，两块磁铁一起，这下能吸住第四个回形针了，但是第五个又吸不住了。她继续增加磁铁的数量，三块磁铁一起还是吸不住第五个，四块磁铁一起终于将第五个回形针也吸住了。在另一边，我看见伊伊将一个回形针用上下两块磁铁吸住。一边的森森问她："你这是在干什么呀？"伊伊说："你一会儿就知道了。"过了一会儿，伊伊从两个磁铁中拿出回形针，然后用这个回形针把其他的回形针吸起来了。森森非常吃惊："哇，你把回形针变成磁铁回形针了！"一边说着，他一边也用这个回形针试试，发现真的可以吸起别的回形针，而一般的回形针之间是无法吸引的。"这就是磁化，"伊伊说，"爸爸又教我了，磁铁在吸引铁的时候就是把这个铁磁化了，让它也有了像磁铁一样的本领。""哇，真有趣！"森森边说边玩。在之后的交流环节我请伊伊和森森把他们今天对于"磁化"现象的发现进行了介绍。

我的分析：

经过几次实验探索以后，伊伊对于磁铁的相互吸引，以及磁铁可以吸引哪些材料已经失去了兴趣。而她对磁铁之间相互排斥的现象十分感兴趣，并且随后在家中也开展过磁铁的小实验。她从爸爸那里得知，这种磁铁间相互推的力量叫作"排斥"。对于科学实验和科学现象十分感兴趣的伊伊记住了爸爸的话，并把经验和小伙伴进行了分享。而且，运用同极相斥的现象，利用丰富的磁铁延伸出小实验区的新玩法。在系列活动中不难发现，伊伊成了我们科学区实验新玩法的发掘人。她的全新经验"磁化"为我们研究了两个月的科学区实验注入了新鲜的活力。磁化的现象是伊伊在家里和爸爸一起玩磁铁的时候发现的，然后爸爸通过互联网搜索后向伊伊解释了"磁化"现象，并在家中就和伊伊实践。于是，伊伊带着一盒回形针来学校把经验传递给同学们了。

我的策略：

在中班开展对磁铁的研究和小实验，我们两位老师在预设的时候并没有打算让幼儿了解过于复杂的磁铁两极的概念。只是"简单了解磁铁的磁性会吸引哪些物质""吸力能隔着比较薄的材料对被吸引的物体产生作用"，还有"一样是金属，但是只有铁质的物体才会被磁铁吸引"这样一些简单的关于磁铁的科学现象。但是，随着研究时间越来越长，我们研究的内容也变得更加深入，特别是家长亲子实验开展过后，有的家庭的研究已经明显更深一步了。特别是对科学实验十分感兴趣的伊伊，已经从爸爸那里了解到磁铁的两极以及同极相斥、异极相吸的现象。另外，我也发现比起正儿八经的科学实验，幼儿对于科学小游戏也十分感兴趣，享受着纯粹的玩的感觉。于是，我根据磁铁间的斥力创设了磁铁足球、磁铁小车迷宫的科学游戏。

徐则明老师说过，孩子天生会游戏。这句话一直印在我的脑海里，在科学区中，尽管我们老师创设了很多科学实验，这些实验是有任务的，需要记录，是有步骤、有方法的，需要观察展板或提示板。这些是游戏吗？显然不是。所以，在个别实验活动中，我们往往会观察到幼儿操作的兴趣、探究的积极性随着时间的增加而减弱。我觉得适当增加一些科学游戏，让幼儿的探索过程既有趣又好玩，幼儿不是为了探索而探索，在玩游戏的过程中得到一些激发，观察到一些现象是更符合幼儿年龄特点的。我会在今后的科学区，创设更多的科学游戏，来激发、支持幼儿对于科学现象、科学问题、科学实验的探究。

三、我的收获

（一）科学区活动内容需要以幼儿兴趣为主，贴近幼儿生活

学习了《3—6岁儿童学习与发展指南》之后，我感悟到幼儿是科学区活动的主角，教师应该了解幼儿的兴趣，从幼儿的兴趣出发寻找幼儿感兴趣的内容作为实验的对象。同时根据幼儿的年龄特点，选择贴近幼儿生活，符合幼儿生活经验的内容进行探究。在本次学习故事中，教师通过前期的调查问卷以及让幼儿找一找生活中、家中哪些地方有磁铁，它们有什么用，这样一些铺垫活动来了解幼儿的基本生活经验和兴趣点。做好充分的准备和调研铺垫，科学区活动的创设才最符合幼儿的需要。

（二）科学区活动的创设、调整、延伸需要以支持幼儿的持续探究为目标

教师在设计科学区活动实验、创设环境的时候应当抛砖引玉，将探索中有深度、有难度的留给幼儿去发现，培养幼儿持续探究、深入探究。经过本次学习故事的启发，我总结了以下五点来支持幼儿的持续探究。

第一，实验设计、环境创设的时候应当抛砖引玉，将探索中有深度、有难度的留给幼儿去发现。

第二，家园共育，让爸爸妈妈知道幼儿在探究什么，激发家长陪同幼儿共同实验的兴趣，以及对科学现象的研究。鼓励家长和幼儿在家中进行亲子实验。

第三，鼓励幼儿的新发现和新玩法，引导幼儿交流分享自己新的经验。

第四，幼儿产生的新的发现和玩法，教师需要及时调整，提供材料支持幼儿的新玩法。

第五，科学实验更加游戏化、趣味化，通过教师和幼儿家长的智慧，让我们的科学小实验更好玩，更能吸引幼儿探究，才能让我们的科学区更有价值。

附：相关科学实验资源包

"有趣的磁铁"科学实验资源包（中班）

实验主题	物质科学	实验名称	探秘磁力
实验来源	书籍《小世界大探究》	建议主题	有用的工具
实验问题	为什么小车在不接触磁铁的情况下可以往前和往后？		
提出者	幼儿		
预设目标	科学知识／经验	磁铁的特性	
	科学词汇	同性相斥、异性相吸、磁化	
	探究技能	观察、猜测、比较、发现	
	情感、态度、价值观	持续探索磁力，提升经验，能仔细耐心进行观察比较	
幼儿已有经验	幼儿知道磁铁有吸力		
材料准备（找一找）	收集者：师生、家长共同收集		
	实验材料：磁铁、小车、笔、桌椅，椅子 实验资料： 1. 书籍《神奇的磁铁侠》 2. 亲子磁铁资料书		
	环境材料照片： 		
预设玩法（玩一玩）	玩法 1： 1. 先把车做出来 2. 将磁铁贴在小车和棒子上 3. 吸住磁铁，小车往前走 玩法 2： 1. 先把车做出来 2. 将磁铁贴在小车和棒子上 3. 探索如何在磁铁不吸住的情况下，小车往前走		

（续表）

预设玩法（玩一玩）	玩法3： 1. 先把车做出来 2. 将磁铁贴在小车和棒子上 3. 用更多的磁铁探索如何加速小车的前进 玩法1：　　　　　　玩法2： 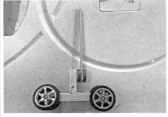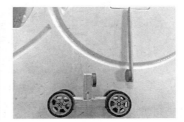 玩法3（幼儿自主生成）： 
实验步骤（附照片）	1. 问一问 幼儿1：磁铁如果在水里还会有磁性吗？ 幼儿2：如果吸不上来怎么办？ 幼儿3：为什么会吸不上来呢？ 2. 想一想（怎样用磁铁把水杯中的回形针取出来？磁铁不能碰到水哦！） 3. 猜一猜 幼儿1：磁铁能吸住铁。 幼儿2：磁铁能吸住金属。 幼儿3：磁铁不能吸住木头。 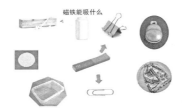

（续表）

实验步骤（附照片）	4. 记一记  5. 说一说（教师启发引导） 问题 1：为什么有的磁铁会互相吸引，有的会互相排斥呢？ 问题 2：你觉得磁铁磁力不够的话，若多加几块，小车速度会变快吗？ 实验中幼儿的话（发现、问题、互动交流等）： 幼儿 1：我发现颜色一样的磁铁，它们之间吸不起来。 幼儿 2：我发现磁铁越多，小车的速度越快。 6. 想一想 
反思及动态调整	反思： 1. 本活动的成功之处是利用家长资源进行科学区的开展，如亲子共同收集材料、亲子调查表、亲子磁铁小制作等。在玩磁铁的过程中，幼儿积极探索磁铁的特性，感受成功的快乐，增强自信心，培养度独立性和创造性 2. 不足之处是再好的活动遇到不同的幼儿也会出现不同的情况，这也是教师积累经验的过程。科学活动不论是试教，还是正式活动，教师的回应都是基于幼儿的反应而来。科学活动中如果小环节出现问题、故障、阻碍，教师就不容易引导幼儿自己说，而有可能变成教师来说 3. 没有记录表 动态调整： 幼儿记录表从没有到让小朋友自己记录
实施建议	1. 教师可以提供更多的小车和不同强度以及形状的磁铁 2. 在进行实验的过程中，教师应有意识地培养幼儿的探索能力，多观察幼儿，适时介入 3. 可以扩大实验的场地，目前一张桌子有点小 4. 可以进行亲子实验，收集不同的磁铁，继续探索

第三章
空气、光影

导　言

空气与光影是自然界中最为常见的材料和自然现象，也是幼儿园中较多开展的科学探索活动内容之一。空气与光影实验是幼儿借助一定的工具和材料，对我们周围存在的空气、风以及光影现象进行探索的活动。《学前儿童科学学习与发展核心经验》中提到：大自然和生活中真实的事物与现象是幼儿科学探究的生动内容。激发探究兴趣，体验探究过程，发展初步的探究能力是幼儿科学学习的核心。教育者（家长和教师）的陪伴和引导，对以幼儿探究为核心的能力发展有着重大作用。而空气、光影等现象易于观察，幼儿很容易对其产生好奇心，并且空气与光影都是大自然和生活中随处可见的现象，我们成人要善于捕捉、提出疑问引发幼儿持续探究。

幼儿园设计的有关空气与光影实验包括：风儿的秘密、空气炮、空气火箭；潜望镜、影子的秘密等不同年龄段有关空气与光影的相关实验，通过这些实验让幼儿知道空气的存在、因空气的流动产生风、影子形成的原理以及影子可以变化。空气、光影的实验具有很强的趣味性和探索性，也深受不同年龄阶段幼儿的喜爱。

在空气与光影的实验中，幼儿通过用语言表达现象、大胆地提出疑问、和伙伴一起寻找材料、利用收集的材料进行实验操作、观察比较等方法探究空气与光影，知道了空气的重要性，了解光影的变化，获得相关的经验，同时，体会到人类与动植物都离不开空气，并体验光影游戏带来的快乐。借助空气与光影的实验，成人运用了不同的方式，激发了幼儿探究的兴趣和求知欲。

在开展空气与光影的实验活动中，教师通过系列方法走近幼儿、倾听幼儿，支持幼儿的探究行为：

一是善于观察，捕捉幼儿的兴趣点。在"空气的秘密"科学实验活动中，幼儿自主谈论台风的问题，追随幼儿的兴趣点，教师便提出"台风梅花是如何形成的"。孩子们通过自主或和爸爸妈妈一起查找资料，了解到台风的形成是空气的流动，展开了对空气流动的实验探究；在"有趣的影子"实验中教师观察到幼儿对桌面上的小恐龙以及运用手电筒发现恐龙的影子可以变大变小的想象，开启了对光影的探秘。

二是有效提问，激发幼儿高水平的思考。在"遇见空气"的科学探究活动中，教师抛出问题：气球里有了空气可以做什么？能玩哪些好玩的游戏？随后幼儿展开了讨论，她们根据自己的生活经验列举了气球的各种用途，如热气球、气球广告、气球小车等。教师又追问："那能不能让气球像火箭一样快速飞行？"由此幼儿对实验进行了猜测，并开始探究活动。

三是调整材料，助推幼儿深入探究。材料是幼儿深度学习产生的重要因素，在"有趣的影子"实验中，教师增加了材料，投放了情境卡片，通过有情境的活动要求，增加幼儿对实验的探索兴趣以及对"近大远小"概念的理解和发现；在前期空气探索活动时，教师提供了低结构的材料，如报纸、瓶子、各种袋子等，随着实验的深入，收集了不同材质、大小的气球、绳子等投放还增加了数量，支持幼儿的科学探究。

四是家园合作，延伸幼儿探究的时间。幼儿在园的时间是有限的，通过家园合作的方式进一步拓展了幼儿探究的时间和空间，比如在空气和光影实验中教师都有利用家长资源，邀请家长共同参与到幼儿的探究活动中，包括共同收集材料、查找资料、和幼儿一起完成亲子小调查等，引导家长和幼儿一起发现空气与光影的各种秘密，幼儿也更容易将实验迁移到生活中进行运用。

科学探究活动最终目的不是让幼儿积累更多的科学知识，而是支持、激发和保持幼儿的好奇心和探究兴趣。教师特别需要走近幼儿，发现他们的发现，静下心去倾听幼儿之间的对话，捕捉幼儿的探究兴趣，和幼儿一起发现问题，引导他们进一步探究，对幼儿的活动给予支持，同时鼓励家长家园合作，让幼儿自主、快乐地参与到探究活动中。

支持大班幼儿深度学习之"遇见"空气

◎陆　颖

幼儿的深度学习是指其在与周围环境互动过程中，通过自己特有的学习方式，对生活情境进行深层分析、思考以及深度学习交流，并能将形成的新知识和生活经验顺利地运用。科学区活动是教师根据幼儿的年龄特点和发展水平，有目的地创设相应的探索环境，投放探索材料，让幼儿在与材料互动中自主、深入地探索与学习。

一、营造有准备的环境，启发幼儿深度学习

《3—6岁儿童学习与发展指南》中强调：幼儿的学习是以直接经验为基础的，要珍视游戏和生活的独特价值，创设丰富的教育环境，合理安排一日活动。为此，教师要创设有准备的环境，为启发幼儿的深度学习做好基础保障。

（一）共同构造充足物质环境

在和孩子们共同商讨后，我们一起选择了一块相对安静、独立、舒适的区域作为科学区，并用桌椅、橱柜等进行分隔，形成了资料区、材料区、实验区和互动区等若干区域。孩子们自主商讨、制作科学区的标识，最终由班里的"小画家"将地球、宇宙、显微镜等元素进行组合，科学区环境就此确定下来。随后，我又建议孩子们分组讨论各个区域中可以投放的材料，最终确定了各个区域材料准备清单。我和孩子们进行分工，分头收集科学区的各类材料，如材料区的探究工具打气筒、气球、报纸、袋子等，资料区的图片、书籍，实验区的操作步骤图以及家园合作共同制作的互动区的玩具等。同时，师生也共同确定了科学区的内容分布，引导孩子将自己的问题、发现、启示

等和同伴在该区域进行分享。

（二）积极营造良好心理环境

有准备的环境不仅仅包括充足的物质环境，同样也包括为幼儿营造良好的心理环境。孩子们在平等、互相尊重的师幼关系，接纳、友善的同伴关系中，通过开放友好的社会交往和互动，不仅可以发展集体归属感和自我认同感，而且能够养成良好的秩序意识，培养自我控制能力，认知、情感、意志、社会性都能得到锻炼和培养。

老师要耐心倾听幼儿的需要，尊重、支持他们的想法，关注他们的感受；会使用鼓励性的话语引导幼儿参与谈话，如"我很想知道你是怎么做的""给我讲一讲吧"等，邀请幼儿分享自己的观察和发现；用接受性的语言传达老师的接纳和信任，鼓励幼儿敞开心扉、释放情绪，如"在我看来，你……""听上去你讲得很……"等语言，建立师幼之间的信任和联结。另外，老师也要充分利用表情、动作姿态、语气语调语速，以及待人接物的方式等，以积极的情绪给幼儿营造安全、温暖、鼓励的氛围。

二、观察中有序推进，支持幼儿深入探究

观察是教师发现幼儿、了解幼儿需求的重要方式。深入的观察能获取大量重要的信息，发现幼儿的需求和发展，解读幼儿行为背后的意义，从而对幼儿的探索活动提供支持。

（一）持续观察，有序推进探索活动

在"遇见空气"活动开始，我们就从孩子那里收集了许多关于空气的问题，如"空气在哪里""空气会动吗""空气有重量吗"……围绕问题，我们引导幼儿分组进行探索，鼓励孩子们自主寻找工具材料，和同伴一起进行探索发现，并将自己的探索过程进行记录。老师在孩子们探索的过程中则进行"连续性"的观察，以便提供适宜的支持，有序推进幼儿的探索活动。"找空气"小组带上了塑料袋去室外找空气。"称空气"小组找来了天秤和气球，要称称圆气球和瘪气球是不是一样重。有的问题比较简单，幼儿通过一次探究就可能找到答案，但有的问题就可能因为材料或其他原因需要多次的探索才会

找到答案。因此，需要教师通过持续的观察做出判断，及时引导幼儿进行分享交流，在相互交流的过程中发现新的问题或延展到其他的知识经验，让幼儿始终保持浓厚的探究兴趣。

（二）有效提问，促进活动向纵深生长

在幼儿园这样一个充满师幼互动、幼幼互动、人际交互影响的学习情境中，教师提出有探究意义且能激发幼儿兴趣的问题，引导幼儿猜一猜、想一想，或鼓励幼儿根据观察或发现提出值得继续探究的问题，既尊重了幼儿的主体性，又能促使幼儿有意识地感知观察、探究问题、寻找答案，在合作中不断超越，促进自身学习水平的进步。因此，我们需要在观察的基础上，充分调动幼儿的经验，让幼儿在新旧经验的交互中获得新知识和新经验。

当孩子们在找空气的过程中发现了气球里有空气时，我抛出问题：气球里有了空气可以做什么？能玩哪些好玩的游戏？孩子们随即展开了讨论，他们根据自己的生活经验列举了气球的各种用途，如热气球、气球广告、气球小车等。我追问："那能不能让气球像火箭一样快速飞行？"由此开启了孩子们对气球火箭的探索和研究。气球满处乱飞的情景引发了孩子们的思考。"气球火箭的燃料可以用什么来代替？""我们可以造一个发射架，把气球里的空气当成燃料，放了空气，气球就可能会往上飞了。"孩子们的猜测很快进入了实验阶段。"精彩时刻"往往转瞬即逝，这就需要老师努力抓住这个时刻，进行下一步的启发，从而将空气的探索活动推向纵深。

三、动态调整材料投放，助推幼儿深度学习

皮亚杰提出：儿童的智慧源于操作。孩子们在对材料操作、摆弄的过程中观察到科学现象中的某种关系，是在与材料相互作用中了解事物的特性，并构建关键经验的。所以，材料是幼儿深度学习产生的重要因素，教师要在了解幼儿发展需求的基础上不断调整材料，让幼儿始终保持对游戏的探索兴趣和热情，将游戏推向深入。

在进行前期空气探索活动时，我们根据幼儿的需要提供了报纸、各种袋

子、瓶子等一些低结构的材料，同时也提供天秤等工具类的实验材料，方便幼儿针对性地探索和发现空气有没有重量、空气会不会流动等问题。随着"气球火箭"活动的启动，我们和幼儿一起讨论并记录下实验需要的各类材料，并号召师生共同收集。同时调整科学区内原有的一些材料，除了一些纸、笔、剪刀等工具类的材料之外，收集了不同材质、大小的气球，以及绳子、夹子、吸管、打气筒等材料，投放时增加数量，支持孩子们的探索。随着孩子们的实验进程，我们的实验材料也在不停地调整优化，而实验的效果也越来越好，气球火箭的发射速度随着材料的调整有了明显的进步。由此可见，根据实验情况动态调整材料投放，助推了幼儿的深度学习，同时也让材料发挥了最大的价值。

四、家园同步合作，拓展科学区活动深度

在科学区中开展空气的探索活动的同时，我们也充分利用家长资源，邀请家长积极参与到活动中来。我们开展了"空气的作用"的亲子调查，引导家长和孩子一起发现空气的各种秘密；同时我们邀请家长共同收集关于空气奥秘的各类书籍和材料，引发孩子们在同伴中进行分享。孩子们也会将家庭中和幼儿园中的空气探索活动互相融合并进行交流介绍，进一步延伸并拓展科学区活动的内容和深度。

在大班科学区中支持幼儿深度学习的实践探索中，我认为教师还要为幼儿提供足够的时间，让孩子能够根据自己的需求和想法，与同伴、与材料进行充分互动，进行迟续的、深入的研究。另外，还要学会多进行追问，让幼儿说出自己的想法，让幼儿一起讨论，在讨论中通过幼儿的自我分析让他们的思维外显。在分享交流环节还可以开展一些辩论活动，引导幼儿在思考、批判、提出建议中锻炼思维。

总之，教师只有将视角转向幼儿，善于观察和解读幼儿在活动中的行为，关注其与材料、环境以及同伴的互动，关注发现问题和解决问题的途径，关注良好学习品质的培养，才能更好地促进幼儿的深度学习。

附：相关科学实验资源包及教案

"气球动力火箭"科学实验资源包（大班）

设计者：陆颖、李紫延

实验主题	地球宇宙	主题名称	气球动力火箭
实验来源	网络	建议主题	我是中国人
实验问题	火箭是怎么升空的？		
提出者	幼儿		
预设目标	科学知识/经验	了解空气动力的原理	
	科学词汇	空气、力	
	探究技能	观察、操作、猜测、记录	
	情感、态度、价值观	体验动手做实验的乐趣	
幼儿已有经验	给气球打气		
材料准备 （找一找）	收集者：师生、家长共同收集		
	实验材料：气球（圆气球、长气球）、打气筒、吸管、细线、剪刀、胶带、木夹子、椅子 生活材料：塑料袋 实验资料：绘本《空气太太去哪儿了》《揭秘空气》		
	环境材料照片： 		
预设玩法 （玩一玩）	玩法1： 两把椅子对齐并间隔一段距离，将细线穿过吸管连接在椅子的两边固定扎紧。给两个圆气球打气，用夹子夹住气球孔，用胶带将气球固定在吸管处。然后松开夹子，看看哪个气球先到终点 玩法2： 两把椅子对齐并间隔一段距离，将细线穿过吸管连接椅子的两边固定扎紧。给圆气球和长气球分别打气，用夹子夹住气球孔，用胶带将气球固定在吸管处。然后松开夹子，看看哪个气球先到终点		

实验步骤 （附照片）	1. 问一问 幼儿 1：空气在哪里？ 幼儿 2：空气会动吗？ 幼儿 3：空气有重量吗？ 幼儿 4：空气有什么用？ 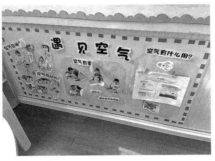 2. 猜一猜 幼儿 1：我们可以用手抛气球给气球增加动力燃料。 幼儿 2：我们可以用嘴巴、电吹风吹气球。 幼儿 3：我们可以把气球系在绳子上像火箭一样飞。  3. 说一说（教师启发引导） 问题 1：两人一组分工合作，谁给气球打气？谁夹夹子、贴胶带？ 问题 2：长气球为什么没有飞出去？ 问题 3：同样是圆气球，大圆气球和小圆气球，谁飞得快？为什么？ 问题 4：长气球和圆气球哪个先到达终点？ 实验中幼儿的话（发现、问题、互动交流等）： 幼儿 1：我来打气，你给气球夹夹子。 幼儿 2：你帮我捏着气球，我夹夹子。 幼儿 3：把气球放在吸管下面。 幼儿 4：为什么长气球没有飞出去？ 幼儿 5：大圆气球比小圆气球飞得快，因为大圆气球里面的空气多。 幼儿 6：圆气球比长气球飞得快！

（续表）

实验步骤 （附照片）	4.记一记 （1）幼儿发现固定气球时，只需要转一圈即可，否则气球孔会黏住，气球无法飞起来 （2）圆气球比长气球飞得快  5.用一用 在开展气球动力火箭时，幼儿开始时是一个人做实验的，后来发现给气球打好气需要小伙伴帮忙夹夹子，于是两人一组分工合作实验。幼儿发现圆气球可以像火箭一样从一边飞向另一边。同样是圆气球，幼儿想知道大小不一样的圆气球谁飞得快。孩子们实验后发现，大圆气球里面装的空气多、飞得更快。老师投放了新的材料长气球，幼儿想知道圆气球和长气球哪个先到达终点。他们发现了新问题——松开夹子后，气球没有飞出去，原来是固定气球时转了好几次，气球孔黏住了，再次实验时，只转了一圈固定，圆气球先到达终点
实施建议	1.该实验需要两名幼儿分工合作完成 2.幼儿的前期经验是学会给气球打气 3.更换材料或场地，鼓励幼儿多次探索

"空气火箭"集体活动（大班）

活动目标：

1.初步了解影响空气火箭发射距离的因素。

2.体验成功发射火箭，挑战更远发射距离的成就感。

活动准备：

1.经验准备：知道我们身边充满空气，空气的流动能产生力。

2.材料准备：

（1）学具：自制火箭、火箭发射器、记录表

（2）教具：自制火箭、火箭发射器、记录板、视频

活动过程：

1. 发射纸火箭

目的：了解空气能作为动能，能让纸火箭发射。

（1）活动

①展示自制火箭和发射器

提问：你知道哪个是火箭、哪个是发射器？为什么？

②要求：试一试用发射器发射火箭，每人拿一个纸火箭尝试发射。

③幼儿操作

（2）观察要点

①幼儿挤压瓶子发射，引导幼儿发现挤压瓶子产生空气的推力能让纸火箭飞行。

②观察幼儿使用拍、捏的方式挤压瓶子使火箭发射的情况。

（3）分享交流

提问：你是怎么发射火箭的？是什么让火箭飞出去的？

小结：原来我们快速地把发射器中的空气挤压出来，让空气形成推力，能让纸火箭发射。

2. 如何飞得更远

目的：了解发射器内空气的多少、发射器的松紧等影响纸火箭发射的原因。

（1）活动

①出示大气层图片

提问：你们有什么好办法能让火箭飞得更远，飞出大气层？

②出示更大的发射器，更细的纸火箭，介绍两种新材料并让幼儿猜测

提问：你们觉得有了它们能挑战成功吗？你是怎么认为的呢？（集体猜测并记录）

③要求：（划分区域）三人一组去试一试，记录介绍（使用不同材料的实验结果）

④幼儿操作

（2）观察要点

①观察幼儿使用不同的材料让火箭飞得更远的方法。

②观察幼儿合作分工完成实验并记录的情况。

（3）分享交流

提问：你们选择了哪些材料让火箭飞得更远？

提问：你们对于怎么让火箭飞得更远还有什么问题吗？

小结：我们选择更大的发射器、更细的火箭，让作为推力的空气更多、更集中，火箭就能得飞得更远。

（4）比赛（比一比哪组发射得最远）

①提要求：每组选择一人参加比赛，介绍起点（帮做记号）。

②幼儿开始比赛。

3. 航天技术真厉害

目的：联系实际进一步感受火箭发射的不易。

观看火箭发射视频

提问：视频里的火箭为什么要向上发射？火箭能飞到哪里？

小结：火箭向上发射是要离开地球，只有飞得更高才能摆脱地心引力，冲出大气层，飞向宇宙，需要有很大的力量才可以实现。

4. 活动延伸

结束语：我们一起把今天学到的本领分享给教室里的朋友，再试试还有什么办法能让我们的火箭飞得更远。

从"空气的秘密"谈科学区环境创设

◎周晨中

幼儿课程要面向幼儿、面向生活、面向社会，集体教学活动作为一种高效的教学方式，不再是幼儿获得知识的唯一途径。在对幼儿教育和培养的过程中，类似于个别化学习这种有利于幼儿自主学习、自主思考、自主创造和发展的方式，在新的教育价值观引导下，将会逐渐占据主导地位。我们要结合区角活动和教学方式的个别化，来促进幼儿身心的全面发展。

我园确立了以科学教育为幼儿园课程特色的大方向以后，一直积极寻求创设高质量的科学区环境来满足幼儿科学探索的需求并能在科学探索过程中促进幼儿学习品质的培养。那么一个既能满足幼儿科学探索的需求又能促进幼儿学习品质培养的科学区环境究竟应该是什么样的呢？

一、创设自主有趣的科学区内容，培养儿童"会看"的学习能力

（一）想看并且主动去看

这就需要我们在创设科学区环境的时候选择幼儿感兴趣的内容。通常情况下，我们科学区活动的内容源于主题活动，常常作为集体活动的一个延伸。这样就忽略了是否是基于儿童的视角出发的。于是我们开展教研，尝试将科学区活动内容确定权还给幼儿以及家长。通过问卷以及投票的方式来确定和幼儿生活经验相关或是幼儿感兴趣的内容作为班级科学区活动的来源，能更好地激发幼儿探索的兴趣。另一方面，内容是幼儿自己选的，因此幼儿的探索主动性更强，自由活动中幼儿经常会自主到科学区看一看、说一说、玩一玩。

例如，我们班本学期的科学区围绕空气的秘密展开研究，而之所以选择这一项内容，主要还是我们班的"小树苗"小朋友的亲子实验——"飘浮的小球"

引发了幼儿探索的兴趣。为什么小球会飘起来？为什么别的形状不行？空气还有哪些本领？一连串的问题让我们决心对空气的秘密进行探索。

（二）学会看且看的懂

怎么样的环境能让幼儿看得懂呢？那就必须要和幼儿共同创设。收集图片，通过让幼儿进行绘画创作，把一些他们感兴趣的内容、想问的问题、初步了解的小知识，和爸爸妈妈查询的相关资料或者一起完成的调查问卷以绘画的形式表现并布置出来。幼儿最能理解幼儿的语言，这样的环境为幼儿与幼儿之间的互动创设机会，幼儿可以尝试向同伴询问绘画所表达的意思。这样的科学区环境体现了儿童视角的理念，培养幼儿"会看"的学习能力。

例如，我们班在开展"空气的秘密"探索过程中幼儿提出的问题都是用图画的方式进行呈现。"你画的是什么呀？""我知道她是在问空气可以被制造出来吗。""不对不对，我画的是空气是哪来的。"这种呈现方式让幼儿能更充分地进行交流从而引发新的猜想和问题。另外，在实验步骤的提示板上我们呈现幼儿实际操作的照片，这样的实验步骤来自幼儿，幼儿自己看得明白，在幼儿不知应该如何实验的时候起到了有效的提示作用。

二、创设丰富多元的科学区材料架，培养幼儿"会找"的学习能力

"会找"是幼儿发现生活，初步探索世界的一种能力。这里的"会找"也包含两层含义，一是指幼儿和父母一起收集生活中的科学工具，二是指在科学区找到自己需要的实验材料。教师把孩子及家长一起收集来的材料进行分类，并在科学区的材料架上摆放得井井有条，幼儿、教师和家长共同创设科学材料库。幼儿、家长从生活中共同收集实验所需要的科学工具材料是幼儿实验活动必不可少的物质基础，幼儿由于年龄特点更多的是依赖材料进行实验探索活动的。找到这些材料，可以说我们的科学实验已经成功一大半了。同时，在我们丰富的材料库创设和实验不断推进的影响下，能进一步激发幼儿"会找"的学习能力。

例如，在我们开展"空气的秘密"科学探究过程中，大量的材料、资料、实验的玩法都来自我们的幼儿以及家长。气球、打气筒、亲子小实验操作包，

孩子们每天都能为我们的小小空气研究站添砖加瓦，为大家带来惊喜。而且，随着研究的深入，孩子们智慧的双眼会发现更多和我们研究相关的材料、实验、书籍。这无疑是我们继续热火朝天开展研究的内在动力。

三、创设条理清晰的科学区实验提示墙，培养幼儿"会做"的学习能力

在科学探索活动越来越强调幼儿自主性。自由探索的当下，我们为什么还要创设科学实验提示墙呢？科学区实验不同于其他的学习活动，具有一定的科学严谨性和目标性，实验的过程可能设计得趣味一些，更像游戏一点，但是本质是有目标地去让幼儿观察、发现科学现象以及猜测、理解产生现象的原理。所以，当幼儿来到科学区一片茫然，不知道做什么实验、也不知道怎么做实验的时候，条理清晰的实验提示墙是让幼儿"会做"的指路明灯。

（一）帮助幼儿"选一选"

条理清晰的实验提示墙可以帮首次来到科学区或者科学区创设初期的幼儿选择自己感兴趣的实验。

（二）提示幼儿"试一试"

有时候一个实验可能有不同的操作方法、步骤，条理清晰的实验提示墙能引导幼儿每一种方法都去尝试一下，看看会有怎样的结果。

（三）鼓励幼儿"编一编"

在对科学区的实验都十分熟悉且都已经"会做"了以后，我们也鼓励幼儿自己创造、设计一个属于自己的小实验。所以我们会在实验提示墙上留白，这部分留给幼儿去发挥自己的创造力。可以是全新的实验，也可以是改动的实验。让幼儿深入探索以后，真正"会做"实验。

例如，在这次"空气的秘密"研究中，我们创设了许多空气相关的小实验，其中有不少就是来自亲子实验，如"飘浮的小球"，以及在一次偶然的材料摆弄中将橡皮泥弄到了针筒里生成的新实验——"针筒取物"。多种多样的实验让幼儿有选择空间的同时，也更能激发幼儿产生新的科学问题，生成新的科学实验。

四、创设互动性的科学区问题墙，培养幼儿"会想、会问"的学习能力

"会想、会问"一直是科学领域的重要学习能力。我园在科学区环境创设的过程中十分注重对于问题区的环境创设。

（一）问题墙采取的是自由提问、自主记录的方式

在我们科学实验的过程中，幼儿或多或少都会产生问题，有对现象的提问、有对材料的提问、也有对实验方法的提问……问题可谓五花八门。幼儿能随时拿到问题记录纸进行提问并张贴上问题墙，这也标志着幼儿已经参与到我们的科学实验活动中，而且在此过程中培养了浓厚的兴趣和善于思考的品质。

（二）问题墙不光是问题，也会有解答

通常我们会用两种不同颜色的手工纸进行一问一答的配对，中间再用记号笔直接画线相连，这样的互动模式能直观地激发幼儿的思考，根据自己对实验的理解去解答别的幼儿提出的问题，促进了幼儿之间的互动。

（三）问题墙的问题来自幼儿、教师及家长

在实验活动的后期，我们教师甚至家长也能参与其中，向孩子们提问，为孩子们解答，将我们的科学实验活动推向高潮，也更好地培养幼儿"会想、会问"的学习能力。

例如，"空气的秘密"探索过程中十分注重培养幼儿"会想、会问"的品质。从科学主题墙上的"猜一猜""问一问"到每一个实验"七部曲"中的"问一问""猜一猜"，最后或通过实验，或通过视频、书本的解答，让幼儿发现空气的秘密，找到他们心目中的正确答案。

五、创设生活化的科学区展示区环境，培养幼儿"会记、会用"的学习能力

（一）科学实验区要展示的成果不仅仅是实验的结果，还包括幼儿实验探索的过程

我们在设计实验记录表的时候往往更多会让幼儿去记录自己实验前的猜想，实验中用到的材料、实验步骤以及实验中发现的问题、现象，实验成功

的经验分享或是实验失败后的反思，问题和改进方法等。这些过程性的内容也会在我们的展示区体现出来。这不仅仅能培养幼儿在探索过程中"会记"的学习品质，同时也能培养幼儿善于思考、提问以及解决问题的科学素养。例如我们这次开展"空气的秘密"实验，幼儿实验记录表不仅记录实验结果，也注重记录材料的选择、探索方法的选择。

（二）我园开展的科学实验活动都是与生活息息相关的

将科学实验和生活实际联系在一起，学以致用，潜移默化地培养幼儿将学到的理论知识运用到生活中来，"会学、会用"才是我们学习本领的真谛。

例如，"空气的秘密"的科学区探索活动中，教师要引导幼儿了解空气到底和我们生活有什么关系，生活中哪些东西运用到了空气的特点，或者说是利用到了空气。我们实验的目的也就是让幼儿发现原来科学就隐藏在我们身边，科学和我们的生活是密不可分的。

随着现代社会的快速发展，科学素质逐渐成为人才核心素养不可缺失的内容，在幼儿园阶段，借助环境建立幼儿与科学知识之间的密切关系，能为幼儿今后的科学素质全面发展打下坚实基础。我园在研究科学区环境创设上，注重"看中学、找中学、做中学、用中学"。让科学区从"在哪里"向"会说话"转变，让幼儿在一个有"儿童感"的空间中，自主、和谐地与环境互动，体验科学探究的乐趣，记录科学探究的过程，获得科学探究的经验，发展科学探究的精神，遇见一个更好的自己。

由台风"梅花"引起的"空气"探索活动

◎周晨中

空气是我们每天都呼吸着的"生命气体",它分层覆盖在地球表面,透明且无色无味,它主要由氮气和氧气组成,对人类的生存和生产有重要影响。空气也是幼儿园中较多开展的科学探索活动内容之一。空气实验是幼儿借助一定的工具和材料,认识我们周围存在的空气以及对空气流动产生风的现象进行自主操作和探索的活动。空气的实验包括感知空气的存在、空气的流动产生风、空气炮、空气大力士、空气火箭等一系列相关实验,具有很强的趣味性和探索性,深受不同阶段的幼儿喜爱。本文就以大四班开展的科学区活动"空气的秘密"为例介绍一下幼儿进行科学实验的过程。

一、善于观察,发现问题,引发思考,开启探究

2024年开学初台风"轩岚诺"和台风"梅花"来袭,幼儿会自主谈论台风的问题。追随幼儿的兴趣点,我便提出台风"梅花"是如何形成的。孩子们通过自主或和爸爸妈妈一起查找资料,了解到台风的形成归根结底就是空气的流动。于是孩子们对于空气产生兴趣,在问题墙上出现了新的问题:"空气是怎么流动的?""空气还有哪些本领?""空气又不是水,为什么会流动?"一连串的问题引发了幼儿对于空气秘密进行探索的愿望。于是大家决定开展"空气的秘密"实验。学会提问是幼儿主动思考、积极探索的第一步。

在我们开展"空气的秘密"科学探究过程中,大量的材料、资料、实验的玩法都来自我们的幼儿、家长和教师。孩子们自主结伴,自选感兴趣的问题,商量如何记录实验。如针对"空气是怎么流动的""空气还有哪些本领"这些问题,孩子们寻找到了气球、材料与家长一起提供了亲子实验材料包、风力

发电小灯、空气火箭以及一些书籍资料。大家每天都能为我们的小小空气研究站添砖加瓦。随着研究的深入，孩子们发现更多和我们研究相关的材料、实验、书籍，如针筒、软管、泡沫球等。老师始终鼓励并和孩子们一起寻找，这无疑是我们继续开展研究的内在动力。

　　寻找、收集材料是幼儿发现生活，初步探索世界的一种能力。材料收集后我引导孩子把收集来的材料进行分类、做标记，并在科学区的材料架上摆放得井井有条，让幼儿养成良好的整理习惯。找到这些材料，可以说我们的科学实验已经成功一大半了。

二、提出猜想，实验探索，记录发现，交流表达

　　在科学实验的过程中，幼儿大胆猜测并记录——空气有没有重量？大部分孩子根据自己的生活经验觉得"空气没有重量"。"如果有重量我们为什么感受不到呢？""我们周围都存在着空气的。""如果空气有重量，电子秤应该会有数字的。"但是也有少数小朋友觉得"空气是有重量的"。"空气很轻所以我们感觉不到，电子秤称不出来。"于是我进一步引导幼儿："空气到底有没有重量呢？我们可以通过什么方法来发现答案？""问老师。""上网查。""做实验。"孩子们能想到"做实验"让我觉得很欣慰，在看到幼儿"跳一跳就能摘到果子"的时候，我们当然不会放弃这个机会。成人的回答和上网查到的答案并不能让幼儿真正体验探究的过程。新的头脑风暴开始了。如何证明空气有重量呢？通过收集信息、采访大人等，孩子们想出了用天平的方法。"把两只一样的气球放在天平两边，一只多打一点气，一只少打一点气。"用这样的实验方法来看看空气到底有没有重量，"如果天平是平的，说明空气没有重量，如果天平斜了，那就说明空气有重量"。通过几次实验，幼儿发现：如果天平两边的气球大小不明显的话，天平也无法看出气球重量的差别。而当天平两边的气球大小区别明显，或者一边是鼓鼓大大的气球，另一边不打气，这样天平会明显倒向大的气球，或者有气的气球一边。孩子们通过实验验证了猜测："空气是有重量的。"

　　"一个实验就能证明空气是有重量了吗？万一我们没有考虑到实验误

差怎么办？"当孩子们为实验的成功欢欣鼓舞的时候我给他们泼了一盆冷水。在经过一次如何称重的头脑风暴以后，第二个实验诞生了。这次孩子们决定使用弹簧秤来称空气的重量，我找来一个拉力弹簧秤和一个塑料袋，然后孩子们找来 5 个气球。孩子们先将气球和塑料袋称一称，发现是30 克，然后给气球打气再放到塑料袋里称重。孩子们猜想"如果变重了，那肯定是因为里面有空气，空气是有重量的"。大家都很期待实验的结果。但是，几次实验下来问题来了。如果气球打得太小，弹簧秤上的刻度还是在 30 克，只是往下了一点点，很不明显。如果气球打得太大，塑料袋就装不下了。"老师，装不下了怎么办呢？"在我的提示下，孩子们想到了将塑料袋替换成大购物袋，这样气球打大一些也没有关系了。我还引导他们找来一些皮球，鼓励他们也去试一试（皮球和气球内部都是压缩的空气，皮球能比气球压缩更多的空气使实验效果更明显）。调整了材料以后，很快就有了两组实验数据。再通过观察比较数据，很容易就得出了空气有重量的结论。

幼儿在实验过程中，大胆猜测，动手动脑，相互交流，提出疑问，表达发现，体验成功与失败，经历完整的实验过程，发现空气的秘密，找到心中的正确答案。

三、深入探究，实际应用，经验迁移，回归生活

随着探究的不断深入，幼儿会生成新的问题从而产生新的实验，如在一次偶然的材料摆弄中幼儿将橡皮泥弄到了针筒里生成的新实验——针筒取物。"老师，小好把橡皮泥塞到针筒里面去了，取不出来了怎么办？"角色游戏中，幼儿想用橡皮泥代替药水打针，但是发现橡皮泥并非液体，并不能从针筒的前面挤出来，而进了针筒以后橡皮泥也无法从后面拿出来了。这下可把孩子们难住了。我接过针筒仔细观察并提问："你们觉得为什么橡皮泥出不来了？你们有什么好办法吗？有没有什么办法利用空气把橡皮泥推出来？"孩子们找来了橡皮软管和针筒。自由活动的时候小好就开始摆弄材料，把软管和两个针筒连接，用另一个针筒向有橡皮泥的针筒里打气，结果橡皮泥被推动了，

她露出兴奋的表情，似乎马上就要成功一样。但是，当她抽针筒准备再次打气的时候，橡皮泥又被吸回去了。反复了几次，推一下，吸一下，橡皮泥还是无法从针筒里出来。这时，一旁的森森说："你每次往针管里打气以后，把打气的针筒和软管分开试试。因为你连着软管不就把你刚刚打进去的空气又抽出来了吗？"小好试了一下，果然不会再把空气吸回来了，这样有橡皮泥的针筒里就被打进去一段空气，反复几次，橡皮泥就被推出了针筒。"成功了，取出来了！空气的本领真大呀！"

通过实验，幼儿获得了许多关于空气秘密的经验，我鼓励幼儿将这些经验加以迁移与应用，进一步认识到空气和我们生活的关系。"生活中哪些东西是根据空气的特点发明的？"幼儿寻找到了很多关于空气应用的物品：热气球（模型）、孔明灯、电吹风、风力发电、风筝、气球。源于生活、回归生活的科学探究才是有意义的科学探究。幼儿发现我们研究了这么久的实验原理，原来早就已经被利用了。

另外，我会引导幼儿进行奇思妙想："我们还能用空气发明什么""空气汽车""空气火箭"……我鼓励孩子们将自己的"奇思妙想"画出来、做出来。于是就有了"空气火箭"科学幻想画、"空气汽车"科学小制作等。

《学前儿童科学学习与发展核心经验》一文提到：大自然和生活中真实的事物与现象是幼儿科学探究的生动内容。激发探究兴趣，体验探究过程，发展初步的探究能力是幼儿科学学习的核心。教育者（家长和教师）的陪伴和引导，对以幼儿探究为核心的能力发展有着重大作用。空气是能让幼儿马上发现现象，也便于幼儿去观察的，他们很容易对其产生好奇心，并且空气是大自然和生活中随处可见、可取的物质，我们成年人要善于捕捉、提出疑问引发幼儿持续探究。在空气的实验中，幼儿通过主动用语言表达现象、大胆地提出疑问、和伙伴一起寻找材料、利用收集的材料进行实验操作、观察比较等方法探究空气获得相关的经验。同时，幼儿明白了人类与动植物都离不开空气，并体验了空气实验带来的快乐，萌发了探究的兴趣，激发了求知欲。

附：相关教案

"空气炮"集体活动（中班）

活动目标

1. 了解各种各样的空气炮，知道空气炮形成的原因。

2. 为击退外星人保护地球而感到自豪。

活动准备

1. 经验准备：了解我们周围存在着空气，对空气的特征有一定的经验。

2. 材料准备：

（1）学具：气球、漏斗、站立的外星人牌等

（2）教具：自制空气炮、PPT

活动过程

1. 创设情境，引入空气炮

（1）导入：孩子们，你们看外星人入侵地球了，如何击退外星人呢？

（2）幼儿猜想：用气球、瓶子、胶带这些材料能够击退外星人吗？

（3）出示简易空气炮，尝试发射炮弹。

说一说：你们感觉到了什么？

提问：你们知道空气炮里发射出的是什么？

小结：空气炮里发射出来的是空气，它能像风一样吹倒外星人。

2. 第一次尝试（目的：使幼儿成功地体验到用空气炮打败外星人）

（1）幼儿自由选择自制空气炮打败外星人。

（2）幼儿操作，教师巡回指导。

（3）分享交流。

提问：你们成功打败外星人了吗？

追问：你是选择什么样的空气炮打败外星人的？

小结：各种各样的空气炮都可以打败外星人。

3. 第二次尝试（目的：提升幼儿对空气炮的经验）

（1）现在出现了很多外星人，他们已经进入了地球，我们需要想办法用

空气炮打败他们。

提问：你们会选择什么样的空气炮？我们要尝试打败这些外星人哦，空气炮的威力不够是不能打败他们的。

重点提问：你们有没有让空气炮威力变大的好办法？

（2）出示漏斗式空气炮，幼儿操作。

（3）交流分享

提问：你们打败外星人了吗？你们如何增加空气炮的威力？

小结：空气炮内存的空气越多威力越大，发射速度越快威力越大。

科学原理

利用空气动力原理，工作介质为空气，由一差压装置和可实现自动控制的快速排气阀，瞬间将空气压力能转变成空气射流动力能，可以产生强大的冲击力。

云端助力家园共育之我见
——以大班亲子科学小实验活动"压强实验"为例

◎胡冬梅

随着科技的进步，云端技术逐渐成为家园共育的新助力。家园共育，即家长与幼儿园共同完成孩子的教育，在孩子的教育过程中并不是家庭抑或是幼儿园单方面进行教育工作，这在家长和孩子中至关重要。云端技术的运用，使得家长、幼儿园和孩子之间能够更加便捷地沟通和交流，为孩子的全面发展提供了有力支持。

亲子科学小实验是一种家庭科学教育活动，旨在通过家长和孩子共同参与实验的方式，培养幼儿的科学素养和探索精神。这些实验通常选择适合家庭环境的简单材料，通过幼儿亲自动手操作和观察科学现象，让孩子感受到科学的乐趣和魅力。在亲子科学小实验活动中，家长扮演着重要的角色，不仅是实验的指导者和参与者，更是幼儿学习过程中的伙伴和支持者，同时实验也能增进亲子关系。本文以大班亲子科学小实验活动"压强实验"为例，借助云端技术，家长可以与孩子一起参与到实验中，并提出一些有针对性的家园共育方法策略。

一、共思：建立家园有效沟通

近两年，我园在科学实验活动方面开展了许多的课题研究，也逐步形成了小、中、大班亲子科学小实验案例集。在启动大班亲子小实验活动前，首先，通过家长会、家委会、问卷星等途径向家长宣传家庭教育和科学教育的重要性、家长合作开展亲子小实验的目的、科学"七部曲"方法等，结合访谈、问卷调查读懂家长及幼儿的需求，引发家长共鸣和热议。其次，在具体实施时充分考虑到大班幼儿的兴趣需要、年龄特点、材料需求等，运用云见面、视频互动等方式吸引幼儿探索实验的兴趣。根据大班课程实施主题背景下选择相对生活化、材料简单、适宜的实验内容，尽可能满足大部分家长居家开展亲子小实验的需求。最后，通过云端定期定时"两周一个亲子科学小实验"组织活动，正确引导家长用科学的方法开展亲子科学小实验，从而有效地提高家长的教育能力和亲子小实验的质量，促进家园共育，提高幼儿的科学素养。

二、共享：注重家园合作过程

（一）调动亲子参与积极性

利用云端钉钉班级圈发布大班亲子科学小实验活动并给予实验详细的引导，以免家长盲目探索。针对大班幼儿年龄特点，以问题引起幼儿与家长的关注。在小实验"压强实验"下，为了让幼儿通过实验，知道大气及水碰撞后所发生的变化，感知大气压的存在，我采用开放式科学问题在钉钉群引发幼儿思考："如果空杯上放一张扑克牌，将积木压在扑克牌的一边，猜猜积木会怎么样？"幼儿在尝试后纷纷表示积木会掉下来，没办法站立。于是我继续在钉钉群提出关键问题："那怎么让积木完美地站立在扑克牌一端不掉下来呢？"由浅入深地提出针对性问题，帮助幼儿及家长共同深入实验探究。最后出示材料——水，引发幼儿探索：水加入杯子，到加满后，放上扑克牌，再将积木放在扑克牌一边，观察积木站立的情况。幼儿的思维在问题的驱动中变得活跃，处于积极的探究状态。随后鼓励幼儿与家长共同查阅科学资料，一起解密大气压强的科学奥秘。云端积极鼓励大班家长利用周末时间以及饭后亲子时间在家带动幼儿开展亲子小实验，不仅是教师与幼儿家长，在家长分享亲子实验视频时，也鼓励幼儿与幼儿之间进行云端的实验互动。

（二）云端家园支持云助力

1. 家庭实验材料情况

利用钉钉、微信个别交流和集体交流初步了解家庭对于实验材料的准备情况，在线指导家长如何准备实验材料、可以开展的实验方法等，也让家长能成为亲子科学小实验的线下指导者，逐步推进小实验的开展。"压强实验"的材料比较生活化，比如扑克牌、电池等这些，教师提前给予家长一些材料替换的温馨提示以及实验注意点，使得家长对于实验不再局限于材料的特殊性，能和幼儿主动寻找其他替代物，与此同时也增加了教师与家长之间、家长相互之间、幼儿相互之间的实验探讨互动。

2. 家庭实验进展情况

及时追踪家庭开展亲子小实验活动，采取小组交流、个别交流了解家长对于实验的进展反馈，如家长开展亲子小实验的时间、幼儿出现对实验不感兴趣或实验失败的情况等。例如，实验过程中了解到孩子因实验挑战失败而不愿再次尝试时，及时调整和更新实验内容，一对一为家长提供实验建议及注意点，鼓励幼儿在爸爸妈妈陪同下再次尝试小实验，并引导爸爸妈妈在实验中多与幼儿积极互动，并给予鼓励。

3. 相互分享实验经验

实验反馈中，关注家长参与亲子小实验的质量。比如在大班亲子小实验"压强实验"视频分享中，家长和幼儿在实验玩法上纷纷有了提升，大班孩子相对更喜欢有挑战性的科学小实验，随后我立即收集整理了家长对该实验的指导情况，引发了其他家长的同频共振，激发起幼儿与家长再次探索的兴趣。同时针对家长开展实验中出现的问题跟进提出改进点，鼓励家长与幼儿尝试共同解决问题，促使家长指导幼儿开展亲子小实验的水平不断提高。分享实验中，一位家长提到卡片能和水吸住是因为"水的表面有张力"，引发其他幼儿和家长再次探索。家长带领幼儿再次搜索科学资料，上传新的实验"浮起来的针"。实验不仅带给幼儿收获，同时也激发了家长对于科学的探究兴趣。

三、共评：云端家园有效评价

（一）重视云端点评功能

实验分享后，重视亲子小实验的评价。利用点赞和评论第一时间直观地反馈给家长，运用晓黑板活动评分功能"五颗星"形象地给予亲子小实验评价。三颗星为基础星星，肯定幼儿的参与以及表扬幼儿对实验现象的说明性讲述，四颗星表示有家长的参与、体验了亲子互动，五颗星表示幼儿在实验中既有与家长的互动又乐于表达实验过程。有效的实验评价能够更好地促进云端亲子小实验的实施效果。

（二）重视实验评价反馈

实验结束后，重视家长对实验的评价。亲子科学小实验的反馈是相互的，不仅是教师对于幼儿参与实验的表现评价，家长对于幼儿的实现表现给出的评价，也非常直观地显现。实验评价反馈表由实验兴趣度、实验困难度、成功系数、亲子关系度、实验建议五个维度构成。因此，每次实验结束后采用调查表的形式收集家长的反馈意见，并及时对该实验进行相应的调整同时反馈给家长。

四、共成长：云端促进家园共育

（一）关注亲子科学小实验的收获

1.家长的科学认知增强，指导更具科学性

亲子科学小实验活动的体验为家长经验交流提供了很好的互动方式，也促进了家长间相互交流学习以及与教师之间的家园共育。通过云端教师的助力，家长更明确指导孩子进行科学小实验的方法，同时也提升了家长的科学认知和科学素养。

2.幼儿探究兴趣和探究能力不断提高

亲子小实验能够使得幼儿在实验探究过程中兴趣和探究能力不断提高。首先，幼儿在实验中发现问题和提出问题的能力明显增强。科学探究多数是依靠问题来不断推进的，活动前也尝试家长给予幼儿对问题的思考，鼓励幼儿在实验中提出各种问题，带着问题探究科学知识。其次，幼儿解决问题的能力也有所提高。在实验中，家长会按照实验的要求让幼儿自己寻找实验材料，在旁引导孩子和鼓励孩子自主完成实验的探索，而正是因为亲子小实验，孩子在家庭中得到的是"一对一"的，有时是"二对一"的引导。因此幼儿可以对实验材料进行充分的探索和挑战实验，幼儿通过自己的猜想、假设、动手尝试、不断地验证自己的假设，不断提高自身探究、解决问题的能力。

3.幼儿语言表达能力明显提高

幼儿与家长进行实验探究之后，都会有一种独立表达的欲望和潜力，激

发着幼儿能够大胆地表达和与同伴分享自己的实验过程、实验方法。此时通过云端的见面更容易引发幼儿之间的踊跃交流，再借机引导家长注意及时修正幼儿表述时使用的词汇、讲述语言，使得幼儿对于科学现象的表达能够更准确、更流畅，与此同时其语言表达能力也有明显的提高。

4. 教师教学指导能力和创新能力不断提升

利用云端开展的亲子科学小实验活动能够丰富教师自身的科学知识储备和创新能力。无论是线下还是线上，教师都应提前做好科学知识的经验准备，了解亲子小实验原理以及整个实验的开展过程，保证小实验的可操作性和科学性。对于线上也需要教师能够善用各种网络工具、点评点赞功能，掌握基本的信息技术知识。同时，仔细观察幼儿和家长的共同表现、操作过程，通过幼儿的反应分析幼儿对实验的兴趣度；给予家长正确的科学评价以及指导家长参与亲子实验的方法和技巧，对家长在指导幼儿亲子实验过程中所存在的问题作出正确的判断和分析，并且科学地帮助家长纠正错误，及时听取家长的意见，形成正确的科学教育观，让家长感受到家园共育的效果和科学教育的魅力。

5. 亲子科学小实验活动的不断延伸

亲子科学小实验基于现有的科学实验活动案例集，云端开展亲子科学小实验能够进一步激发家长的参与度，发掘更多的亲子小实验活动，针对幼儿的学习兴趣和方式，再次筛选更新、更合适的实验内容，优化和创新学校的实验活动案例集。

（二）家园共育达到科学、统一

父母是幼儿的第一任老师，在幼儿科学探究教育发展的过程中，良好的家园互动是不可替代的。教师借助云端发挥教育的力量，在亲子科学小实验活动结束后，与家长共同剖析问题，交流经验做法，注重经验总结，从而提高家长的主动性和积极性，促进家园共同进步、共同成长。

云端的课堂、分享活动已经成了家园共育的重要途径。网络平台的直观性、便捷性的特点顺应着当前教育的需求，及时反馈家长、有效的家园指导、个别沟通满足不同层次家长的需求。幼儿园教育与家庭教育就需要教师用专业能力帮助家长提升教育能力，实现从"旁观者"到"参与者"的教育角色转换。

第四章

沙　水

导　言

　　沙与水是幼儿园中最常见的材料之一。沙水实验是幼儿借助一定的工具和材料，通过实验的方式对沙和水的特性、变化以及作用的探索操作活动。幼儿天生喜欢沙和水，这样一种有趣且实践性强的活动，对于激发和保护幼儿好奇心，具有重要意义。

　　幼儿园设计了"沙子变形了""色彩魔法师"等9个小班沙水实验；"沙中寻宝""有趣的喷泉"等6个中班沙水实验；"管道工程""乌鸦喝水"等9个大班沙水实验。这些沙水实验激发了幼儿对沙水的好奇心，帮助幼儿探究沙水的变化、了解沙水的特性、获得相关的经验，同时，让幼儿体会沙水与人们生活的关系，萌发关心周围环境，爱护水资源的情感。

　　在开展这些沙水实验活动中，我们运用多种方法给教师提供支持。

　　一是收集孩子感兴趣的"沙水"问题。问题是实验的来源，也是好奇心的开始。在开展实验前，我们收集幼儿关于沙水的问题，然后根据不同的年龄特点，鼓励小班幼儿和爸爸妈妈一起记录问题；中大班幼儿可以和老师一起记录或者独立记录问题。可以采用录音、绘画、标记符号等形式记录下来，然后提取整理问题。

　　二是实验环境满足沙水条件。教师会关注科学区域的空间划分，实验操作的便捷性。因沙水实验活动材料的特殊性，幼儿可能需要用到水、光源等材料，教师就会因地制宜，开放空间，方便幼儿开展实验。

　　三是辅助实验材料生活化，简单化。生活即教育，在科学活动中我们与幼儿共同收集幼儿日常生活的材料，如餐巾纸、吸管、杯子等辅助实验材料，这些贴近幼儿生活的材料更能激发幼儿实验的热情和主动性。

　　四是充分引导幼儿观察记录沙水变化。沙水由于不定型的天然特性，可以千变万化，深受孩子的喜爱。教师在引导幼儿开展沙水实验时，会通过用明确提问、经验回忆、感官体验，共同观察、及时记录、启发追问等方式引导幼儿学习观察方法，对沙水变化进行充分观察，并记录发现沙水的不同状态与变化，提高幼儿的观察与记录能力。

五是亲子实验满足幼儿探索需求。幼儿园的沙水实验满足不了幼儿的好奇心和求知欲时，实验就延伸到了家庭中。沙水是生活中常见的物品，便于亲子小实验的开展。我们通过征询幼儿、家长需求，共同设计合适的亲子实验，教师通过全程关注、鼓励启发、及时点评等方式帮助开展亲子实验，满足幼儿的好奇心，也增进了亲子关系。

"破冰寻宝"的探索之旅
——记中班科学活动"破冰探宝"师幼互动中有效提问的思考

◎胡冬梅

有效提问是师幼互动最为常用的方式，也是教师引导幼儿深入探究的主要策略。教师精准设计提问的内容，不仅可以激发幼儿学习的积极性和探索欲，还有利于发展幼儿探索问题、解决问题的能力。有效提问是思维的起点，是学习的动力。当前师幼互动的提问存在的问题有：脱离与目标的联系；提问寻求标准答案，开放性不强；提问不适宜幼儿；提问缺乏科学性……本文以中班科学活动"破冰探宝"为例，对目前的师幼互动中的有效提问进行分析，提出优化提问的一些策略。

一、有效提问要聚焦目标，使活动价值更凸显

师幼互动中的提问应是有目的地进行的，因此，教师在上课前要精心设计提问，弄清每个问题要解决什么，达到什么目的，为课堂教学目标服务，并结合幼儿的发展水平，力求使问题具有目的性和针对性。教师的提问从教学目标出发，突出其明确的目的性，这样才能提高教学质量。

（一）初次设计：提问注重"方法"

中班科学活动"破冰探宝"的教学目标是：探索破冰的方法，进一步感知冰的多种特性；体验破冰寻宝的快乐。

在活动设计时，我在第一次破冰操作后分享交流时设计提问："用了什么工具？怎么使用的？为什么这个工具能破开？"我在第二次破冰操作后分享交流时设计提问："你们使用了什么方法能快速地破冰？"我在活动后的

延伸活动中设计了提问："还有哪些办法也能把冰块里的宝物取出来呢?"

（二）实施问题：提问过于关注"方法"，忽视目标中的"特性"

我通过教学后发现：在两次操作之后的讨论和延伸活动中，孩子们对于冰的特性没有太多的经验提升。如第一次提问后，幼儿的回答："我是用锤子把冰块破开的，对着宝物的位置用力地敲，它就破开了。"讨论的时间多数落在了工具和方法上。第二次提问后，幼儿的回答围绕着使用工具的组合来快速破冰取出宝物。从幼儿对教师提问的回应中发现，幼儿对于冰的特性认识较少，也远离了进一步感知冰的基本特性的活动目标。

总之，由于没有围绕整个目标设计提问，在师幼互动中幼儿只是回应和积累了破冰的方法，而忽略了对"冰本身的探究"，对冰的特性的感知较少，活动未能很好地完成目标，凸显活动的价值。

（三）优化调整：提问引领，活动深化

根据实施后产生的问题，我对提问进行了调整："你发现冰有什么变化吗?""是什么原因让冰块有了变化?""为什么冰会变化?"

1. 建立冰块变化与冰的特性联系

将焦点落在观察冰块的变化，引导幼儿了解冰块变化与冰块特性之间的联系，对冰的多元特性进一步了解。如"你有什么发现?""发现冰块有什么变化吗?""托盘上的水是从哪里来的?""干毛巾又为什么变成湿毛巾了呢?""还有什么新发现?"等一系列问题引发幼儿进一步加深对冰的特性的认知。

2. 拓展冰的特性与生活中的联系

延伸活动的关键提问，拓展幼儿将生活中冰块的用途与冰的特性联系在一起，让幼儿的经验回归生活。如在延伸活动中出示图片引发幼儿猜测："发烧的时候为什么会用到冰呢?""碎冰机碎过的冰会发生什么变化呢?"帮助幼儿进一步感知冰的多种特性在生活中的应用。

（四）效果反馈

1. 幼儿探索更加深入

第一次教学活动中孩子们由于关注的点比较多，对于活动目标中冰的特性的认识较浅，只停留在了最初的凉、硬、方形的特征上。在第二次调整后的活动中，教师将提问的落脚点落在活动的目标——冰块的特性上，于是孩子们能围绕冰的特性来进行回答："冰块用锤子破冰后形状会变小。""冰块摸上去冰冰的、冰块是透明的，所以能看得到冰块的位置。"有了幼儿初次操作后分享得到的经验，孩子们操作、探索时更加围绕目标，利用冰的特性对准宝物所在的位置进行破冰，也发现了冰块形状开始发生变化。在第二次操作时，提供了同一块冰块，让孩子们继续主动发现冰更多的秘密，比如冰块变成了水后，干毛巾会变成湿毛巾，冰会浮在水面上等特性。

2. 教师支持更有目的性

在第二次活动前，教师采用了回顾问题的方法启发引导幼儿利用已有的经验回忆对于冰的认知。教师利用语言暗示和肢体动作的方式引发幼儿主动观察冰块，发现冰块的不同。在幼儿操作时，教师耐心等待，启发幼儿自主探索冰的特性，关注冰块的变化、毛巾的水渍、托盘里的水产生的原因，引发幼儿进一步探索冰的特性。

二、有效提问要具开放性，使课堂更有灵性

师幼互动中开放性的提问会让课堂变得更有灵性。教师在设计问题时要考虑到思考的价值以及提问的核心。开放性的问题不仅可以拓展幼儿的思维能力，提高幼儿的表达能力，还可以突出幼儿在课堂中的主体地位。

（一）初次设计：提问指向唯一答案

第一次活动的第一环节中，引导幼儿对冰的经验回顾时，我设计了提问："摸上去感觉怎么样？""猜猜你摸到的是什么？"

（二）实施问题：提问的内容过于"封闭"，课堂互动单一

通过实施教学活动后发现：教师的提问指向唯一答案，提问较封闭、单一，教师将幼儿的回答预设在已有的框架里，忽视了提问的多元价值。幼儿回答只有"摸上去冰冰的，我猜它是冰块"这一种答案。没有更多举手想要尝试的幼儿。从幼儿的回应中发现，提问内容过于"封闭"，幼儿缺少思考，学习兴趣减弱，教师无法更多地了解幼儿对冰的已有经验，对于后续活动的开展不能很好地推进。

（三）优化调整：提问开放，引发经验迁移

根据实施问题，把提问调整为："你见过冰吗？""冰是什么样的？"

提问的优化主要目的是引发幼儿不同的想法，感知冰的凉、硬、无味等基本特性，避免盲从，使幼儿主动观察、思考并验证自己的想法。在提问时增加"你见过冰吗""冰是什么样的"用经验回忆的方式帮助幼儿唤起已有的经验，从而利用各个感官来进行看、闻、摸等亲身体验，加深幼儿对冰块的认知。教师可以根据幼儿的回答关注每个幼儿不同的猜想，给每个幼儿同等的机会。

（四）效果反馈

1. 幼儿探索更多元

在第一次设计活动时，教师的提问指向唯一答案，因此，幼儿的回答也仅仅在于课堂上对冰的认知。在调整关键提问后，教师依靠提问激发幼儿主动探究兴趣，孩子们纷纷举手表达了对于冰的不同感受和认知。有的说："冰很硬，可以在上面滑冰。"有的说："把冰握在手里，手会变热。"还有的说："冰可以变成水。"……开放式的提问不仅能够引领幼儿提高主动学习和解决问题的能力，也使得幼儿的探索更加多元。

2. 教师解读幼儿更全面

在第二次设计活动时，教师的提问也明确地指向幼儿的观察、探索和思考，引导幼儿的猜想和进一步实验，使教师能够更全面地解读幼儿对于冰的认知经验，从而更顺利地引导幼儿进入实验操作环节，加深幼儿对于冰的特性认识。

三、有效提问要具科学性，使幼儿的学习更积极

师幼互动中的有效提问一定要正确合理，具有科学性，切不可太偏或太难。要难易适中，循序渐进。我们必须要考虑到幼儿的认知水平和发展需要、幼儿已有的知识经验储备情况、幼儿的思维与探索能力等，这样设计的提问才能更好地调动幼儿的学习积极性。

（一）初次设计：问题比较随意

第一次活动设计：在幼儿观察操作冰块后，教师提问幼儿："我们仔细

看看这个冰块，你怎么看出来里面的宝物？"

（二）实施问题：问题指向性不明确，幼儿无从回答

通过实施，我发现第一次活动设计时提问指向性不明确，缺乏科学性。因此，幼儿回答"我从这里看出来冰里面有宝物""我用眼睛看出来里面有宝物的"……幼儿的回答并没有如教师"期待"的那样关注到冰是"透明"的这一要点，很多幼儿不清楚该怎么回答。

（三）优化调整：提问明确、及时追问

根据实施问题，我对提问进行了调整："你为什么能看见冰里有宝物？"

1. 进一步引发主动探究

明确的提问能够引导幼儿进一步观察冰的特性。中班幼儿年龄特点体现在观察事物的表面现象时能够引发联想，所以，设计提问时，可以引导幼儿观察、了解事物之间简单的逻辑关系，引发幼儿直接感受和间接感受。因此，适合幼儿年龄特点的提问不仅能激发幼儿主动观察思考，还能引领幼儿探究的方向，促进幼儿的自主学习。

2. 追问引发大胆表达

在优化提问后，幼儿在观察之后往往会有不同的发现，这时教师可以及时追问幼儿："刚才你发现了什么？为什么你能看见冰里有宝物？能把你的发现告诉我们吗？你发现了什么不一样的地方？"让每个孩子说出自己的发现，此时教师不能以对或错来评价幼儿的探索，只要幼儿能够大胆表达出自己的发现即可。

（四）效果反馈

1. 明确提问，帮助幼儿理解

为保证课堂提问的科学性，提问必须准确、清楚，符合儿童的认知特点，适应儿童发展水平。例如教师的提问："你为什么能看见冰里有宝物？"这一提问明确了内容，引导孩子将观察重点放在冰的特性上，幼儿很快就能够理解并回应老师。

2. 及时追问，启发幼儿思维及表达

学习重要的是培养幼儿的兴趣，启发幼儿全身心地投入，通过自己内心的体验，有效思维，获取知识，提升能力。在科学活动中，如果教师直截了当地把结论告诉他们，那么，幼儿就会产生思维上的依赖性。如幼儿用锤子破冰时，教师提问幼儿："咦，这里怎么有那么多的水呀？这些水从哪里来？"幼儿回答："这是冰块的水。""为什么冰块里有水呢？""因为冰块会融化成水。"教师能够及时地以追问方式引导幼儿主动探索发现冰块的特性，促进幼儿开动脑筋，提升思维能力及表达能力。

综上所述，有效的提问设计能呈现课堂教学目标，使幼儿的探索更加深入，让教师支持更有目的性，活动价值更凸显。有效的提问能够体现开放性，引领幼儿进行多元探究，帮助教师更全面地解读幼儿。有效的提问具有科学性，能引导幼儿理解，启发幼儿思维及表达。如《设计教学中"有效提问"的研究》一文指出，幼儿通过问题进行学习，有了问题才有思考，有了思考才有解决问题的方法。因此，应将各种提问贯穿于整个教育过程中，让问题成为知识的纽带，同时也要引导幼儿进行提问，让幼儿的提问能力得到最大程度的开发，让提问成为幼儿探究学习的支点。

附：相关教案

"破冰探宝"集体活动（中班）

活动目标：
1. 探索用不同材料破冰的方法，进一步感知冰的多种特性。
2. 体验破冰寻宝的快乐。

活动准备：
教具：大记录表、笑脸贴、音乐、视频、PPT。
学具：凿冰工具、融冰工具、冰块、毛巾、麻手套、护目镜、托盘。
经验：初步知道冰的特性，了解工具的用法。

活动过程：
1. 观察冰块
目的：感知冰的凉、透明、无味等基本特性。
（1）导入：你见过冰吗？冰是怎么样的？今天老师也带来了冰块，请小朋友来看一看、摸一摸、闻一闻。

（2）出示冰块，与幼儿互动。

（3）提问：感觉怎么样？我们仔细看看这个冰块，你怎么看出来里面的宝物？

（4）小结：冰块是冰冰的、滑滑的、无味的，透明的。

2. 破冰实验

目的：尝试使用不同的工具，感知冰的不同特性。

（1）猜测。

提问：这些冰块很特别，里面藏着宝贝，你们有什么好办法得到宝物？

（2）介绍工具。

①破冰工具：榔头、剪刀、热水、鹅卵石、螺丝刀、吹风机。

②辅助工具：毛巾、麻手套、护目镜、托盘。

③记录工具：笑脸贴、记录表。

④第一次操作：自行选择工具进行破冰，了解冰的秘密。

重点观察：了解幼儿使用破冰工具与冰块特性之间的联系。

3. 交流分享：你用了什么工具？冰块发生了什么变化？

（1）根据记录表进行小结梳理。

①用榔头敲冰块，要用力敲，是因为冰块硬硬的。

②冰块放到热水里，慢慢变小了，因为冰块遇到高温会融化，变成水。

③冰块是透明的，要对准位置敲击，这样能够帮助我们破冰取出宝物。

（2）总结：用榔头/鹅卵石敲、用热水泡、用螺丝刀撬可以取到宝物。

（3）第二次操作：比赛取宝物，尝试不同的方法，用多种方法快速进行破冰。

重点观察：观察幼儿会用哪些方法快速地进行破冰取物。

（4）交流分享：你们使用了什么方法能快速地破冰？

（5）小结：我们可以用多种工具组合的方法进行破冰取出宝物。

4. 延伸活动

目的：了解生活中破冰的更多方法，如盐。（播放视频）

小结：除了我们用到的工具，原来盐也能够帮助我们破冰。

水里开花的秘密
——记家园合作开展大班亲子小实验"神奇水中花"

◎张瑜琪

　　《关于健全学校家庭社会协同育人机制的意见》提出："学校积极主导、家庭主动尽责、社会有效支持的协同育人机制更加完善，促进学生全面发展健康成长的良好氛围更加浓厚。"3—6 岁的儿童具有初步的探索能力，幼儿科学教育活动是引发、支持和引导幼儿主动探究，经历探究和发现的过程，从而获得有关周围物质世界及其关系的经验过程的活动。我园充分发挥协同育人的主导作用，加强"家、校、社"协同育人共识，积极运用亲子活动和线上推送开拓协同育人新的途径。

　　我园是浦东新区科学实验园，为了让幼儿获得更好的发展，我们与家长携手，相继开展了亲子科学小实验的活动。科学文化是我园的特色课程，同时它还能为幼儿的个性化发展打开一扇新的"窗户"，并为他们以后的成长提供更加广阔的空间。幼儿从小班就开始接触科学知识，幼儿家长也参与进来，陪伴幼儿一同感受科学的魅力，巧妙地利用身边的事物，可以和孩子一起去探索发现简单的科学原理。家长对我园开展的活动十分重视，他们利用空闲时间，陪伴孩子进行科学小实验的探究活动，增强孩子们的科学素养。有了家长们的参与，幼儿在玩的过程中能收获快乐，收获惊喜，拥有好奇心，发现生活中有挖掘不完的小秘密。最重要的是幼儿收获了成功与自信，锻炼了动手能力。

一、共建科学课程，增强家园沟通协作

（一）遵循幼儿的兴趣特点

　　问题源于孩子。能够激发幼儿强烈的探究欲望，在探究的过程中他们会

仔细观察、分析、猜想，遇到问题也会主动提问，从而体验到探究的乐趣。每次在活动开展前，我都会在班级中收集幼儿最近的兴趣点，为实验内容的制定提供参考。

比如小戴妈妈向我反馈3月时正是花开的季节，小戴每次在放学回家路上总是被小区里的桃花所吸引，会拉着她的手说："妈妈，你看这花开得好漂亮啊，前几天它们还是小小的，怎么就开出这么大的花来了呢？""是啊，真漂亮，桃花经过阳光、水的滋养，桃花的花苞就会慢慢开放，直到花朵完全盛开。""我也好想看看花朵开放的过程。"小戴眼睛里充满了好奇。月月妈妈也告诉我春天来了，孩子对植物的生长过程非常感兴趣，每天都能发现植物的小变化。

在发布亲子科学实验前，我与家长们基于孩子们的探究兴趣，以幼儿的实际生活和身边的事物为切入点，商讨实验内容，共同确定了4月的亲子科学小实验"神奇水中花"，希望通过实验让幼儿感受花朵绽放的过程，并进一步感知水的张力这一科学知识。

（二）搭建沟通桥梁，形成家园教育合力

在孩子的成长过程中，家庭和幼儿园的教育是相互关联、相互影响的。为了促进亲子科学实验的顺利开展，提高其质量，搭建家园沟通的桥梁显得尤为重要。

首先，我们借助家长会，向所有家长介绍每月的科学小实验，如操作步骤、目的等，让家长了解科学实验的内容、教育目标及自己应该承担的角色任务。

其次，我班利用钉钉班级圈这一平台发布了"神奇水中花"的科学小实验，教师可以对家长发布的内容进行点赞、颁发小红花，将动态同步到班级群，沉淀幼儿的成长记录。简单有趣的亲子体验，像魔术一样神奇的变化，就此开启了充满乐趣的科学小实验之旅。

二、关注活动过程，提高协同育人实效

（一）发挥实验"七部曲"作用

为了让家长在亲子实验的过程中给予适宜的支持，我们为家长提供了实

验过程中的支持策略"七部曲","问一问""猜一猜""找一找""做一做""记一记""说一说""想一想",帮助家长更好地做幼儿实验的支持者,发挥家园共育实效。

"琪琪老师,我也是第一次在家指导孩子做实验,有点担心能不能顺利完成这个小实验。"听出了家长话里的担忧,我主动给家长提供了实验"七部曲"。

教师的支持帮助能够让家长更加科学地去指导幼儿,发挥"七部曲"作用,鼓励幼儿在实验中不断猜想、验证,在讨论学习中梳理记录,帮助幼儿细致地观察现象,引导幼儿主动学习。还可以帮助教师、家长深入了解幼儿的发现与获取的经验,及时提供支撑,使活动得以延续与拓展。

(二)评选"小达人""好家长"称号

为了鼓励家庭和幼儿园之间更紧密地合作,我们根据幼儿在科学实验中的表现以及家长在协同育人中的积极参与程度设立了"小达人""好家长"称号。

我们班级发布活动后,有很多家庭都会积极地开展亲子实验,对于一些积极打卡实验的幼儿我们通过颁发"科学小达人"的称号,调动幼儿参与活动的积极性;还有些家长拍照片、做视频都非常用心,我们也可以为家长颁发"好家长"的称号,激发家长的荣誉感;同时,每次实验中肯定会有优秀的实验视频,我们还可以把实验分享到我园"好儿童俱乐部"的公众号中,面向社会,转变为社会资源,让更多的家庭可以参与实验,对于幼儿和家长来说也是一种鼓励。

奖励评选有助于建立家庭和幼儿园之间的合作关系,提高协同育人的实效,鼓励家庭和幼儿园更加积极地合作,共同促进幼儿的科学教育。

三、借助信息技术,搭建丰富育人平台

(一)建立家庭"互助小团体"

运用信息技术平台建立家长社群,促进家长之间的互相学习与帮助。这些小团体可以根据孩子的年龄、兴趣和学习需求来组建,以确保家长们能够分享资源、经验和知识。

在亲子小实验的过程中，我们的"家庭互助小团体"由家委会成员牵头，在团体内，家长可以分享自己的经验和资源；对于在实验操作中有困惑的家庭，家长们可以出谋划策，共同探讨解决问题的方法，促进家庭之间的交流与互动，提升活动的有效性。

通过建立家庭"互助小团体"，信息技术为家长提供了强大的支持，使他们能够更深入地参与孩子的科学教育，并与其他家庭建立联系。

（二）创建幼儿园"科学资源库"

信息技术还可以用于创新合作共育模式，我们将家庭、幼儿园和科学教育资源有效整合，创建了好儿童幼儿园"科学资源库"。资源库中可以提供丰富的在线学习资源，包括科学实验教程、视频教材、互动讨论等。

家长可以通过这个平台与教师和其他家庭进行实时互动，共同探讨科学教育的最佳实践。他们可以分享自己的实验成果，同时也可以获取来自家庭、幼儿园、社区各方面的建议和指导。

此外，这个资源库还可以提供在线测评和反馈，帮助家长了解幼儿在科学教育中的发展，并提供个性化的学习建议。这种创新合作共育模式可以极大地增强家庭和幼儿园之间的协作，提高幼儿的科学教育质量。

幼儿园"科学资源库"的建立，让家庭和幼儿园之间的合作将更加紧密和高效，将来也能面向社会，成为社会资源。这将有助于"家、校、社"共同推动亲子科学教育的实施，为孩子提供更丰富的学习体验和知识积累。

四、挖掘探究需求，加强家园共育意识

我深深感受到在开展亲子科学小实验时，推动家园共育需要多方面的支持与配合，作为教师在开展亲子小实验中应做好以下几点：

（一）与时俱进，定期推送可操作、生活化的亲子小实验

幼儿园需要成为有力的保障者。平日里家长们面对的就是各种日常琐事、工作开会，还要花费大量的时间、精力去照顾孩子，如此这般很容易造成烦

躁与焦虑的情绪。为了辅助他们改变自己的心态，时常保持乐观开朗，作为教师也要学会把握住一些重要的教育时机，通过线上平台，定期开展一些孩子们感兴趣的亲子活动，来缓解家长在育儿方面焦虑的情绪，增进亲子之间的陪伴。

我园以"每月一个科学小实验"开展家庭亲子活动，在开展活动前我们通过问卷星，调查了解家长的意见、幼儿的想法，积极与家长互动交流，选择适宜的科学小实验内容，根据幼儿的兴趣点，选择生活化的小实验，真正做到有的放矢、有条不紊地开展各类亲子家园共育活动。

（二）百花齐放，密切关注幼儿、家长的需求

教师需要成为良好的沟通者。在活动前，有效地指导家长实验的方法步骤"七部曲"，给家长一些温馨提示，提醒家长在实验中注意安全。有些家长在亲子小实验时会存在这样那样的疑惑，家庭和幼儿园不能做到及时面对面交流。网络平台的运用，比如钉钉群聊的创建就为他们打开了一扇窗户，在这里家长们可以尽情地说出自己的困惑，不管是教师还是家长，只要有好的方法和想法，都可以支招，在大家的群策群力下，很多实验材料、步骤方面的疑难杂症都能迎刃而解。

（三）同心合力，携手共促幼儿全面发展

家长需要成为真正的协作者。为了实现教师和家长的双向互动，有效地形成家园合力，就需要家园双方共同配合。家长通过网络平台及时了解幼儿园及老师推送的内容，陪同幼儿投入亲子活动中；教师也需要鼓励推动，及时回复、评论点赞，调动幼儿的积极性，让幼儿能健康、快乐地游戏与学习，从而有效地推动幼儿的全面发展。

"亲子科学小实验"一系列活动的推进，不仅仅是动手实验，实践出真知，更是寓教于乐。充分发挥家庭、幼儿园、社会的引领作用，以此提升幼儿的科学素养，共同促进家园共育，让更多幼儿能够爱上科学，感受科学的魅力。

附：相关科学实验资源包

"神奇的水中花"科学实验资源包（大班）

实验主题	物质科学实验	实验名称	神奇的水中花
实验来源	网络	建议主题	有趣的水
实验问题	纸做的花为什么在水中会盛开？		
适合年龄	大班幼儿		
预设目标	科学知识／经验；感知水的神奇力量		
幼儿已有经验	幼儿知道水可以用来浇花等灌溉用途		
材料准备 （找一找）	收集者：师生、家长共同收集 实验材料：一张纸、一把剪刀、一个盘子、水、彩笔 环境材料照片： 		
预设玩法 （做一做）	玩法： 1. 准备几张正方形纸片，对折再对折，折成小三角 2. 用剪刀剪成喜欢的花形，再画上想要的颜色和图案 3. 放在水中，等待花开		
亲子交流	妈妈：水有什么作用啊？ 幼儿：水可以用来浇花。 妈妈：那我们今天来看看水还能有什么其他神秘魔法吧，看看把纸花放在水里会怎么样。 幼儿：好的。 妈妈：我们先做几个纸花，然后放在水中看看会怎么样。 幼儿：为什么花打开了？ 妈妈：纸花会在水中盛开的主要功劳得益于"毛细现象"。纸张的主要成分是植物纤维，当水渗入纸中的纤维，纤维便会膨胀，使花瓣的折位打开。		

（续表）

实验步骤	1. 亲子先讨论并准备实验需要的材料，一起动手制作纸花 2. 请宝宝将清水倒进纸杯（为方便观察，水量不宜过多） 3. 慢慢将花放在水中 4. 家长引导宝宝观察纸花在水中的变化，并鼓励宝宝描述自己的发现 5. 亲子一同讨论自己的发现，家长对实验现象进行简单的解释说明
实验记录	**亲子实验记录表** **家长记录：** 纸折好的小花会在水中盛开，主要是因为"毛细现象"纸是由纤维制成，纤维之间缝隙是极其小的，就形成了无数个细小的毛细管。纸张和水接触后，水会迅速浸润到纸的缝隙中，改变了纸的张力和形状，纸花就盛开了 **宝宝记录：**
备注	1. 用剪刀的时候要小心，不要剪到手 2. 花瓣折的时候不要压得太紧 3. 也可以多画一些其他形状 4. 可以试一下先放纸花，再放水，是怎样的结果
家长感悟	制作纸花放入水中，水进入纸的纤维里，纸开始膨胀，将花慢慢地打开，启发幼儿观察纸花在水中的状态等环节，使孩子在观看学习过程中充满好奇，引发幼儿深层地探究和思考。"神奇"现象背后的科学知识激发幼儿的求知欲望，培养了幼儿对科学的探索精神 在本次的科学小实验中，孩子们不仅玩得开心，还能理解一些简单的科学现象和知识，既提高了动手、动脑的能力，也增加了对科学的兴趣

创设问题情境　助力科学探究
——以"水的秘密"科学小实验活动为例

◎陆　颖

中班阶段的孩子对世界万物充满好奇，他们好问、好动、好探索，具有科学探索的欲望和潜能。科学小实验在很大程度上能激发幼儿的实践意识。在科学小实验活动中，他们与环境、材料发生相互作用，自己发现问题、猜想、探索、操作及观察，直接感受经验，获得体验，得到新的认知，以满足自身发展的需要。身为教师的我，通过不断的学习、实践、反思，慢慢地总结了在指导中班幼儿进行科学小实验时的粗浅经验和方法，也更加清楚地认识到，在科学小实验中，要运用积极有效的方式，鼓励孩子们主动投入，勇敢地去猜想、去操作，热衷探究，善于发现，从而推动幼儿科学素养的提高和发展。

一、兴趣主导，激发幼儿探索欲望

热爱是孩子们积极学习和研究的根本动力，孩子们做科学小实验也是由他们内在的好奇心和热爱直接推动的。孩子们经常接触到的、熟悉的、喜欢的事物，如水、纸、蛋、瓶子等常见物品，这就成了孩子们的实验对象。作为老师，我们需要学会捕捉孩子们的兴趣点，构建一个宽松的实验环境，提供丰富的材料，以此来激励他们积极地投入实验之中。这种方式使得小朋友能够运用他们的视觉、听觉和触觉等多种感觉进行协同操作，并且在和实验材料的互动过程中发现问题、解决问题。让孩子从被动学习者转变为主动学习者，激发幼儿探索的欲望，从而萌发爱科学的情感。

就像我们此次开展的"水的秘密"科学小实验活动，一方面是因为孩子的日常生活离不开水，另外也是因为水的多样性、可变性使其成为孩子们最喜欢的探究对象。我们从开展实验调查入手，搜集孩子们关于水的秘密的各种问题，通过讨论交流，和孩子们一起确定最感兴趣的水实验内容。随后，通过家园联手共同收集实验材料，讨论实验的方法、步骤等，有序推进科学小实验活动的逐步开展。

二、问题猜想，鼓励幼儿大胆猜测

科学小实验是孩子们提出问题、分析材料、实验操作并确认结果的流程。在实验初期，我们可以巧妙地构建悬念，让孩子们将注意力聚焦在小实验上，激发他们的研究热情。因此，教师可根据实验内容进行提问题设疑，问题不同对幼儿的引导效果也将不同。当问题和孩子的现有知识产生矛盾时，将对孩子的思考方式产生挑战，并为他们提供更多的研究机会。若采用开放型的问题，将能够培养孩子们的思考能力，所以，老师应该依照实验的主题来设定有意义的问题，激发孩子们的主动推测。

在进行"有趣的沉浮"科学小实验时，我和孩子们共同准备了苹果、西红柿、鸡蛋、硬币等各种生活中常见的物品，引导幼儿大胆猜测这些物品在水中的沉浮情况。幼儿结合自己已有的生活经验进行猜测并记录，再利用实物进行实践操作。这样的开场方式，能迅速激发孩子对沉浮现象的兴趣。

三、观察为先，引导幼儿自由探索

《幼儿园教育指导纲要》强调：我们应该尽可能地为幼儿提供实际的探索活动环境，让他们亲身体验科学探索的过程和技巧，感受到发现的快乐。因此，在进行科学小实验时，教师要善于等待，为孩子们提供足够的时间，让他们有机会去尝试错误和探索，引导他们自我发现和探索。教师要做一个冷静的观察者，透过观察，理解他们的实际需要，在孩子们需要援手和协助时提供适度的指导和帮助。教师也要有敏锐的洞察力，清晰地理解幼儿的意图，并做出相应的策略应对。此外，教师还要掌握适宜的语言能力，并能够适度地运用开放性的提问方法激发孩子的思维。教师要主动地指导孩子们通过观察、聆听、触摸、闻嗅和品味等多样化的方式，去深入地了解和探索世界。

这样，他们就能在实践活动中感知物体的特征，获得新的认知经验。

在"会游泳的鸡蛋"的小实验中，孩子分别往两个杯子里各加入了三勺糖和盐，用搅拌棒边搅边认真观察调味品的溶解情况，并把鸡蛋放入其中，观察鸡蛋的沉浮情况，第一次没有成功。第二次，他又往杯子里加了三勺糖和盐，继续搅拌、观察、放入、再观察，但鸡蛋还是都沉入水中。第三次放调味品时我鼓励孩子：小勺里的调味品要加满哦！可是，鸡蛋还是一如既往地沉到了杯子底部，此时的孩子有点沮丧，问道："老师，鸡蛋还能浮起来吗？"全程观察孩子实验情况的我，将一只鸡蛋浮在水面的杯子放到了孩子面前，给了他一个鼓励的微笑，轻声地说了一句"加油"。孩子看着我点了点头，一直到孩子第五次加入调味品之后，鸡蛋终于浮了起来，孩子的脸上也露出了开心的笑容。在这个案例中，老师基于对孩子的操作过程中的仔细观察，了解孩子对材料的兴趣和互动情况、孩子在实验中的坚持性和持久性情况、他们的操作和记录习惯、遇到了什么困难、需要什么帮助等，由此可以真正了解孩子的性格和学习品质，才能更科学、合理地指导幼儿。

四、科学记录，帮助幼儿整理归纳

在科学小实验中，我们注意到，记录表成为孩子们研究的助推器。这个工具能够协助孩子们对真正的活动成效做出解读、梳理与总结。老师可以利用制定的记录表格，高效地引领孩子们做好记录，从而提升他们的思维能力、操作能力，学会有效操作、探索和学习。当然，在设计记录表时，我们须遵循一个核心准则：那就是使用孩子能理解的记录形式，以此来鼓励他们进行科学研究与学习。记录是幼儿思维的再现，是证据的获得，同时也是评价的依据。教师能够依照孩子的记录情况，及时发现材料提供、操作步骤、结果分享等方面存在的问题，及时进行调整和改进，最大限度地发挥记录表在科学小实验中的实效性。

在"会游泳的鸡蛋"的小实验中，我一开始设计的记录表比较简单，只注重孩子对实验结果的记录，在实验后我发现记录表对幼儿的实验过程的助推作用不明显，再结合幼儿实验过程中存在的问题，我及时调整实验记录表，从单一的记录实验结果调整为鸡蛋浮起来与几勺调味品数量的记录，逐步增加科学实验的细节。同时也能通过实验后的分享活动引导其他幼儿从记录表上发现生活中有趣的科学现象。

在每次的小实验后，我们把孩子的记录表张贴在科学区的板面上，幼儿可以和同伴分享实验的技巧、回顾实验全过程，对比实验的结果等。我们还可以将孩子们的记录表整理成册，这对于他们来说是一个很好的"成长日志"。孩子们可以借助收集和整理的实验记录表，体验并分享个人的成长，感受自己的学习进程，从而提升对科学的热爱、学习和应用的热情。

五、分享交流，助推幼儿走向成长

在实际工作中，我们发现很多老师对幼儿实验过程中的指导比较关注，而忽略了分享交流时的指导。分享交流活动是助推孩子各方面能力发展的重要途径，对幼儿的语言和思维发展有着很大的促进作用，孩子通过反思，介绍自己的实验方法和经验、自己解决过的问题，当然也会提出自己的疑问，向老师或同伴寻求解决的办法等，这对他们来说是自我挑战的过程。所以，我们也要高度关注并有效运用这一方式，对孩子们在活动中的表现给予公正的评估，多给予肯定和激励，引领孩子分享他们的研究过程和成就，讨论他们遇到的问题和困惑，以推动他们的交流和协作技巧的提升。同时，关注分享交流时的指导也有助于孩子总结和整理经验和方法，使我们能够更深入地了解孩子的发展情况，为他们未来的学习提供恰当的支持和指导。

随着科技的进步和时代的需求，儿童的科学素养日益受到关注。科学小实验是一种简便且有效的方法，教师需要采用积极且有效的策略，引导儿童去探索、去发现、去获得。时刻谨记著名儿童教育家陈鹤琴先生的话："凡是儿童自己能够做的，应当让他自己去做；凡是儿童自己能够想的，应当让他自己想；你要儿童怎样做，就应当教儿童怎样学。"让我们共同努力，真正成为幼儿科学活动名副其实的支持者、合作者、引导者。

"水"科学实验让孩子成为"好奇宝宝"

◎沈 莺

《3—6岁儿童学习与发展指南》中提到：幼儿科学学习的核心是激发探究兴趣，体验探究过程，发展初步的探究能力。成人要善于发现和保护幼儿的好奇心，充分利用自然和实际生活机会，引导幼儿通过观察、比较、操作、实验等方法。因此，科学实验作为一种有趣且实践性强的活动，对于激发和保护幼儿好奇心，让他们成为天生的"好奇宝宝"具有重要意义。在区级课题"整体渐进设计与实施幼儿科学实验的行动研究"的引领下，我们开展水探究实验来激发和保护幼儿的好奇心。

一、收集孩子感兴趣的"水"问题

问题是实验的来源，也是好奇心的开始。在开展实验前，我们收集幼儿关于水的问题，然后根据不同的年龄特点，鼓励小班幼儿和爸爸妈妈一起记录问题；中大班幼儿可以和老师一起记录或者独立记录问题。可以采用录音、绘画、标记符号等形式记录下来，然后提取、整理问题。我们收集整理了以下关于水的问题。（表1）

表1　关于水的问题

年龄段	"水"的问题
小班	水从哪里来？ 海水为什么是咸的？ 小鱼为什么会在水里游泳？ 水有哪些颜色？ ……
中班	水会用完吗？ 水会往上流吗？ 雨后为什么会有彩虹？ ……

（续表）

年龄段	"水"的问题
大班	如何把水变干净？ 喷泉是怎么形成的？ 雨从哪里来？ 水是怎么变成冰的？ ……

在一日活动中，老师随时观察，抓住契机，抓住孩子的问题，引导幼儿进行实验探索和思考，保护孩子的好奇心。例如，一次在盥洗室里，几个中班的孩子无意间发现了水池里的彩虹现象，孩子们对这个现象产生了兴趣，开始你一言我一语地讨论起来。"你看，彩虹！""这蓝色、红色、黄色。""这是什么啊？是彩虹吗？"此时在旁边的老师问了一声，"嗯！""那为什么会出现彩虹呀？""不知道，这是水和阳光折射出来的哇？""这是雨和太阳合成彩虹的。"老师的问题让孩子们的好奇心更大了，在老师的引导下他们主动去了解彩虹的形成原理，于是渐渐地彩虹实验就生成了。

在实验中，老师还通过开放性问题、启发式的追问引导幼儿观察实验现象，并思考其中的原因。如老师问孩子："那水里除了看见彩虹，还能看见什么呢？"孩子纷纷表示："还看见了我的脸，老师的脸，还有……"老师继续追问："那水像什么呀？"孩子："像镜子。"老师："咦，为什么水像镜子一样呀？"通过这样的一问一答，幼儿不仅能够观察到实验现象，还能够思考为什么会发生这样的现象，进一步引导幼儿主动思考和提出自己的疑问，让幼儿持续保持好奇心。

二、倾听孩子的"天马行空"

（一）倾听孩子的猜测

我们鼓励幼儿大胆猜测科学问题的答案，并根据不同年龄段幼儿的特点用绘画、投票等方式表达。让幼儿拥有自己的想法和预测，能够激发他们的好奇心和求知欲。比如，小班幼儿在"哪些工具能运水？"的实验中，运用了实物方式进行猜测。中班幼儿在"绿萝在不同'水'里会怎么样？"的实验中用绘画的方式进行猜测。大班幼儿在"怎么做自动浇水器？"的实验中，通过"实验计划书"的方式进行猜测。

　　教师通过与幼儿互动，倾听幼儿的猜测，肯定、接纳幼儿各种天马行空的猜测。例如，中班幼儿在"绿萝在不同'水'里会怎么样"的实验中，通过绘画表达了自己的想法，教师倾听了每个孩子的想法并原原本本记录了下来：有的孩子说在酱油中的叶子会变黑；有的孩子说在盐水里的叶子会先变大，再变小；有的孩子说在糖水里的叶子会融化掉；有的孩子说在糖水里的叶子会长毛。100个孩子有100种语言，老师的倾听和认可保护了孩子的好奇心。

（二）倾听孩子对实验的感受

　　在实验过程中，我们鼓励幼儿分享自己的发现和体验，与他人交流思考和问题。研究发现，在科学实验的交流分享中，幼儿们表现出了浓厚的好奇心。他们对实验结果感到好奇，对实验中出现的问题感到困惑，同时也对其他幼儿的分享内容感到好奇。

　　比如，在大班实验"破冰探宝"中，实验主要是引导幼儿尝试用各种方法把冰块里的"宝贝"取出来。根据猜测，老师和幼儿共同收集了小锤子、手套、温水、电暖器、吹风机等实验材料进行实验。第一次实验操作许多孩子并没有成功，有的孩子甚至无所事事起来。于是在分享环节，教师提出了以下几个问题："刚才你发现冰块有什么变化？为什么你能看见冰里有宝物？""你遇到了什么问题？"幼儿回答："我的冰块往地上一扔就变小了。""我的冰块在暖水里变小了。""冰块摸上去冰冰的、冰块是透明的，所以能看得到冰块的位置。""我的冰块用锤子敲了半天才碎了。"通过倾听其他人对实验的感受，孩子们相互学习了他人的"破冰"方法，对继续取宝又产生了兴趣，在第二次操作探索时他们就有意识地利用冰的特性选择了合适的工具，对准宝物所在的位置进行破冰，很多孩子都成功地从冰块中取到了宝物。

（三）倾听孩子实验后的创想

　　实验后，教师鼓励幼儿对实验中的经验进行奇思妙想，用绘画、制作等方式呈现生活中的运用。如在喷泉实验后，教师引导幼儿利用喷泉科学经验设计我们实际生活的物品，于是"有用的喷泉"的奇思妙想就出现了。

　　问题解决也是培养幼儿好奇心的一个重要方法。幼儿可以利用科学实验获得的经验参与解决一些实际生活问题的活动，如浇水装置等，通过实验后孩子们就利用了自动浇水装置的便捷，解决了种植区浇水不方便的问题。通过科学创想和解决问题，幼儿可以锻炼自己的观察力和逻辑思维能力，进而激发他们的好奇心和求知欲。

三、共同创建孩子需要的材料库

在科学实验中，提供一定的材料和工具，让幼儿自己去探索和发现。幼儿可以通过观察、摸索和尝试的方式，主动寻找和选择合适的材料，从而激发好奇心和探索欲望。我们鼓励通过亲子、师生、同伴结对、小组合作等方式，根据水的实验问题共同寻找、收集孩子需要的材料，引导幼儿分类整理，共同创建科学材料库：包含试管、量杯、滴管等常见的科学工具区，满足孩子对科学专业材料的好奇心；一次性杯子、吸管、喷壶、漏斗、勺子、小碗等生活材料区（百宝箱），让孩子在没有材料时能用低结构材料进行替代，让实验顺利进行，维持孩子的好奇探究；另外还有不同水试验的实验材料区、关于水的科学资料区、水的科学玩具区；等等。同时根据幼儿的实验情况随时增减，体现动态性。

为了扩展知识面，进一步激发孩子们对科学的兴趣和好奇心，在科学资料区中，幼儿收集关于水的图书、水现象视频、水的调查表等，还自制科学探究资料，比如小班《水、我们、世界》《水的故事》《下水道历险记》等绘本、中班"生活中哪些地方有水"的调查表、大班"水里怎么会有气泡"实验中的自制资料册等。

科学玩具区收集了各种水的科学实验玩具。比如活动中的旋涡瓶、旋涡制造机、水车、水管装置等，有趣又好玩的科学实验玩具让孩子们爱不释手，欲罢不能，让孩子们保持好奇心。

四、开放的实验空间和实验时间

我们给予幼儿随时随地进行实验的空间和时间，让他们亲自动手实验。

或独立或合作，体验成功后的再创造、体验失败后的再探索。

一日活动中，来园时间、自由活动时间、个别化时间，都可以看到孩子们做实验的小小身影。

幼儿科学实验不仅可以在教室的任何地方进行，还可以在户外活动中开展。例如，在"制造喷泉"实验中，一开始在教室里开展，随着实验的开展，孩子们觉得教室里的实验材料——就一个脸盆不够用了，接水也不方便，于是孩子们想到了直接去盥洗室里进行喷泉实验。后来，越来越多的孩子对实验产生兴趣，他们想要制造更多的喷泉，像外面广场里看见的那样，于是实验地转到了户外玩水区，孩子们的好奇心得到了更大的满足。

有一次，有个孩子说，我想在家里也造一个喷泉。孩子们的实验地又扩大到了家里。亲子实验不仅可以继续满足幼儿的探索欲望，还增强了家长与孩子之间的亲子关系。

总之，教师在水的科学实验中，通过鼓励幼儿提问、倾听幼儿想法、创设幼儿需要的材料、给予幼儿充分机会等方法，让孩子在实验中不断获得关于周围世界的新认知，对周围世界始终充满好奇……

附：相关科学实验资源包

"有趣的喷泉"科学实验资源包（大班）

实验主题	物质科学	实验名称	有趣的喷泉
实验来源	网络	建议主题	有趣的水
实验问题	设计搭建不同造型、不同喷水现象的喷泉		
提出者	幼儿		
预设目标	科学知识／经验	初步感知水压与喷泉形成的关系	
	科学词汇	水压	
	探究技能	观察、操作、比较	
	情感、态度、价值观	在操作中体验喷泉的快乐	
幼儿已有经验	认识筛子		
材料准备（找一找）	收集者：师生、家长共同收集		
	材料：粗水管、细水管、接头、弯头、封口盖、桶等		

（续表）

材料准备 （找一找）	环境材料照片： 
预设玩法 （做一做）	第一阶段：怎样让"喷泉"出水？ 第二阶段：如何让"涌泉"变"喷泉"？ 第三阶段：你想搭建什么样的"喷泉"？ 第四阶段：如何设计搭建创意"喷泉"？
实验步骤 （附照片）	探究活动开始前，我鼓励幼儿从喷泉的造型、喷射的现象进行构思想象，优化喷泉造型，引导他们设计出创意喷泉，接着小组内通过投票推选，确定每一组的喷泉造型。第一组设计的是"火箭喷泉"，第二组、第三组设计的是"花样喷泉"，第四组设计的是"音乐喷泉"，第五组设计的是"蘑菇喷泉"。在探究活动现场我引导幼儿根据喷泉设计图进行搭建，鼓励幼儿验证自己的想法，调动幼儿的积极主动性，在合作探究的过程中体验成功的喜悦 1. 问一问 老师："你们知道喷泉是怎么工作的吗？为什么水可以从喷泉里喷出来呢？" 幼儿：讨论并回答。 2. 猜一猜 老师："如果我们用这些水管和接头来搭建喷泉，你们猜一猜，水会怎么喷出来呢？不同的造型和连接方式会产生怎样的喷水效果呢？" 幼儿：根据已有知识和经验进行猜测。 3. 找一找 老师："现在，我们需要找到搭建喷泉所需要的所有材料。谁能告诉我，我们需要哪些材料来搭建喷泉呢？" 幼儿：根据老师的提示，在提供的材料中找出所需物品。 4. 做一做 老师："现在，请按照你们之前的设计图开始搭建喷泉吧！记得要观察不同的连接方式和水管粗细对喷水效果的影响哦。" 幼儿：分组进行喷泉搭建，老师在旁指导，确保安全。 5. 记一记 老师："请大家记录下你们搭建喷泉的过程和观察到的现象。可以用图画或文字来描述。" 幼儿：用绘画或文字的方式记录实验过程和结果。

（续表）

实验步骤 **（附照片）**	6. 说一说 老师："现在，请每个小组来展示你们的喷泉，并说说你们在搭建过程中发现了什么，遇到了什么困难，又是如何解决的。" 幼儿：展示喷泉，并分享搭建过程中的发现和经验。 7. 想一想 老师："通过这次实验，你们对喷泉的工作原理有什么新的认识吗？你们能想到其他有趣的喷泉设计吗？" 幼儿：思考并回答。 老师引导幼儿进一步探索水的压力和喷泉设计的关系  
实施建议	1. 鼓励幼儿尝试改变喷泉的喷水高度和形状，比如通过调整水管的角度、更换不同粗细的水管等，来观察这些变化对喷泉喷水效果的影响 2. 引导幼儿思考如何使喷泉更具创意和趣味性，比如加入音乐控制、灯光效果等 3. 家长可以参与进来，与幼儿一起设计并搭建家庭版的喷泉，增进亲子互动和科学知识的学习

案例

冰与水的小魔法
——以开展中班亲子小实验"点水成冰"为例

◎张珺雯

一、背景说明

在聊天中，我发现了"小树苗"和她的爸爸正在阅读科学读物，结合之前班内开展的科学小实验活动，我有了一点启发。《幼儿园教育指导纲要》中指出：幼儿园应当主动与幼儿家庭沟通合作，为家长提供科学育儿宣传指导，帮助家长创设良好的家庭教育环境，共同担负教育幼儿的任务。引导幼儿对身边常见事物和现象的特点、变化规律产生兴趣和探究的欲望。结合《3—6岁儿童学习与发展指南》中针对科学领域所提到的"在探究中认识周围的事物和现象"，考虑到中班幼儿的年龄特点，我和"小树苗"家长一起商讨了亲子小实验"点水成冰"。于是在风和日丽的下午，小实验拉开了序幕……

二、过程描述

活动前，我和"小树苗"妈妈沟通了一下"小树苗"最近的兴趣点，"小树苗"妈妈告诉我"小树苗"最近对冰雪女王艾莎非常感兴趣，对艾莎能用魔法变出冰的情节情有独钟，因此我们很快确定了"点水成冰"这个主题小实验。"点水成冰"让幼儿将纯净水放入冰箱中，通过控制时间来形成"过冷水"，从而使幼儿了解"过冷水"是当水足够纯净时，没有杂质可以充当结晶核，水分子们无法找到抱团点，即使在零摄氏度以下也没办法结冰这一概念。所需要的材料是幼儿生活中常见的材料，为纯净水、玻璃杯、冰块模具、纸巾、冰箱。实验步骤符合中班幼儿年龄特征。先将纯净水放到冰箱中，等待2—2.5

小时后取出纯净水（过冷水），用力一砸，瓶内水会直接结冰，还可以将水倒入杯子中，加入一块冰块，杯内水会直接结冰，也可以准备好冰块，将过冷水缓慢倒在冰块上，会形成冰柱。

　　"小树苗"家不是第一次进行亲子小实验。结合上次小实验开展情况，我进行了一些温馨提醒。例如这个小实验需要亲子共同完成，既不是父母做幼儿看，也不是幼儿做父母看，使用小实验"七部曲"可以更好地开展本次实验等。其中"猜一猜"的环节，我提示家长需要让幼儿大胆猜想，畅所欲言，没有说对也不要着急催促。在操作环节中我提示家长要把主动权给幼儿，父母可以帮忙但不要代做。最后我们讨论了"小树苗"这个年龄阶段的具体形象思维特点，一起确定了小实验的过程步骤。

　　今天的这个实验是"点水成冰"，为了有更好的实验效果，"小树苗"和妈妈先将所需要的物品纯净水、玻璃杯、冰块磨具、纸巾一起放在了桌子上。

　　片段一：

　　"小树苗"好奇地摸了摸桌子上的物品问："我们要干什么呀？"

　　"小树苗"爸爸说："我们要开始变魔法。'小树苗'觉得用什么办法能让水一下子变成冰？"

　　"小树苗"说："把它放在冰箱里冰起来！冻住了就成为冰了！"

　　"小树苗"妈妈说："对，冻起来是个好办法，但是爸爸刚刚提到了需要一下子变成冰，应该怎么做呢？"

　　"小树苗"挠了挠头犹豫地说："不知道。"

　　此时，爸爸说："那我们今天来变一个魔法。"于是拿出了一瓶水往桌子上一撞，里面的水立刻变成了冰块。"小树苗"在边上欢呼："爸爸好厉害！"她用小手摸了一摸果然是冰冰的，刚刚的纯净水一下子变成了冰！

　　爸爸说："'小树苗'想不想知道这个魔法是怎么变的？"

　　"小树苗"兴奋道："想！"

　　妈妈说："爸爸的这瓶纯净水其实是在冰箱里拿出来的，只有冰冻过的水才能变出这个魔法。"

　　"小树苗"说："那要冰冻多久呀？"

　　妈妈说："我们也不知道，那我们可不可以分不同时间把水放到冰箱里？"

于是"小树苗"一家开始了设计小实验的过程，妈妈让"小树苗"把几瓶纯净水分不同时间段平稳地放进了冰箱，等待了几小时后，"小树苗"获得冰冻了不同时间的纯净水，她再小心地从冰箱中取出。

片段二：

"小树苗"非常开心和激动，第一瓶纯净水只冰冻了 30 分钟。"小树苗"用力地撞了一下纯净水瓶，发现纯净水没有任何的变化，并没有和之前那瓶一样变成冰块。第二瓶纯净水冰冻了 60 分钟，"小树苗"尝试了一下，发现和第一瓶水相比更冷了一些，但也没有变成冰块。第三瓶和第四瓶纯净水分别冰冻了 90 分钟和 120 分钟，"小树苗"用小手碰了一碰发现内壁是小小的漂浮物，撞了一下发现只是有小部分凝聚物出现。

此时"小树苗"有点沮丧，问爸爸妈妈："怎么还不行呀？"

爸爸摸了摸她的头说："不要着急，我们再继续试一试。"

"小树苗"沮丧地说："好吧……"

第五瓶冰冻了 150 分钟，"小树苗"一试，开心得跳了起来，因为纯净水慢慢地变成了和之前那瓶一样的冰块。"小树苗"很开心："爸爸！妈妈！你们快看！我成功了！"

最后到第六瓶纯净水，冻了 180 分钟已经成了冰块，"小树苗"碰了碰杯子："哎呀，第六瓶已经是冰块了！"

此时，"小树苗"妈妈摸了摸"小树苗"的头："你知道吗？其实水是由不同的水分子组成的，在正常的温度下是液态，水分子很调皮会跑来跑去。当温度降低时，水分子会觉得冷，以一个地方为中心抱起来，这个时候就会变成？"

"小树苗"抢答："冰块！"

妈妈说："对！'小树苗'看妈妈。""小树苗"看着妈妈将一块冰块放进了杯子里，杯子里一下子就结冰了，又眼看妈妈慢慢地把刚刚冰箱里的纯净水倒在了冰块上，水不但没有洒出来甚至变成了冰柱。

"小树苗"好奇地观察："这是怎么回事呢？"

妈妈解释道："纯净水里面没有其他杂质，很干净，所以让水分子没有地方可以抱团，水就不能变成冰块了。"

"小树苗"点了点头，高兴得拍起了自己的手。

最后"小树苗"和爸爸一起把刚刚做实验的物品都收拾好了。

活动后，我和"小树苗"妈妈进行了沟通。妈妈觉得亲子小实验可以陪伴幼儿，共同成长。她说："我们很少有时间一家三口一起进行活动，我们是学习型的家庭，我们都知道父母是孩子的榜样，所以我们一直期望的是和幼儿共同成长，但是工作太忙让我们失去了很多时间，转眼间孩子就长大了。但是通过这次小实验，让我发现了新的育儿途径和方法，打开了我们的新思路。"这段话让我非常有感触，父母的成长和孩子的成长是一样的，是互相影响的，我告诉"小树苗"妈妈有许多成功的影响方式如亲子共读、亲子通信、成长故事与亲自小实验等，重要的不是方式而是付诸实践的行动。

三、总结反思

（一）亲子科学小实验价值分析

随着科学探究活动在幼儿园教育中越来越被重视，我们发现开展科学探究活动能进一步提高幼儿的科学素养和综合能力，而亲子科学小实验不仅可以拉近幼儿与父母的关系，更能让幼儿园和幼儿家庭紧紧联系在一起。

1. 幼儿发展

亲子科学小实验能提高幼儿的科学素养，并提升幼儿的观察能力、思维能力与记忆能力。亲子科学小实验能对幼儿的科学素养起到有效的启蒙作用，同时通过有效的科学教育活动激发出学生对于科学知识的探索与研究兴趣，进一步引导幼儿针对未知的世界进行学习和探究，从而使幼儿的综合能力得到全面的发展，对幼儿有重要的意义。

实验本身就充满了神秘感和未知性，例如今天的小实验"点水成冰"，"小树苗"的期待和好奇一直充斥着整个实验过程，思考怎样才能点水成冰，并且观察不同时间下纯净水的变化，也锻炼到了"小树苗"的认真观察和记忆能力。在纯净水出现没有冰冻起来的情况下，"小树苗"出现了焦急的情绪，但是在爸爸妈妈的安抚下，"小树苗"依旧坚持完成了自己的探索。实验出现的失败情况，也让"小树苗"通过摸索找到事物的反应合成规律，慢慢地接触到本质。

2. 家长陪伴

亲子科学小实验可以弥补课堂中实验材料限制的遗憾，同时也能弥补家长陪伴幼儿的遗憾。日常生活中，父母忙于工作，很少有陪伴幼儿的时间。通过亲子科学小实验构建的桥梁，幼儿的父母可以和幼儿一起探索。

"小树苗"的父母都非常优秀，但他们也都十分忙碌，很少有时间兼顾到幼儿，父母利用这次的科学亲子小实验一起陪伴了自己的女儿，拉近了彼此的距离，一起陪伴幼儿探索未知的实物，陪伴幼儿共同成长。因此亲子科学小实验成为"小树苗"一家一起活动的契机，将三人的视野集中在一件事物上。本次活动也得到了家长的认可，家长给予了这次活动可以帮助他们梳理现有家庭教育理念的高度评价。

3. 教师成长

美国心理学家波斯特说过：教师的成长公式，即成长 = 经验 + 反思。通过本次科学亲子小实验的开展，我从"小树苗"父母的身上了解到了当下父母的家庭教育观。我发现作为新时代的教师，需要走出象牙塔，走进幼儿们的家庭，结合不同幼儿的不同情况进行思考和教育。亲子科学小实验锻炼了我的思维能力，也拉近了我和家长之间的距离，让我了解了当下幼儿所喜欢的事物。通过本次科学小实验后的反思和总结，我对科学小实验有了进一步的了解。

（二）亲子科学小实验的优化

"点水成冰"是一个属于地球宇宙科学的科学小实验，通过提问"如何让流动的水变成冰"来引发幼儿的思考，并且通过第二部分"魔法"来激起幼儿的探究兴趣，调动幼儿的积极性，最终让幼儿了解到"过冷水"这一概念，并了解"过冷水"的特性。在"水"的庞大体系中，让幼儿通过小实验来了解到"过冷水"这一概念，感受到水的奇妙，发现原来身边的事物是这么的奇妙。其中实验的原理是：水在室温下一般呈现液态，此时水分子比较亲密，彼此挨得近，而且能够随意上下波动，当温度降低时，水分子以一个地方为中心开始抱团，这个大集体可以继续波动，但每个分子的位置是固定的，所以冰块是坚固且没有流动性的。而过冷水的原理是：当水足够纯净的时候，就没有杂质可以充当结晶核，水分子没办法找到抱团的点，即使在零摄氏度以下也没办法结冰。

1. 调整环节顺序，便于幼儿理解（图1）

本次亲子科学源于"小树苗"的近期兴趣点，由家长发现幼儿的兴趣点，再由我和家长共同制定小实验内容。整个小实验进行下来后，我和家长都发现了这个原理对于中班的幼儿有点难了，应该调整实验顺序，将"魔术"放在一开始好于先提问"如何让流动的水结冰"。这样调整后，更符合幼儿的思维逻辑方式，也能为后续环节展开进行铺垫。

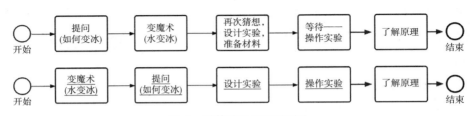

图 1　调整前后流程图对比

2. 去除材料准备部分，缩短实验步骤

让"小树苗"去按照不同的时间冰冻水这个环节过于冗长，直接替换为父母提前准备好材料。因为本次实验的重点是了解过冷水这一概念，并了解过冷水的特性，并不是如何控制时间制作出过冷水。并且制造过冷水这个环节需要一定的时间，根据幼儿的年龄特点，会浪费掉第一个导入环节的设置。

3. 添加记录表或记录本，帮助幼儿梳理思路

因为是中班的亲子科学小实验，并且是直观可见的科学现象。可以适当添加记录表、记录本等记录方式。这样可以帮助幼儿回忆实验目的、实验设想和实验结果。这样的记录表也可以方便幼儿在科学实验结束后进行梳理、整理以及整合自己的经验并提升自己的科学素质。

4. 创设情境，便于幼儿代入理解

科学小实验最后的揭秘环节，我和家长也一致觉得当前的说法过于"成人化"，如果将语言改成幼儿的语言会更好。例如变成：水宝宝在常温中，会四处玩耍，这样就是我们见到的水啦。当温度降低以后，水宝宝会觉得冷，找到水里的物质朋友紧紧地抱在一起取暖，就会变成我们见到的冰啦。这样用幼儿的语言可以让幼儿更好地理解深奥的实验原理。

5. 加入延伸，回归生活

最后是活动的延伸部分，科学原理最终需要回归到现实生活中。可以添加一个延伸环节，例如用过冷水的特性制作夏日冰沙，为本次科学小实验添加童趣色彩，以此来提高幼儿的参与度。

通过各类活动的观察分析，3—6 岁儿童对于各种科探以及数学活动都有极其浓厚的兴趣。作为青年教师，需要更加用心地设计和实施科学领域相关小实验。因此，我们需要持续研究适合不同年龄段幼儿的科学领域活动，不断激发和提高幼儿的逻辑思维、发散思维等主动探索的能力。在和家长、和幼儿的交互中不断提升自我，不断成长。

小气泡，大世界

◎陆静逸

一、背景说明

阿基米德曾说过：给我一个支点，我就能撬动整个地球。科学是打开人类智慧的钥匙，孩子有着与生俱来的好奇心和探索欲望。科学小实验重在激发幼儿的探究愿望和探究兴趣，让幼儿感受科学探究的过程和方法，从中体会发现的乐趣。一些现象明显、操作性较强、有趣的科学小实验能够充分满足幼儿的好奇心和探索欲望，当实验结果和他们想象的一样时，幼儿的兴趣愈发浓厚，进而实现在愉悦的情绪氛围中引导幼儿进行有效学习的目标，并能让幼儿保持对学习活动的积极态度。为进一步培养孩子的动手能力和对科学的兴趣，也为了更好地发挥家园共育的效果，我们让科学小实验走向家庭，做好家庭教育指导工作，提高亲子间有效陪伴质量，建立和谐亲子关系，带孩子们进入神奇的科学世界，推开探索世界的大门，让孩子们逐渐爱上实验，爱上科学，养成积极主动、喜欢探究的良好学习品质，度过有意义的居家时光。

二、过程描述

在进行亲子科学小实验之前，我首先对 4 个小实验进行了筛选，最后选择了"神奇的气泡"这个亲子小实验。首先，此实验符合小班幼儿年龄特点，其次，这个实验所需要的材料比较简单，家长只须准备白醋少许、小苏打少许、墨汁（色素也可以）、水、杯子这些易获得的材料。此外，由于家长带领幼儿做实验的次数较少，相关经验略少，所以在家长进行实验之前，我也对实验进行了一些温馨提示，如：提醒家长水壶可能比较重，家长可以在幼儿寻求帮助倒水的时候提供帮助，或者可以提前准备一个小杯子倒好需要的白开水；

在加入小苏打的时候，不要一次性加入太多，以免气泡太多，溢出杯子。

当家长上传亲子小实验视频后，我从视频中观察到幼儿的表情有点失落。于是我及时与家长进行沟通，从和家长沟通中得知，是因为白开水加白醋倒入杯内，没有产生泡泡，幼儿非常失落，想放弃做实验，觉得妈妈在欺骗她，不可能出现神奇的现象。于是我指导家长，在进行科学小实验时，作为家长要及时鼓励幼儿不要气馁，要有信心，勇于尝试，不断的实验才会得到我们想要的结果。我不仅与家长进行了沟通，也通过语音电话和幼儿进行了沟通，鼓励幼儿多尝试就会有不一样的发现。

接着家长带领幼儿进行了第二次小实验，幼儿在家长的鼓励下完成了此次科学小实验，可是我从视频中看出桌子上有很多水，是因为当幼儿看到气泡的时候，幼儿很激动，手舞足蹈，打翻了液体。所以，我指导家长，在进行科学小实验之前，家长可以准备好抹布，方便及时地擦拭溢出来的液体。实验结束后家长也要鼓励小朋友收拾好桌面，养成自己动手整理的习惯。此外，我也建议家长可以继续进行多次实验，带领幼儿去发现实验不一样的秘密。比如小苏打量的多少会影响气泡量的产生等秘密。

第二次实验结束后，依依妈妈和我说："陆老师，这一次带领依依做亲子科学实验让我感受颇深，在这活动中我也学习到了不一样的知识，但是我有一个疑惑，我不知道怎么让依依去很好地表达她的发现，我应该怎么办呢？""依依平时也比较内向，不怎么爱说话，虽然她可能都懂，但是也不会表达，其实我们做实验都会有'记一记'这个步骤的，那么根据小班幼儿年龄特点，我们的记录表比较简单，你可以让依依在纸上面画大泡泡和小泡泡代表气泡产生的多少，然后在与依依交流的时候可以再进行实验，通过情景再现来让依依回忆自己的记录。"

三、总结反思

从这次指导亲子小实验中，我感受到在开展亲子科学小实验时，教师对家长的指导很重要，家长对幼儿的鼓励和引导更为重要，所以作为教师在开展亲子科学小实验活动时应做好以下几点：

（一）活动前，教师指导家长创设氛围，激发幼儿兴趣

生活是科学的源泉，是科学探究的对象。幼儿的探究活动都源于生活，在家庭中开展亲子小实验可以有效促进幼儿科学素养的发展。因此，我们要从幼儿生活出发，创设温馨舒适的家庭氛围，让幼儿在轻松愉快的环境中获得科学知识。例如，在开展"神奇的气泡"实验时，我们可以事先给幼儿准备平时接触过的饮料如雪碧、可乐等，将这些饮料摇晃一下，当孩子看到这"神奇的气泡"时会非常好奇，并且十分感兴趣。这种由生活出发进行探索的方式让孩子们更容易感受到科学实验的乐趣，为其日后的探究活动打下良好基础。

1. 让孩子参与其中

幼儿对周围事物的认识都是从身边的人和事开始的，因此，在开展亲子小实验时，我们要以幼儿为主体，让幼儿充分参与到小实验中。首先，我们要通过谈话的方式与幼儿沟通，让他们对实验有一个初步的认识和了解。其次，我们可以引导幼儿自由选择实验材料，如在开展"神奇的气泡"实验时，我们可以让幼儿自由选择材料进行实验，比如收集醋、水、杯子等。

2. 鼓励家长主动学习

在开展亲子小实验的过程中，我们可以利用家长是孩子第一任老师这一优势，鼓励家长主动学习科学小实验的相关知识，并指导家长进行实验操作，让家长在实践中不断提高自身科学素养。例如：在"神奇的气泡"实验中，教师可以向家长介绍一些关于气泡的相关知识，如气泡是如何形成的，通过简单的介绍，让家长对"气泡"实验有一个认识。教师通过与家长的沟通，不断提高家长对科学小实验的认识和理解，从而让家长更加积极主动地参与到幼儿科学小实验中来。这样不仅能促进幼儿科学素养的发展，还能让家长对幼儿园教学产生认同感，从而更好地配合幼儿园进行教育教学。

（二）活动中，教师指导家长观察幼儿，提升幼儿能力

在幼儿科学教育的实施过程中，亲子小实验的开展对于提升幼儿的探究能力具有显著效果。具体来说，亲子小实验的引入使得幼儿能够在家中自主地参与到科学探究活动中，通过教师与家长的共同指导，幼儿的科学探究能力得以有效提升。然而，在实践中，我们发现部分幼儿由于缺乏对实验内容的了解和实验步骤的掌握，往往导致实验未能达到预期效果。针对这一问题，教师在开展亲子小实验时，应引导家长协助幼儿熟悉实验流程，确保幼儿在家长的陪伴下能够逐步了解实验内容。此外，鉴于小班幼儿正处于身心发展的初级阶段，他们对周围世界充满好奇与探索欲望，教师应指导家长密切观察幼儿在实验过程中的情绪变化、语言表达等方面，以便及时了解幼儿在科学小实验中的心理状态、学习态度和能力水平。

当幼儿在实验过程中未能达到预期效果，表现出情绪低落时，家长应给予及时而恰当的鼓励，如通过"我们再试试看，很可能下一次就能成功略，你会看到很多很多的气泡"等话语激发幼儿的积极性。同时，家长应努力营造平等和谐的亲子关系，使幼儿在得到充分尊重与鼓励的基础上，能够再次积极主动地投入实验活动。

此外，当幼儿在实验过程中遇到困难并寻求帮助时，家长应根据具体情况作出正确的判断和反应。例如，当幼儿因水壶过重而难以搬运时，家长应主动协助幼儿完成倒水任务，以确保实验能够顺利进行。

（三）活动后，教师指导家长带领幼儿进行多次实验

小班幼儿对科学实验有着无限的兴趣与好奇，但科学实验是未知的，需要通过多次实验来发现其中的奥秘。"神奇的气泡"这个实验中，小苏打量的多少以及白醋量的多少都可能给实验带来不一样的现象。教师可以指导家长用发问的语言提示幼儿——"唉，我们看看我们放两勺小苏打，气泡会发生什么变化"引起幼儿进一步探索的情趣。

总之，在进行亲子科学小实验时，教师要提醒家长去鼓励幼儿，注重培养幼儿对实验的好奇与兴趣，培养幼儿对科学活动的兴趣，引导幼儿通过观察，在自己提出问题、不断探究解决问题的过程中获得实验的成果。教师与幼儿相互合作，这样才能够全面具体地了解幼儿的需求，只有了解幼儿的需求，尊重幼儿的活动意愿，给予适时、适当的指导，科学实验才变得有意义，才能够促进幼儿健康、全面地发展。

附：相关科学实验资源包

"神奇的气泡"资源包（小班）

实验主题	物质科学实验	实验名称	神奇的气泡
实验来源	科学小实验	建议主题	好玩的水
实验问题	为什么气泡水有那么多泡泡呢？		
适合年龄	小班幼儿		
预设目标	科学知识／经验	感受酸碱反应的神奇效果	
幼儿已有经验	知道醋是酸的，看见气泡水里有很多泡泡		
材料准备 （找一找）	收集者：家长、幼儿共同收集		
	材料：白醋少许、小苏打少许、红色素（红、蓝墨水）、水、杯子		
	环境材料照片： 		
预设玩法 （做一做）	玩法1： 分别将小苏打、白醋与水混合，观察其反应，发现两者均无反应 玩法2： 在一个杯子中先倒入一些温水，再倒入一些白醋，为了观察实验现象，可以滴入一些红色素（或者红、蓝墨水），用小勺子搅拌均匀，往其中舀入1—3勺小苏打，观察会发生的现象		
亲子互动	妈妈："今天我们要做的实验是什么呀？" 幼儿："神奇的气泡。" 妈妈："我们要准备哪些材料呢？" 幼儿："温水、三个杯子、红色素、小苏打，还有醋。" 妈妈："要怎么加呢？" 幼儿："在第一个杯子里倒水和小苏打。" 妈妈："有反应吗？" 幼儿："没有！" 妈妈："好。" 幼儿："那第二个杯子里加入温水，再放白醋。" 妈妈："有反应吗？" 幼儿："没有。" 妈妈："好，那下一步呢？" 幼儿："加入温水和白醋，再加这个红色的东西。然后再搅拌一下。" 妈妈："有反应吗？" 幼儿："没有。再加小苏打。哇！有好多泡泡！为什么小苏打和白醋加在一起就会有泡泡？" 妈妈："因为白醋是酸性的，小苏打是碱性的，这两种不同的物质混合在一起就会发生这样神奇的效果哦！"		

（续表）

亲子实验照片	  
备注	1. 白醋瓶子比较重，小朋友在倒的时候家长可以适当帮忙，以免打翻，或者家长提前准备一个小杯子倒好少许白醋，以便幼儿操作 2. 在加入小苏打的时候，不要一次性加入太多，以免气泡太多，溢出杯子 3. 看到气泡的时候，小朋友会很激动，可能会手舞足蹈，打翻液体，家长事先要提醒一下
亲子实验后家长感悟	这个实验的材料很简单，白醋和小苏打也是生活中容易得到的，所以在家里和孩子一起做这个实验比较合理。实验的过程较简单，全程可以放手让孩子自己操作，也能适当锻炼孩子的动手能力，让孩子知道原来很多的材料加以利用就可以成为科学小实验的材料。整个活动过程都充满了快乐与惊喜，通过这个实验，孩子了解了白醋是酸性的，苏打水是碱性的，酸和碱在一起会发生神奇的反应。科学实验不仅能培养孩子的观察力，也激发了孩子对科学的兴趣。这样的科学小实验有助于提高孩子的创造力，对于启蒙教育来说，真的希望以后多多开展这样的活动，在休息日和孩子一起有事情做，不仅增进亲子感情还给孩子打开了科学实验的一扇门

瓶子与水

◎赵徐婧

一、活动背景

《3—6岁儿童学习与发展指南》中指出：幼儿常常动手动脑探索物体和材料，并乐在其中。科学区域实验活动是培养幼儿科学素养的重要途径之一。在活动中，幼儿通过实验操作、观察记录、发现问题、思考解决方案、交流分享、不断探索和激发兴趣等方面进行探究学习，培养科学探究能力。

在活动开展前约一周，我让幼儿收集各种各样的饮料罐、饮料瓶、饮料盒，并让幼儿寻找瓶子、罐子、盒子上的数字，弄清楚它们分别代表什么。孩子们发现每种饮料的外包装上都有一个数字后面跟有 ml 或 mg 这两个英文字母，他们很好奇这两个英文字母到底是什么意思，在询问父母之后，他们明白了这个数字就代表着容器里所装饮料数量的多少，称为"容量"或"净含量"。在此基础上，我又请孩子们调查并记录各种饮料罐头上标明的容量，并比较各种容器的大小。

二、故事实录

【镜头一】各式瓶子大不同

这天，我带着孩子们来到探索室。我出示五个瓶子，其中一个是姜饼人的形状，一个是小熊的形状，一个是普通的杯子，另一个瓶口小一点，还有一个口很大的量杯，我说："你们猜猜，哪个瓶子里可以装的水最多？哪个最少？你们认为应该怎样按照装水数量的多少给瓶子排队？"

问题刚提出来，孩子们就议论开了。有的说："姜饼人最大，量杯最小。"有的说："姜饼人瓶子看起来胖胖的感觉比较大。"茜茜就说："不对不对，瓶口小的那只瓶子最胖了，我感觉能装水的最多。"彤彤说："我不同意，我觉得那只小熊瓶子能装的水最多，因为它的口最大。"茜茜说："你见过超市里的牛奶吗？你不觉得这两个瓶子的大小差不多吗？"

为了验证自己的猜测，中午茜茜回了趟家，从家里带来了一瓶牛奶。我们利用午休时间又继续开展了未完成的问题。茜茜说："你们看，是不是两个瓶子差不多？"彤彤看到实物顿时同意了茜茜的想法。

教师思考：幼儿因为之前对瓶子上英文的好奇，都是非常主动地去探索了解这次的实验。在实验的过程中，茜茜的想法和思考让我很惊喜，在第一次出示不同的瓶子时，其他幼儿都是用直观的"猜想"来感觉不同瓶子能装多少水。相比于他们，茜茜的想法则是比较特别的。《3—6岁儿童学习与发展指南》中的探究目标有：能通过观察、比较与分析，发现并描述不同种类物体的特征或某个事物前后的变化。茜茜利用平时所积累的日常经验，选择两个物体来进行比较，用日常生活中的牛奶饮料这样需要想象的物品来和我拿来的瓶子进行对比，用这样的方法基本目测出瓶子的大小。

【镜头二】瓶子里能装多少？

经过前一晚让幼儿回去想一想可以用什么方式来给瓶子排排队，我们又开展了关于瓶子的进一步实验。这次我为幼儿提供水、空瓶、勺子、滴管、笔、量杯等物品，请大家分组来完成这个探究实验。

在实验中，有的小组利用了量杯，把瓶子里的水装满了再倒入各个量杯，通过观察量杯的刻度，来了解每个瓶子能装多少水。有的小组把每个瓶子里的水倒满，再倒入同一个大小的空瓶内，通过目测空瓶内水的多少来给瓶子排队。茜茜也用了这个方法很早就完成了实验，我也对她及时进行了表扬和鼓励。并对她说："你试试还能不能用别的方法来给瓶子排排队呢？"茜茜很快乐地答应了。过了一会儿我看见茜茜一个人在拿起一个小勺子一点一点往瓶子里加水，每加一次在纸上画一个点，直至加满。我问茜茜："你用的是什么方法来给瓶子排队的？能和我介绍一下吗？"茜茜说："我用小勺子一点点加水。""那你为什么要用小勺子来一点点加水呢？""这样就可以知道我加了几勺呀。"茜茜回答。

我顿时对茜茜的主意感到惊讶，我本来是想着带她们用量杯来比较水杯容积的多少的，没有想到茜茜会有这样的主意。这样最后统计出每个瓶子中各加了几勺或几杯水，就能比较出不同瓶子容量的大小了。

教师思考：在第二次活动时，茜茜也用了和别人不同的方式来比较瓶子里装水的多少。《3—6岁儿童学习与发展指南》中的探究目标也指出：能用数字、图画、图表或者其他符号来记录。能用一定的方法验证自己的猜测。茜茜就通过用记录每个瓶子所需要的水滴的多少来比较瓶子里装水的多少。虽然茜茜的方法比较耗时，但我并没有去阻止她，而是给予她充分的时间和鼓励，让她用不同的方式来完成整个实验，从而也让茜茜对自己有所肯定，拥有继续探究的毅力和信心。

三、我的收获

（一）开展科学区实验中的有效措施和收获

《幼儿园教育指导纲要》中指出：引导幼儿对身边常见事物和现象的特点、变化规律产生兴趣和探究的欲望。我们要尽量创造条件让幼儿实际参加探究活动，使他们感受到探究的过程和方法，体验到发现创造的乐趣。不难发现，学习源于生活，生活中的一切都能让幼儿引发学习和思考，而那些奇形怪状的瓶子以及由它们引出的问题，是教师创设的一个对孩子来说充满着疑问和好奇的情境，是教师在了解孩子原有水平基础上针对孩子的求知心理制造出的一种"不协调"，即孩子原来已对有规则容器的容量有了一定的估计能力，但他们从没有思考过无规则容器的容量大小。这个情境很好地激起了幼儿探究学习的积极性和主动性，使他们对估计无规则容器的容量大小产生强烈的探究欲望，给了思维以动力，同时也使幼儿明确了探究的目标，给了思维以方向。同时，活动之前的收集和调查活动为幼儿的学习积累了丰富的事实素材和经验，使孩子们初步对有规则容器的容量大小建立了一定的概念。

另外，在这样的实践活动中，孩子学会了观察、记录、比较、归类，掌握了学习的方法，变被动接受知识为主动探究知识，培养了幼儿自主学习的能力。活动之前的这些准备工作可以概括为：收集素材，积累经验。茜茜对于科学活动一直是充满热情和好奇心的，平时生活经验的积累也是很丰富的。所以她能够通过平时生活经验的积累，用不同瓶子来作为对比对象，初步目测出不同形状瓶子的大小容积，说明她对于我提出的问题是做了思考的。在后续的活动中，我们也可以同样去收集一些素材，还有平时对生活的经验积累，这些都能让我们的活动有进一步的提升。

辅助材料的提供也是非常重要的，这是科学探索开展的物质保障，帮助幼儿进行探索和实践同时也可以激发幼儿的思维和创造力。在辅助材料提供以后，茜茜会动脑筋，找到她想要的材料和工具。这也是基于她平时的生活经验积累，平时奶粉或者冲剂饮料（如果珍）之类的都是需要用勺子去舀，她也会借此方法来舀水。同时每加一次她就会做一次记号，这也和平时活动学会了记录有关。而教师提供的多元化材料也可以在后续的实验中进行增添补充，让丰富的材料来支持幼儿科学活动的深入推进，让他们从实际操作中获得探索的乐趣。

（二）推进科学区实验的有效策略

1.生活经验给予幼儿知识

幼儿教育不单单是学术知识的学习，更多的是在生活经验中汲取知识。生活经验不仅可以锻炼孩子的生存技能，也能帮助他们在学习、社会、心理等各方面得到全面的发展。不难发现，整个活动中茜茜的发现和思考都是源于平时她在生活中对事物的观察，而就是这样的观察激发了幼儿的想象力和创造力。教育家陶行知说过，生活即教育。儿童的生活才是儿童的教育，在生活中幼儿能通过很多常见的东西去了解未知的知识，探索到的新事物就能激发孩子的好奇心和想象力。就像茜茜她能发现和对比牛奶盒和其他瓶子的大小，而这也是生活中的经验给予了她这一方面的知识。

2.家园共育助推幼儿探索

茜茜拥有非常丰富的生活经验，所以对于牛奶盒的大小非常了解。而这和她平时在家所受到生活中的教育是分不开的。当家长能为幼儿提供经验支持、材料支持、信息支持等，你会发现幼儿能拥有更全面的知识储备，更有趣的生活环境以及更自主的探索能力。而后续的活动，我们也可以邀请家长参与其中，开展关于"瓶子里能装多少"的亲子实验，找找最方便快捷的方式去对比瓶子装水的多少。家长也可以带着幼儿去超市里货架上找一找、猜一猜、比一比，在生活中去抓住每一个探索的契机辅以教育机制，支持幼儿做喜欢做的事情，实现自主探索。

3. 鼓励方式培养幼儿创新意识

鼓励式教育能够激发幼儿自我探索的热情，相比于传统式教育中教师向幼儿灌输知识，鼓励教育则是强调了幼儿的主动性和参与性，通过开放式的问题和引导性的措辞让幼儿去探索、发现和解决问题。教师通过鼓励来激励和尊重孩子多样性的思维和探究方法，就比如在茜茜发现第一种方法之后，我鼓励她试一试让她找第二种方式来测量瓶子的容积。因为了解茜茜的特点，对她进行针对性的赞扬和反馈，也让她感受到了自己的价值和存在感，才有了第二种方法。所以，引导幼儿运用已有的感性认识构建适合自身的知识经验，不仅引导幼儿自己思考，也同时培养了幼儿的创新意识。

4. 适当提问引发幼儿再次思考

提问是教育中非常重要的一个环节，适当的提问不仅能够激发幼儿的好奇心，同时也能培养幼儿的思维创造力和语言表达力。在提问时，教师需要注意不同设计的提问也应该不同。比如多使用开放性问题来引导幼儿深入思考，积极表达。比如在故事二中"你用的是什么方法来给瓶子排队的?"这样开放性的问题让茜茜对她的实验进行完整的介绍。在面对复杂的问题时引导幼儿拓展思路来进行引导式提问。比如在故事一中："你们猜猜，哪个瓶子里可以装的水最多? 哪个最少? 你们认为应该怎样按照装水数量的多少给瓶子排队?"故事二中："你为什么要用小勺子一点点加水呀?"教师通过提出适当的问题引起幼儿的思考和讨论，并在讨论中设法把问题一步步引向深入，以加深幼儿对所学内容的理解，类似这样的教师提问能吸引幼儿的注意，激发幼儿的思考和表达能力，也同时启发诱导孩子自己去发现规律、自己去纠正错误。

小小一粒沙，魅力无限大

◎周晨中

一、背景说明

自然是孩子成长必不可缺少的因素，孩子就像需要睡眠和食物一样，要和自然的接触。让幼儿走进自然，亲近自然，在大自然中感受科学现象，探索自然奥秘越来越成为幼儿园科学探索活动的重要组成部分。当孩子们走出教室，在户外进行科学探索活动时，他们能调动全身感官，融情感、认知、能力于一体，在大自然中体验与感受关于自然的知识和经验，建立与自然的链接，尊重生命。运用自然资源、激发儿童的潜能与爱。

下面，我就以我们班沙水活动案例"沙池隧道"的开展来介绍一下我们班是如何开展自然中的科学探索活动——沙水区科学探索活动的。

二、过程描述

（一）引发讨论，捕捉亮点

大班幼儿已经不满足于简单的堆沙堡，筛选贝壳、鹅卵石等游戏玩法了。于是，我在某一天的沙水游戏前组织幼儿讨论沙水游戏，我们还能怎么玩？幼儿的回答五花八门，有的说要用沙子堆高高的喜马拉雅山，有的说要用沙子建造万里长城，还有的说要在沙坑里挖一个大洞然后建一个水池，再造个水坝。在众多天马行空的想法中有一名幼儿——森森介绍自己想在沙池里挖隧道，他在老家和哥哥姐姐玩过。森森的想法引发了我的关注，要知道，用我们成人的思维去想象，在沙池挖隧道对于孩子们来说是有一定挑战难度的。孩子们真的能挖出隧道吗？我不禁有点疑惑。但是站在儿童的立场上，既然孩子们有这样的想法，作为老师我顺应了幼儿的想法，我鼓励大家都去试一试自己提出的想法。在这过程中我默默地重点观察森森和他的小伙伴的"隧道工程"，及时用照片和视频捕捉下他们的探索过程。

（二）重点观察，交流互动

森森招呼自己的伙伴威廉、果果一起挖隧道，先堆一座小小的沙堆，然后从沙堆的两端底部开始相向挖隧道，他自己一人从一边开始挖，让小伙伴们和他一样的挖法在对面挖，但是和他想的不一样，隧道挖着挖着，沙堆上面的沙子塌了下来，隧道垮塌了。森森皱起了眉头，这里好像不适合挖隧道，我们换一个地方试试。一连换了几个地方，隧道都没有挖成，都是挖着挖着就垮塌了。我经过仔细观察，发现原因其实很简单：由于表层的沙子比较干，可塑性差，无法成形，堆起来的沙堆都是由表层的很容易流动的沙子组成，每一次在沙堆下挖都很容易导致沙堆垮塌，隧道就无法挖成了。原因找到了，但是如果直接把道理和经验告诉孩子们，那并不利于幼儿探索发现问题，也剥夺了幼儿自己解决问题的机会。所以，我悄悄用手机拍摄记录幼儿隧道坍塌的过程，并且在回到教室以后组织幼儿观看视频，共同寻找原因，通过交流互动让幼儿自己设法解决问题。

（三）头脑风暴，探寻方法

回到教室以后，我给幼儿播放今天拍摄到的隧道坍塌无法建造的视频，问道："今天，森森他们挖隧道遇到了麻烦，我们一起来看一看……为什么会这样？你们有没有什么好办法帮助他们？""沙子太松了，需要捏捏紧。""隧道下面需要有柱子支持才行，可以找一些树枝或者石头。""沙子加一点水就不会这么松了，我在玩堆沙堡的时候就是这样。沙子要黏一点就能挖隧道了。"小伙伴们七嘴八舌，大家都有自己的想法。看到大家讨论得热烈，我连忙鼓励他们说道："你们说得真好，也想出了好多方法，我们能一起把方法记下来、画下来。还可以回家问问爸爸妈妈有没有什么好方法，下一次大家一起来帮助森森，一起建造我们的沙池隧道。"之后的几天里，时不时有孩子带来回家收集的材料，以及从爸爸妈妈那里问来的方法，大家已经迫不及待地想要再次尝试了。

（四）动手动脑，尝试探索

经过上次的讨论，孩子们不仅想出了很多办法，还从家里和幼儿园里收集了不少材料，一场全班一起造沙池隧道的探索活动轰轰烈烈地展开了。森森和他的两个小伙伴找了一块前几天浇过水的沙地，发现沙子之间紧实多了，而且越挖越湿，很适合挖隧道。"我以前和哥哥姐姐玩挖隧道就是这样有点湿的沙子。"边上的柠檬和小金也开始了他们的挖隧道工程，一边挖一边还用树枝和石头放在隧道里面进行支撑。冬瓜和悦悦发现沙池边有砖块和竹竿，于是就地取材，利用这些材料边挖边支撑。不一会儿，就有好几组传出了好消息，"我们挖通了"，"我们也挖通了"。看着一个个孩子表情兴奋，我鼓励他们再试试挖更长一点的隧道，想一想如何把隧道联通，隧道和隧道互相交叉了怎么办。对于我提出的新挑战，孩子们信心满满地继续投入挖隧道、造隧道的探索中去了。

（五）经验迁移——源于生活，回归生活

通过这次挖隧道的探索活动，幼儿获得了许多关于沙池隧道建造的经验，我鼓励幼儿将这些经验加以迁移与应用，进一步认识到沙子的一些基本特性，隧道、地道的种类，在现实生活中这些隧道和地道是如何建造的，它们和我们生活的关系。"生活中沙子有什么用？为什么造房子需要用到沙子？上海有哪些隧道？隧道是如何建造的？"幼儿寻找到了很多关于生活中沙子的利用：沙子和水泥拌成混凝土，沙还能用来过滤、养殖、美化，沙包不仅可以用来练拳还能防洪抗险。了解了沙子各种各样的用途，我们玩沙的玩法也随之变多了，探究方向也越来越广了。孩子们也从中学会了更多的利用沙水进行游戏的方法，如将沙子和水还有泥土混在一起，能更好地建造出城堡和桥梁。

另外，我会引导幼儿玩沙后进行奇思妙想："我们还能用沙子做些什么？""沙子有什么妙用？""沙子大桥""金字塔""机器人"……我鼓励孩子们将自己的"奇思妙想"画出来、做出来。于是就有了"无所不能的沙"科学幻想画等活动。

三、总结反思

（一）从"沙池隧道"科学探索活动案例中，我发现幼儿在沙水活动中科学素养的培育存在以下关键时间点和典型表现：

1. 活动前：幼儿表现出对沙水活动的浓厚兴趣与探索欲望。

2. 活动初期：幼儿在探究过程中发现问题或遇到困难。

3. 活动中期：幼儿在探究过程中反复尝试、寻找问题原因。

4. 活动后期：幼儿在探究过程中收集材料方法、克服困难。

（二）在此过程中教师作为观察者和支持者，我们的策略应该遵循以下原则：

1. 靠后性原则：教师作为游戏的观察和支持者不能过多干预或者主导幼儿游戏的内容和过程。

2. 引导性原则：教师应当引导激发探究兴趣，鼓励幼儿提出挑战或者创新玩法。

3. 提示性原则：当幼儿在探索过程中遇到了问题或者难以克服的困难，教师切忌直接帮助幼儿解答问题的原因或者帮助幼儿克服困难，可以根据情况提示幼儿一步步发现问题，或者提示一些解决问题的思路方法，让幼儿通过自己的努力去解决问题，克服困难。

4. 鼓励性原则：当幼儿在探究过程中有所发现，或者遇到困难的时候，教师应该用鼓励、激励的方法激发幼儿进一步探究或思考解决困难的方法。

科学素养的培育及提升应该要贯穿人生的整个过程。作为浦东新区科学实验园之一，我园在户外游戏活动中，特别关注幼儿在探索过程中科学素养的发展，通过整个系列活动，将科学"七部曲"蕴含在幼儿的探索活动中，一步一个脚印踏踏实实培育幼儿的科学素养。

孙瑞雪老师在她的《抓捕儿童敏感期》里面写道：沙子和水是大自然赐予孩子最好的礼物，任何一种玩具都无法与之媲美。《3—6岁儿童学习与发展指南》中提到：幼儿科学学习的核心是激发探索兴趣，体验探究过程，发展初步的探究能力。以上案例可以看出我们努力落实《指南》精神，注重让幼儿在自然中像科学家一样体验实验的过程。我们将继续发现和保护孩子的好奇心，让幼儿在实验探究中形成受益终身的学习态度和能力。

沙池寻宝

◎张燕静

一、背景说明

沙池实验是孩子们非常喜欢的户外实验之一，作为老师需要用心捕捉，支持幼儿的探究，让科学实验从生活中来，并运用于生活，下面我就以中班户外沙池实验为例介绍一下我是如何支持幼儿持续探究的！

二、故事实录

【镜头一】

在一次中班的玩沙活动中，我听到孩子们七嘴八舌地在说："这个贝壳好漂亮呀！""我还想要更多漂亮的贝壳！""沙子下面还有没有贝壳？"只见孩子们从沙池旁的材料库找来了铲子、钉耙、漏斗等工具，开始用"挖"的方法寻找沙子下面的贝壳。这时我发现翰翰用了一个不同的工具——筛子，我用手机记录下了这个瞬间。

分享交流时间到了，孩子们忙着分享了自己使用工具挖宝贝的材料。通过分享大家也一致认为"挖"可以让我们得到沙子底下更多的贝壳。为了拓展小朋友的经验，我问道："有没有用不一样的方法得到贝壳的？"这时翰翰举起了手。通过现场演示，孩子们发现筛子能更快找到贝壳，而且找到的贝壳的数量也多。

【镜头二】

分享交流时，我提问道："筛子为什么可以很快地找到那么多贝壳呢？"我引导孩子们仔细观察筛子，孩子们纷纷回答，"我看到筛子上有洞洞"，"沙子是从洞洞里掉出来的"，"沙子掉下来，贝壳没有掉下来"，"洞洞很多，沙子一下子掉下来了",孩子们纷纷表示也想用有洞洞的材料试一试。他们迫不及待地回到教室里找起了有洞洞的材料。孩子们找到放玩具的篮筐、竹篮、带网格的抽屉、娃娃家的纱幔、蘑菇钉玩具网格板……第二天,孩子们又从家里找来了淘米淘菜篮、泡沫塑料、网格餐桌垫……

孩子们兴高采烈地将有"洞洞"的材料拿到了户外沙池区开始筛沙实验。在使用材料筛沙找贝壳的过程中有的成功,有的没有成功。我没有介入,而是组织幼儿一起讨论,晨晨说:"我一个人拿着纱幔的时候,纱幔总是斜掉,沙子就全部掉落了,不能成功。"小朋友跟他一起分析!一个人拿不住,"那用什么办法解决呢?"这时候曦曦想出来和朋友一起筛的好办法,于是我邀请晨晨和朋友试一试。刚开始这两个孩子配合得还不是很默契,会把贝壳摇出来,试了几次,终于成功得到了贝壳,大家都拍手为他们高兴。

【镜头三】

在分享中轩轩小朋友提出了一个问题:"我的小贝壳会从洞洞里面掉出来该怎么办?"我就请他上来演示,并提问大家:"咦,这是为什么呢?"孩子们观察后思考了片刻,诺诺说:"他力气太大了贝壳摇出来了。"曦曦说:"我看到贝壳和沙子都从洞洞里一起掉出来了。"阳阳说:"我知道,洞洞太大了贝壳才从洞洞里掉出来。"于是我继续提问:"什么样的洞洞才能不让贝壳掉下来呢?"孩子们分享着:"需要找洞洞比贝壳小的材料,贝壳才不会掉下去。"

这时沐沐又提出了一个问题:"我的竹篮上的洞洞比贝壳小,沙子就是掉不下去呢?"于是我请沐沐试一试,孩子们发现无论沐沐怎么使劲摇晃竹篮,沙子还是留在竹篮里,我一边将两个篮筐展示在孩子面前一边问孩子们:"这是怎么回事?"孩子们观察比较后发现,因为竹篮的洞洞太小了,沙子太湿了,所以才筛不出贝壳。

三、总结反思

(一)观察发现幼儿的探究兴趣

1. 我的分析

《3—6岁儿童学习与发展指南》中指出:成人要善于发现和保护幼儿的

好奇心。玩沙活动中，我捕捉到幼儿对沙子下面是否有贝壳产生了兴趣，没有急于介入，而是静静观察，给予幼儿自主探究运用各种工具得到贝壳的空间。并通过观察用相机捕捉到翰翰的"筛沙"行为，通过分享交流、现场演示引发幼儿对"筛沙"获得贝壳产生兴趣。通过观察发现孩子们的兴趣有利于引发幼儿的实验探究。

2. 我的计划

基于幼儿的兴趣，我认为要给予幼儿深度学习探究的机会，于是我思考要引导幼儿共同收集实验材料，开展"沙池寻宝"的实验。

（二）提问引发材料探究

1. 我的分析

在科学探究活动中，提问是引导探究过程、激发思考与发现的关键环节。在开展"沙池寻宝"实验中，我通过提问，有效地引发幼儿对"筛沙"材料的深入探究，如寻找生活中的筛沙材料，思考筛沙材料使用的问题等，大大激发了幼儿对材料的好奇心，培养了幼儿的观察力、分析能力和解决问题的能力。

2. 我的计划

在实验的过程中孩子们会遇到各种各样的问题，于是我决定鼓励幼儿大胆提出问题，引发更多幼儿参与讨论，让幼儿深入地思考，并获得相关探究经验。

（三）以幼儿个体问题引发集体探究

1. 我的分析

以幼儿个体的问题作为起点，引发群体探究是一种非常有效的教学策略。不仅能激发幼儿的好奇心和探索欲，还能培养他们的合作学习能力和社会交往能力。在沙池实验中，孩子们产生了很多问题，我利用分享活动引导幼儿自己提出问题，大家集思广益，共同观察、讨论、操作，获得了洞洞、沙子、贝壳之间的关系的探究经验。探究中通过个体的问题引发集体的深入思考和探究，将个体的经验转变为集体的经验。

2. 我的计划

随着天气变冷，户外沙池区有越来越多的落叶，有幼儿主动提出要用"筛"的办法来收集这些落叶。幼儿"筛沙"实验经验的迁移让我分外欣喜。于是我决定满足幼儿的想法，让他们再次寻找材料，对收集的落叶进行新的探索。

孩子们的科学探究脚步还未停止，生活中充满着科学探究的点，教师需要有一双善于发现的眼睛，用心捕捉幼儿的探究兴趣，通过提问引发幼儿对材料的探究，并以幼儿个体问题引发群体深入的探究。做到"心中有目标，眼中有孩子，手中有方法"，支持我们的孩子能像科学家一样实验探究。

附：相关科学实验资源包

"沙池寻宝"科学实验资源包（中班）

实验主题	物质科学	实验名称	沙中寻宝
实验来源	幼儿	建议主题	常见的用具
实验问题	沙子里有好多的贝壳，怎么能更快地找到贝壳呢？		
提出者	幼儿		
预设目标	科学知识/经验	知道沙子细小，能从小洞漏下去	
	科学词汇	水、沙、筛	
	探究技能	观察、操作、比较	
	情感、态度、价值观	在操作中体验沙中寻宝的快乐	
幼儿已有经验	认识筛子		
材料准备 （找一找）	收集者：师生、家长共同收集		
	材料：铲子、小水桶、钉耙、筛子、放玩具的篮筐、竹篮、带网格的抽屉、娃娃家的纱幔、蘑菇钉玩具、网格板、淘米淘菜篮、泡沫塑料、网格餐桌垫		
	环境材料照片： 		
预设玩法 （做一做）	玩法1： 在沙水区旁的工具区，幼儿自由选择工具，将贝壳和沙分离 玩法2： 教师与幼儿、家长与幼儿共同在生活中寻找更多有洞洞的材料，能快速在沙池中找到更多的贝壳		

（续表）

预设玩法 （做一做）	玩法3： 解决沙池中落叶多的情况，幼儿再次在生活中收集比落叶小、比沙子大的"洞洞"材料，并在沙池中再次尝试
实验步骤	1. 幼儿自由选择自己喜欢的在沙池工具区能找到贝壳的材料 2. 翰翰找到了一个工具将筛网左右摇晃，沙子就筛下去了，能够得到贝壳 3. 小朋友们把教室和家中收集的洞洞材料拿到沙池中再次尝试，找出可以又快又多地筛到贝壳的材料 4. 小朋友们还发现纱幔比较软，一个人无法筛出贝壳，与孩子们共同讨论后，孩子们想出了可以用合作的方式得到贝壳 5. 小朋友们发现沙池中落叶太多了，重新收集了有洞洞的材料，在沙池中解决落叶多的问题 6. 小朋友们用生活中的材料清扫了沙池中的落叶，开心极了
反思	1. 善于捕捉兴趣点，保护孩子的好奇心 教师要有发现金子的眼睛。结合《3—6岁儿童学习与发展指南》指出的科学活动中"成人要善于发现和保护幼儿的好奇心"，在此次沙池寻宝活动中，我关注到幼儿想要用工具得到更多的贝壳，且对"筛"感兴趣时，正好以此为契机与幼儿共同探究"筛"的方法和现象，通过探究孩子们自主发现各种各样"筛"中洞洞与物体之间的关系，最后孩子们主动提出把洞洞的秘密运用到清理落叶中。活动中孩子们好奇心得以保护，且在"筛"的经验方面得到提升 2. 在探究中，教师要给予适宜、适时的支持 （1）耐心观察，注重生成 当幼儿在沙池的材料库里找寻工具找藏在沙子下面的贝壳时，我没有急于介入而是静静观察幼儿用哪些方法、哪些工具进行寻找，并用照片、视频的方式及时记录，便于之后交流分享。通过实践幼儿发现用"筛"的方法能得到更多的贝壳，引出了能"筛"的材料，拓展了幼儿使用材料的方法 （2）支持探索，引发寻找 当孩子发现用筛的方法能更快地得到贝壳时，我引导幼儿到教室里、到家里寻找更多生活中的"洞洞"材料，为开启探索之路奠定了基础。其实材料的寻找也是幼儿自主探究的一种能力 （3）巧用方法，引发思考 在两次分享中我运用了猜测验证、操作演示、观察比较的方法，激发幼儿的思考，支持幼儿不断地探究。幼儿根据猜测寻找材料进行寻宝，实验验证出能否筛出贝壳。分享中激发幼儿大胆描述实验中的发现和遇到的问题，鼓励幼儿进行操作演示，组织幼儿讨论得出了洞洞要比贝壳小才能筛出贝壳的结论。当幼儿对该结论有质疑时，通过把两个材料放在一起观察比较，让幼儿深入比较，从而了解到洞洞、沙子、贝壳三者之间的关系

（续表）

反思	3. 科学探究源于生活，回归生活 活动中，孩子们寻找的材料都是生活中的材料，贝壳也是小朋友生活中认识的，孩子们将找寻的材料带到沙池中进行实践操作，通过操作孩子们得出洞洞大小与物体间的关系，最后将经验迁移，无须老师引导，自发地用"筛"的方法来挑选树叶，令我感到欣喜。幼儿能将科学探究的经验进行迁移，解决沙池中落叶多的问题
实施建议	1. 由于在沙池中进行实验，需要换上雨鞋，以免幼儿鞋内进入过多的沙子 2. 教师引导幼儿共同寻找新材料 3. 教师需要提前和家长沟通，鼓励家长与幼儿一起在家中寻找有洞洞的材料

第五章

植 物

导　言

　　植物是幼儿认识自然的窗口。植物实验是指幼儿在教师的指导下，通过观察、探究和实验等方式，了解植物的生长、发育和变化过程，从而培养幼儿对植物的认知和探究精神的一种教育活动。和谐的大自然环境有利于幼儿健康的成长，同时也是培养幼儿身心健康的重要课程资源。这种教育活动旨在帮助幼儿建立科学思维和探究能力，同时也可以增强幼儿对自然环境的认识和保护意识。《3—6岁儿童学习与发展指南》中指出："支持幼儿在接触自然、生活事物和现象中积累有益的直接经验和感性认识"，"和幼儿一起通过户外活动、参观考察、种植和饲养活动，感知生物的多样性和独特性，以及生长发育、繁殖和死亡的过程"。幼儿对于植物的形态、生长、变化过程较为感兴趣，进而主动地使用观察、记录、测量、收集信息、记录等实验方法进行知识探究。幼儿园植物实验是一项观赏性较强且操作性强的活动。幼儿接触大自然，不仅能够放松心情，同时也能够学到科学知识，从而有利于幼儿的健康发展，培养幼儿细心、专注、自主的学习品质，提高幼儿的科学素养。

　　幼儿园设计了"叶子的秘密""种植各种蔬菜""照料植物"等12个大班植物实验，"蔬果沉浮""果汁颜色"2个小班植物实验。这些实验激发了幼儿对植物的探究兴趣和好奇心，帮助幼儿探究植物生长的变化，了解植物的特性，获得植物知识经验。同时，让幼儿体会植物与人类生活的关系，萌发幼儿关心大自然、周围环境，培养对大自然环境的保护意识。

　　在开展这些与植物有关的实验活动中，我们通过观察、倾听发现幼儿有以下行为特点：

　　一是能根据发现和兴趣开展实验。幼儿在日常自然角、小菜地的准备、播种、照料、收获的过程中，会发现许多与植物有关的生长问题。在对植物爱护的情感驱动下，他们会主动寻求帮助，并愿意主动去实践，尝试通过实验来解决问题。

二是能够运用经验迁移来尝试解决问题。在面对实验中的问题时，幼儿会利用已有的经验和知识，或借助天猫精灵、成人获取相关新的实验经验，通过相互合作、相互分工的方式，尝试运用不同的方法，如测量、替代、工具组合等，来寻求解决问题的办法。他们会在已有经验的基础上进行探索和创新，以寻找适合自己实际情况的解决方法。

三是能使用生活中的材料进行实验。在实验的过程中，幼儿不仅会使用小铲子、小铁锹等种植工具，还会使用放大镜、水瓶等实验工具，更会利用玩具积木、扭扭棒等教室里常见的用具，并尝试将它们融入实验中，增加实验的趣味性和实用性。

四是能利用各种图文符号记录实验。幼儿会利用各种图文符号通过集体记录、小组记录、个人记录的方式来留下自己实验结果的痕迹。大班幼儿还会记录自己在照料植物过程中遇到的问题，计划解决的方法，以及试验后的结果，来帮助自己回忆、整理实验的过程。

五是能与同伴互动与合作分享实验。在播种、照料植物的过程中，幼儿会与同伴一起进行实验，互相交流和分享经验。在分享环节，幼儿能根据自己实验记录的内容，利用说明性讲述的方式大胆描述自己在实验中的发现和收获。

这些行为特点表明幼儿在实验活动中展现出了积极的学习态度和探究精神。他们不仅对植物产生了浓厚的兴趣，还通过实验活动锻炼了自己的观察力、思维能力和实践能力。同时，这些行为特点也体现了幼儿之间的合作与分享精神，有助于他们在学习和成长过程中互相促进和提高。

小土豆的大冒险
——幼儿科学区环境的儿童主体性实践

◎黄一萍

幼儿园科学环境是幼儿学习科学的重要场所，它为幼儿提供了一个充满探索与发现的天地。一个良好的科学环境能够激发幼儿的好奇心和探究欲望，培养他们的观察力、思考力和创造力。在科学环境中，幼儿可以自由地探索、发现和学习，从而培养出对科学的兴趣和热爱。

科学区环境创设的目标是激发幼儿的探究兴趣，体验探究过程，发展初步的探究能力。教师应保护幼儿的好奇心，充分利用自然和生活，为幼儿提供便于观察、比较、操作和实验的环境，以供他们发现问题、分析问题和解决问题。同时，科学区环境的创设应该基于儿童的需求和参与。

在科学区环境创设中，我们需要确保环境的开放性和探究性，鼓励幼儿自由探索、发现和学习。此外，环境应该提供丰富的材料和工具，以便幼儿进行各种实验和观察。同时，环境应该具有引导性和启发性，帮助幼儿发现问题、思考问题并寻求答案。最后，环境应该卫生和舒适，以确保幼儿的安全和健康。

为了实现这些目标，我们需要精心设计科学区的环境和材料，并充分考虑幼儿的需求和兴趣。同时，教师需要给予幼儿足够的指导和支持，以促进他们的发展和学习。通过这种方式，我们可以建立一个充满探索与发现的科学区，为幼儿提供最佳的学习和发展环境。

一、儿童需要成为环境的主人

美国作者德布·柯蒂斯和玛吉·卡特提出：作为公民，儿童不仅有发言权，而且有权参与到对他们有影响的决定中。因此，幼儿园科学区环境如何创设应该由儿童及其需求来决定。

（一）自主决定探究内容

在一次睡前故事《神探艾小坡》中，揭秘了一个关于土豆的科学小秘密，原来发芽土豆会变色，并且有毒不能再食用。故事里的小侦探就是掌握了这个科学小秘密而破了案。这个关于土豆的小秘密，让我们班级的幼儿非常感兴趣，孩子们都表示很想看看这土豆发芽是怎么样的，土豆有毒是什么颜色的，颜色又是如何变化的……就此开展了班级科学种植系列活动"土豆奇缘"。

（二）自主拓展探索空间

儿童生活在五彩斑斓的世界中，他们无时无刻因为观察身边的一些现象感到惊讶、疑惑、好奇、不解，从而产生探索奥秘、追寻原因的愿望。因此，我们要提供给幼儿更多自主探索的空间。我们班级的科学区的探索空间不再局限于教室，而是拓展到教室外的自然角。孩子们不仅可以在教室内的空间学习，还可以把教室外的自然角作为他们探索的舞台。我们还鼓励他们与爸爸妈妈在家开辟一片种植区，一起种植土豆，时刻观察植物的变化；邀请父母、老师在幼儿园种植区种上土豆，为幼儿提供了一个接触自然、观察自然的环境。在这些自主探索的空间里，孩子们可以照顾植物、观察植物，培养对大自然的热爱和对生命的尊重。

当孩子们在自然角的探索需要回到室内继续深入时，或者在室内的探究需要去室外取材、验证时，科学区的空间环境则会根据儿童的需要自主切换，只要儿童需要，大自然就是他们的科学区。

（三）自主收集表征素材

幼儿的环境表征与过程记录能力是一个不断发展的过程，需要教师有意识地依据其需求铺垫和支撑，鼓励其寻找一些材料进行调查、设计和学习。在"土豆奇缘"的活动中，孩子们在讨论中萌生了许多的问题，例如"土豆的种子是什么样的？""土豆会开花吗？""土豆是如何变成薯条的？""土豆为什么会变绿？""浅绿色的土豆还能吃吗？"等等。因此我们鼓励孩子把自己的问题，通过画笔记录下来，或者用录音器把问题录下来，一起放在问题墙中，便于幼儿之间随时互动。

　　幼儿是多变的，他们是有创造力的思考者，他们使用材料和空间的方式常常超出我们的想象。在"制作土豆泥"的操作过程中，孩子们萌生了用不同的方式碾压粉碎土豆的想法。

　　我激发他们通过收集工具、调查和亲身实践的方法来验证，并制作土豆泥。有的孩子用石头砸，有的用搅拌机，还有的通过摔、踩等方法进行尝试制作。他们自由结伴、尝试合作，探索方式多样宽松且自由。

（四）自主进行过程性表征

　　幼儿用创造性表征符号将自己的发现或同伴间的探索过程记录下来，会催化环境表征中深度学习的发生，会使得环境表征更具有独特的儿童气息。例如，在土豆种植活动之初，幼儿猜测土豆会不会开花，并将这一猜测用绘画的方式表现出来，以待验证。随着土豆的生长，幼儿发现，土豆的茎很粗壮，且会长得很高；土豆的叶子会发黄；它们会朝着窗户那边成长，好像歪着头，因为那里有阳光；土豆会开花，花小小的，花瓣是白色的，花心是黄色的，看上去像五角星；土豆变青变软要小心有毒……幼儿的动态观察记录可以清晰地呈现出事物的发展。这些动态的表征过程，都是激发幼儿在科学区进一步验证和探究的钥匙，教师默默地为其提供存放钥匙的宽松环境就是环境创设的巧智慧。

二、用"儿童视角"评价科学区环境的重要性

（一）直接反映内心真实想法和感受的评价方式

　　幼儿对探索空间、提供的材料、主题等环境的整体评价尤为重要。例如幼儿对于"挖土豆"这个探索活动的评价褒贬不一。有的幼儿说："我非常喜欢挖土豆，小土豆从泥土里被挖出来，感觉好开心呀！"有的幼儿说："我不喜欢挖土豆，因为太脏了。"还有的幼儿说："看着展板上的照片，都是我们做过的事情，我觉得很骄傲。"……孩子做出的任何一种评价都直接反映着其内心的真实想法和感受，也直接影响着科学区环境创设的改变，激励着我们和孩子们一起进步。

　　儿童对科学区环境的评价，是他们内心真实感受的直接反映。这种评价

方式强调儿童的参与和体验，让他们在活动中发现问题、分析问题和解决问题，从而培养他们的探究兴趣和探究能力。在评价过程中，教师应尊重儿童的意见和感受，鼓励他们表达自己的想法，并以此为依据来调整和完善科学区环境。

（二）对科学区环境创设的影响

一个基于儿童的视角、由儿童共同参与、精心设计的科学区环境，会由内而外地表现出对幼儿的尊重、信任和接纳。环境创设中的每一步虽有教师的预设，但更多是幼儿的声音。

儿童视角的评价方式对科学区环境的创设具有重要影响。首先，这种评价方式能够帮助教师更好地了解幼儿的需求和兴趣，从而为他们提供更加符合其发展需求的探索空间和材料。其次，通过幼儿的反馈，教师可以及时发现环境中的问题，并进行改进和完善，以提高科学区的整体质量。最后，这种评价方式还可以激发幼儿的参与热情，让他们更加积极地参与到科学区的活动中来。总的来说，用"儿童视角"评价科学区环境是一种非常重要的方法，它不仅能够帮助教师更好地了解儿童的需求和兴趣，还能够提高科学区的整体质量，激发幼儿的参与热情。因此，教师在创设科学区环境时，应该充分考虑幼儿的意见和感受，尊重他们的主体地位，让他们真正成为科学区的主人。

说明性讲述语言优化策略

——以大班科学实验活动"叶子的秘密"为例

◎胡冬梅

科学实验活动，指3—6岁儿童在老师的教学支持下采用实验"七部曲"——"问一问""猜一猜""找一找""做一做""记一记""说一说""想一想"，通过对材料和物品的操作、观察、比较、分析等，从实验的过程和结果中发现或推断事物之间的联系的活动。

说明性讲述，即用简洁明了、规范准确的独白式语言说明与解释事物的形状、特征、功用或操作过程。作者文灵芝在《在科学探索活动中发展幼儿说明性讲述能力》中指出，幼儿在科学探索活动中需要掌握大量的名词、动词，还需要逐渐学习使用和掌握表达指代关系的代词，表达逻辑关系的关联词等，在讲述时句子的结构也由简单趋向复杂，由不完整逐渐发展到完整，由松散慢慢变得严谨，其说明性讲述能力得到了极大的发展。

当前，科学实验活动中幼儿说明性讲述存在的问题有：说明性讲述语言的词汇匮乏；规范性用语使用不明确，语言不够简洁，语言描述混乱；主题中心不明确；重视"做"的操作而忽视"说"的表达，缺乏科学性；等等。为促进幼儿说明性讲述经验的进一步发展，本人以大班科学实验活动"叶子的秘密"一课三研为例，对目前大班科学实验活动中幼儿说明性讲述语言进行分析并提供一些策略支持。

一、第一研：在教学目标中制定说明性讲述经验

有效的目标定位能够提高课堂的教学质量，并凸显活动的价值。而说明性讲述目标的确定是以幼儿表述行为为主的教学活动，幼儿不仅需要学会表达自己的想法，也要学会按照主题要求去构思和说明。这就需要幼儿积极地

去感知，采用正确的语言内容及形式进行讲述，理解讲述的对象和内容以及有条理、有重点、有顺序地讲述内容。

（一）科学活动目标缺乏说明性

1. 实施问题：教学目标定位不清晰

大班科学活动"叶子的秘密"的教学目标是了解叶子的结构，探索叶绿素的作用；能够细心专注地进行提取叶绿素的实验。目标中忽视说明性讲述核心经验，教学活动准备不充分。

2. 存在原因：缺少说明性讲述核心经验

当前大部分教师对说明性讲述活动内涵认识不足，教师的说明性讲述核心经验知识匮乏，教师的说明性讲述活动整合能力不足，缺少系统化的培训，未能很好地在幼儿园日常活动中引导和发展幼儿的语言讲述能力。

3. 优化策略：明确说明性的教学目标

《3—6岁儿童学习与发展指南》对3—6岁幼儿表达能力的发展提出了明确的目标："愿意表达自己的需要和想法"，"讲述比较连贯"，"能有序、连贯、清楚地讲述一件事情"。讲述是讲述者独立构思和表达对某一内容的完整认识。

因此，大班科学活动"叶子的秘密"的教学目标调整为：有条理、清晰地讲述叶子的结构，探索叶绿素的作用；能够细心专注地进行提取叶绿素的实验。

二、第二研：在师幼互动中搭建说明性讲述框架

幼儿需要在探究中认识周围事物的现象，比如认识常见的动植物、科学现象，认识物体和材料的颜色、质地等特性，了解内在和外在的结构特点、功能用途等的过程中，学会使用说明性讲述语言。科学实验活动中，教师通常会事先提供多种材料让幼儿进行观察、比较和分析。这就给幼儿提供了了解事物规范名称的机会，也给幼儿搭建了说明性讲述框架，让幼儿的讲述变得更精确、表达更清晰。

（一）幼儿描述凭借物缺乏科学性

1. 实施问题：事物名称不规范，偏向"口语化"

活动伊始，导入环节中提问幼儿："每种植物都有叶子，那你们知道叶子

是什么样的？它们有什么不同？请你们每人选一片叶子，摸一摸、看一看叶子有什么秘密。"孩子们踊跃回答："这个是绿色的，我看见过还有红色的。""我还见过黄色的那个。"教师小结："他们的形状、大小也不同"，"原来你们见到的叶子颜色、形状各不相同，就连这个大小也各不相同"。

2. 存在原因：教师的错误示范及引导

教师的教学效果很大程度上取决于个人语言表达能力，这给教师用语修养提出了很高的要求。因此，首先，教师要先为幼儿做出正确的榜样。学习并渗透说明性讲述核心经验，约束自己的语言规范化，避免出现"口语化"词汇。其次，要及时修正幼儿的语言，帮助幼儿使用能够理解和接受的科学性、说明性语言进行总结，并帮助幼儿累积大量的说明性词汇。

3. 优化策略：强调事物名称的科学性

幼儿在找一找、摸一摸、看一看的过程中，发现叶子的大小、形状各不相同，引发幼儿联想生活中的叶子也有不同颜色的。但是在日常用语中，幼儿喜欢使用口语化的、不规范的名称，或者使用"这个""那个"代替。因此，当幼儿缺乏说明性讲述经验时，教师需要借助幼儿的答案，帮助幼儿提炼并搭建语句中讲述叶子结构的框架。当幼儿说"这个是绿色，我看见过还有红色的"时，教师应及时纠正："原来它是绿色的叶子，你还见过红色的叶子。那么其他小朋友，你们见过不同颜色的叶子，它们还有什么不一样的地方吗？"纠正幼儿讲述时出现"这个""那个"的口语化词，从而获得讲述叶子的特征的实践经验。

（二）幼儿说明性语句缺乏简洁性

1. 实施问题：词汇描述不恰当，偏向"重复性"

在幼儿说出叶子的初步特征后，教师继续追问幼儿："叶子除了形状和颜色不同之外，你们发现叶子上有什么？叶子摸上去感觉怎么样？""我摸到的肉肉的，叶子是肉肉的，它摸上去软软的。""我知道这里是叶脉。""叶子摸上去软软的，就像我们身上的肉一样，它就叫叶肉。连接着树，可以拿在手上的部位就叫叶柄。细细的这根就是叶子的叶脉。"

2. 存在原因：教师未给予幼儿讲述的机会

教师有自己的预设内容，因此在实施过程中，留给幼儿的实践机会较少，使得孩子没有讲述的机会。而大班的孩子已经有了良好的语言表达能力。教师只需要从旁适当提醒，必定能让幼儿丰富词汇，提升完整的讲述能力。

3. 优化策略：强调描述事物的简洁性

幼儿在讲述中，能够把自己摸到叶子的感受和自己已有的生活经验联系起来，也能使用简洁的说明性语言讲述事物的特征，比如："肉肉的""它摸上去软软的"表达自己的观点。此时教师应马上指身上，提醒幼儿："软软的像我们身上什么一样？""叶子软软的，就像我们身上的肉一样。"直观的材料一直伴随着说明性讲述语言，教师应提供多种形式和手段，让幼儿学习运用教师所提供的讲述思路去讲述同一件事物或一个情景，避免引导幼儿出现重复性讲述和没有重点、缺乏逻辑的讲述。适当的语言暗示能丰富幼儿的说明性讲述能力。

三、第三研：在实验操作中构建说明性讲述经验

科学实验活动往往通过操作的方式帮助幼儿获得科学知识和概念，而在说明性讲述活动中，有的内容也是按照操作程序来讲述的。幼儿可以边操作边讲述，也可以先操作后讲述，还可以通过讲述后再操作的方式反思自己讲述的内容是否完整，顺序是否正确。

（一）鼓励幼儿使用独白语言的形式进行讲述

1. 实施问题：幼儿难以独立构思，缺乏"逻辑性"

幼儿操作时，教师进行巡回观察与指导。幼儿 A 拿起一片叶子，用手将叶子撕得很小，把它塞进了试管里。手拿滴管挤了几滴酒精往试管里挤压。随后，拿着滴管在试管里不停地搅拌，直到对幼儿 B 说道："快看，我的试管里已经变颜色了，里面的水变成了绿色。"于是盖上了帽子。分享交流时，幼儿 A 跃跃欲试想要分享自己的科学发现，回答时说道："就是……我刚刚把它放进了试管里，就是用手把叶子撕得很小。然后我就看见它变颜色了。""那绿色的液体从哪里来的""液体就是酒精。酒精变成绿色了。"

2. 存在原因：幼儿脱离说明性讲述情境

幼儿大多数情况下习惯以"对话"的语言进行讲述，即你问我答。而脱

离情境的场合后，幼儿无法依托"凭借物"或"对话"的形式独立构思讲述内容并有条理地进行讲述。同时由于年龄段或个体差异，幼儿有时较难独立构思已经操作过的内容，更容易出现"语言混乱""回答没有重点"的现象。

3. 优化策略：借助记录表的提供支持

为了使幼儿在动手操作后获得深刻的过程印象。教师提供绘画、涂色等方式的记录表支持幼儿的记录探究过程。在分享交流后，抓住机会，结合记录，支持幼儿与同伴分享自己的探究成果，幼儿有了操作的经验，思路清楚，并借助记录表的支持，表达起来也就能言之有序、言之有物。在这样的情境下，幼儿也更愿意使用独白语言形式，大量使用说明性讲述语言。

（二）鼓励幼儿准确运用名词、动词等进行讲述

1. 实施问题：教师缺乏准确使用规范词汇，偏向"随意性"

在操作环节中，教师在旁提问幼儿 A："你用了什么方法？"幼儿抬头看了一眼继续实验。教师追问："叶子有什么变化吗？"幼儿回答道："叶子变颜色了。""变成什么颜色了？""变成绿色了。""那这些绿色的叫什么？"幼儿沉默地低下了头，继续进行重复滴酒精、搅拌的动作。

2. 存在原因：实验中重视"做"的操作，忽视"说"的表达

科学实验活动中存在重视幼儿的操作而忽视幼儿的表达这类情况。幼儿通过动手操作实践、观察等过程，了解到事物的发展，但是由于他们的语言表达能力欠缺或者是科学词汇有限，因此他们表达有局限，不能将状态、特点、变化过程阐述清楚，而目前对说明性讲述的研究较少。

3. 优化策略：注重提问，重视"说"的表达

在幼儿运用实物进行操作时，教师不断激励幼儿思考："你是怎么做的？""你发现了什么？""原来的酒精是什么样的？""那么绿色的液体从哪里来？"幼儿一边操作，一边总结自己的经验："我是用了撕的方法，把叶子撕得很小。""我用滴管滴了几滴酒精，在试管里进行搅拌。""我把试管轻轻地摇了摇。"幼儿在自己探索和体验的基础上，使用了撕、滴、搅拌、摇等不同动词，准确地表达了自己的探索经验，为使用说明性语言进行简单明了、准确的讲述做好知识经验准备；幼儿的说明性讲述能力也因此得到提高。

四、结　语

　　科学实验活动以幼儿为主体，幼儿通过动手、动脑，获得了丰富的科学知识，积累多方面的科学经验，也为进行说明性讲述做好了认知准备、经验准备。幼儿通过观察探索，思考猜测，调查验证，收集信息，最后得出结论并与他人交流。幼儿具备了对讲述现象和讲述内容的科学认知。其交流的内容都来自其自身的发现，并且具有一定的过程性。他们在讲述的时候，就能做到有内容、有条理地讲述。其次，给予幼儿使用说明性语句进行讲述的机会。他们的说明性语言讲述的能力也在经历一个发展的过程，讲述时使用的句子由简单到复杂，从口语化向规范化转变，从而实现了发展说明性讲述语言的核心经验。

　　因此，教师作为教学活动的设计者和实施者，应加强对说明性讲述教学知识的学习。进而在实践中，能够结合理论知识，逐渐学习运用说明性讲述教学策略，多途径促进幼儿说明性讲述经验的发展，提高幼儿说明性讲述能力和提升自身的教学整合能力。

附：相关教案

"叶子的秘密"集体活动（大班）

活动目标：

1. 进一步了解叶子的基本特征，尝试提取叶绿素。

2. 能够细心专注地进行提取叶绿素的实验。

活动准备：

教具：若干叶子、酒精、毛巾、杯子、剪刀、滴管、试管。

学具：记录表、笔、叶子结构图、各种各样的叶子图片。

活动过程：

1. 谈话导入，激发兴趣

（1）目的：激发幼儿了解叶子的外部特征。

（2）导入：每种植物都有叶子，那你们知道叶子是什么样的？

（3）提问：叶子有什么不同？

（4）小结：生活中的叶子有各种各样的颜色，大小、形状也各不相同。

2. 观察叶子，深入探索

（1）目的：激发幼儿探索叶子的内部特征。

（1）导入：那么叶子除了形状和颜色不同之外，关于叶子的秘密还有什么呢？请你们每人选一片叶子，摸一摸、看一看叶子有什么秘密。

（3）提问：叶子摸上去什么感觉？你发现叶子上有什么？

（4）小结：小朋友们观察得真仔细，说得也很好。叶子上有叶柄、叶脉、叶肉三部分。

3. 探索秘密，尝试操作

（1）目的：通过实验进一步发现叶子里面含有叶绿素。

（2）猜测

①提问1：猜一猜叶子里面会有什么秘密呢？

②提问2：叶子加入酒精会发生什么变化？

（3）介绍工具

①实验工具：酒精、试管、剪刀、杯子、滴管。

②辅助工具：毛巾、护目镜。

③记录工具：记录表、笔。

（4）幼儿操作

①瓶口很小，需要将绿色的叶子剪碎或撕得很小。

②滴入酒精，盖紧帽子轻轻地摇晃。

重点观察：观察幼儿是否把叶子撕得很小，没有颜色的酒精变化情况，幼儿的操作方法，记录表的呈现情况。

幼儿操作，教师巡回指导。

（5）交流分享

提问：你是怎么做的？发现了什么？

重点提问：原来的酒精是什么样的？那么绿色的液体从哪里来？

（6）小结：通过酒精的帮助把叶子的秘密找出来，试管中这些绿色的汁，就是叶绿素。

4. 延伸活动

（1）目的：了解叶绿素的更多作用。

（2）提问：你们知道叶绿素在生活中有什么作用吗?

（3）小结：叶绿素可以帮助植物产生光合作用，从而使植物能制造氧气，帮助我们人类净化空气，让我们呼吸到新鲜的空气，保护我们的眼睛。叶绿素的本领可真大。

（4）现在大家看看找到叶绿素了吗?

过渡语：请小朋友们回家再找一找还有哪些东西里也有叶绿素，叶子还有什么秘密呢? 不同颜色叶子里面是不是也有叶绿素呢?

蔬果宝宝知多少

一、活动背景

　　小班科学区是幼儿探索科学的重要场所，动态调整科学区环境可以让幼儿更好地学习和成长。选择合适的科学区布置方式，将区域划分为几个小的区域，每个区域投放不同的材料。选择适合孩子的科学材料，小班幼儿年龄较小，因此选择的材料要能够激发幼儿的好奇心和探索欲，还能帮助幼儿了解科学知识。

二、故事实录

【镜头】

　　我们班级的科学区域一开始的预设是观察蔬菜水果的沉与浮现象。于是向家长先收集了一些孩子知道的水果和蔬菜，以及铺垫一些关于蔬菜、水果都是怎么来的等知识，让孩子对于将要探索的蔬菜和水果有一定的认知和兴趣。我们在墙面上布置了一块区域，讲关于蔬菜、水果是怎么来的，还设置了猜一猜这块板块，猜测蔬菜和水果能在水里面沉下去吗，孩子们将自己的猜想都用箭头小贴纸贴在了墙面上的小记录板上。由于小记录板比较小，只适合在实验操作的过程中临时记录的时候进行记录，于是我们又设计了新的一块板面，利用了具体形象的大水缸的 KT 板，并在两个大水缸上面画上了水位线，让孩子们能够直接感知蔬菜水果是在水面上的还是在水面下的，并提供了便于孩子去直接粘贴的一些水果蔬菜的实物图片。孩子们在实验完成之后可以去完成集体的实验记录，直观又形象。

孩子们凭着自己的生活经验猜想着每一种蔬菜水果放到水中可能出现的情况，并认真地记录着实验的结果，在沉下去的蔬菜水果的图标后面贴向下箭头的小笑脸，在浮起来的蔬菜水果的图示后面贴向上箭头的小笑脸。接着我让孩子们进行实验的操作，验证自己的猜想是否是正确的，并在验证的实验结果后面再贴上有着箭头的小笑脸。孩子们都很认真地完成自己的实验，把提供的每种蔬菜水果放在水缸里，仔细地观察自己的记录是否正确。老师巡回观察，适时指导，帮助孩子在观察沉与浮现象的同时正确运用"沉"与"浮"这两个字。

在充分的实践后，孩子们围坐在一起相互交流自己的发现。孩子们在玩的过程中初步获得了物体沉浮的概念。"为什么大的西红柿是浮起来的，小小的葡萄却是沉下去的？"孩子们带着探索后又产生的新问题意犹未尽地开始了下一次的实验。

1. 我的分析：

看到孩子们玩得兴高采烈，乐此不疲，我不禁陷入沉思，能否引导小班的幼儿初步感知物体沉与浮的概念，让他们这种无目的的玩耍变得有价值呢？带着疑问，我查阅了相关的材料，《3—6岁儿童学习与发展指南》中指出：幼儿科学学习的核心是激发探究欲望，培养探究能力——引导幼儿通过直接感知，亲身体验和实际操作进行科学学习，通过观察、比较、操作、实验等方法，学会发现问题、分析问题和解决问题，帮助幼儿不断积累经验。活动的材料取自幼儿最熟悉的、日常就能见到的、能吃到的蔬菜和水果。活动过程中，我从看、猜、做、验、说等环节着手，引导幼儿初步感知和体验物体的沉浮现象。

2. 我的策略：

本学期的科学区活动，我通过猜一猜、贴一贴、做一做等多种途径引导幼儿直观地感知"沉浮"现象。由于活动好玩又有趣，幼儿在活动中的积极性被充分调动起来，所有幼儿的参与兴致都很高，每位幼儿都在老师的引导下有滋有味地进行实验操作。在趣味的"玩水果"的过程中，幼儿学习、思考并各有收获，较好地完成了活动目标。

三、活动收获

（一）选材适宜，充分遵循幼儿身心发展规律和认知特点

1. 在活动内容的选择上，遵循小班幼儿的兴趣特点

（1）小班幼儿年龄小，"玩"是他们认识世界的主要方法。

（2）教师抓准了"蔬菜水果"的这个兴趣点进行深入思考和认真提炼，并及时以"蔬果沉浮"的现象为教育契机和活动内容，设计出针对小班幼儿进行"沉浮"概念的科学领域主题探究活动——"有趣的蔬果沉浮"。

2. 在实验材料的选择上，遵循小班幼儿的认知特点

（1）教师选择的葡萄、苹果、香蕉、土豆、青椒、西红柿等蔬果都是幼儿熟知并且是生活中常见的。这些蔬果五颜六色、味道、形状也都是各不相同的，对喜欢鲜艳颜色并对外观形象比较敏感的小班幼儿有非常大的吸引力，因而很受幼儿的喜爱。

（2）教师对蔬菜水果颜色和外观方面的选择，很自然地拉近了幼儿与实验材料的距离，为活动中幼儿与蔬果之间主动和有效的互动奠定了良好的基础。

（3）实验水缸的选择也是经过了不断的调整，刚开始使用的是脸盆，但是比较浅，蔬果的沉浮在水中并不明显，于是我们又换成透明的大水缸。这样孩子把蔬菜水果放进去，从水缸的侧面就能观察到蔬菜水果的沉与浮，能够更清晰、更直观地感知物体的沉与浮。

3. 在实验形式的选择上，遵循小班幼儿的学习特点

教师利用游戏的学习方式，结合孩子乐于亲水的特点，将"玩水"和"科学实验"进行有机结合，将幼儿"无意识的玩"和"有目的的观察学习"融合在一起，让游戏式的学习方式帮助幼儿保持持续的活动兴趣。

（二）关注过程，有效推动幼儿科学领域核心能力的发展

1. 以假设问题导入，帮助幼儿逐步深化探究

（1）开展幼儿科学领域学习活动的目的，是激发幼儿探究欲望，培养他们的探究能力。活动中，教师用问题来引导幼儿进行试验，观察现象，深入思考。如教师提出问题："这些蔬果如果放在水里会怎么样？""老师有个问题

想考考大家，如果把苹果放到水里，它是会在水面上，还是会在水底呢?"

（2）老师提问中连续几个"如果……"的假设引导，引发幼儿进行猜测，并将自己的猜测结果记录在墙面上，自然而然地引发幼儿开始用不同的蔬菜水果在水中做实验，这种小实验的设计和老师一个个假设问题的追问，有效地推动了活动的进一步深化。同时，"如果……"的假设问题引导，也培养了幼儿大胆猜测的科学探究精神。

2. 关注活动过程，帮助幼儿有目的地进行探究

（1）动手操作是孩子最喜欢的环节。在做实验的活动环节中，教师很注意活动过程中细节的设计和处理。在记录的环节中，教师为幼儿准备了两个大水缸，增加情境性，并分别在水缸旁放置了一些相应的水果和蔬菜。幼儿在实验之后把每种蔬菜水果放进相应的水缸里进行试验，很自然地巩固了"对应"这一名词概念的理解和操作。

（2）"做实验"对于小班幼儿来说，还是较为陌生的，他们更愿意把这个环节叫作"玩"，叫作"游戏"，因此他们在活动中随意性较大，不会抓重点。针对部分幼儿在游戏实验操作中把重点放在水果"放进水里"的行为，却对后面水果的"沉""浮"不甚在意的现象，教师在活动过程中及时提醒幼儿不要马上离开，而要留下来仔细观察蔬果"放进水里"之后的现象，引导幼儿学会如何去观察蔬果的沉浮。为了帮助幼儿对比不同的沉浮状况，并根据现象和试验得出科学结论，在活动过程中，教师又为幼儿提供了记录卡，教会了幼儿如何将观察到的现象进行记录，做出对比和分析。班级的科学区域环境的创设，对充分发挥科学活动区的教育价值，培养幼儿自主探索精神起着十分重要的作用，投放材料要适合幼儿"玩中学"的特点，变被动学习为主动学习。如在"沉与浮"科学探索活动区，我们为幼儿准备了盛水的容器，以及各种蔬菜和水果。孩子们对提供的材料产生了兴趣，特别关注在操作的过程中对蔬果的外形特征与它们在水中的沉浮关系，大大提高了探索的积极性。激发幼儿探索的愿望是顺利开展探索活动的前奏。当幼儿有探索的愿望时就会产生愉快的情绪，对调动幼儿进入主动学习状态起着积极的作用。

教师通过在活动过程中的各种提示，强化实验的目的，让幼儿在有意识的观察中夯实了对"沉浮"概念的认识和理解，有效地发展了幼儿的科学探究能力。在设置实验的过程中则不断地去调整实验的材料和实验的记录方式，使得实验能进一步提升幼儿的科学经验。

附：相关科学实验资源包

"蔬果沉浮"科学实验资源包（小班）

实验主题	物质科学	主题名称	蔬果沉浮
实验来源	主题下幼儿的讨论	建议主题	苹果和橘子
实验问题	怎么样让沉下去的蔬果浮起来？		
提出者	幼儿		
预设目标	科学知识 / 经验		获得物体沉浮的经验
	科学词汇		沉下去、浮上来
	探究技能		观察、猜测、比较、发现
	情感、态度、价值观		培养探索自然的兴趣，体验成功获得的喜悦
幼儿已有经验	幼儿知道常见蔬果的名称		
材料准备（找一找）	收集者：师生、家长共同收集		
	实验材料： 透明塑料盆、常见蔬果、记录表、贴纸 生活材料：吸管。实验资料：书籍《好吃的水果》		
	环境材料照片： 		
预设玩法（做一做）	玩法 1： 1. 将准备好的蔬果放进水盆里 2. 观察蔬果的沉浮情况并记录结果 玩法 2： 1. 将吸管插在土豆上 2. 观察对比没有插吸管的土豆和插着吸管的土豆沉浮情况并记录结果 玩法 3： 1. 剥掉橘子皮 2. 观察对比没有剥掉橘子皮和剥掉皮的橘子沉浮情况并记录		

（续表）

实验步骤 （附照片）	1. 问一问（幼儿对蔬果放在水里后的情况进行提问） 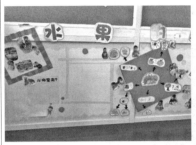 2. 猜一猜（幼儿对蔬果放进水里后的沉浮进行猜测） 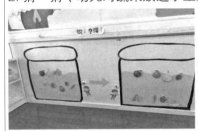 3. 找一找（寻找蔬果的材料） 4. 做一做（幼儿根据实验步骤进行实验）  5. 说一说（教师启发引导，为什么大的橘子会浮起来？） 6. 记一记（先对是否有磁力进行猜测，然后实验进行验证，用符号表示） 

实验步骤 （附照片）	7. 想一想（幼儿在家使用橘子皮进行创意添画）
实施建议	1. 这个主题的科学区实验适合在秋季蔬果丰收的季节开展，这样植物的种类较多，能更有利于幼儿探索 2. 这个实验的幼儿记录表可以用贴纸记录调整放至墙面大展板并为幼儿提供实物图片，让幼儿用粘贴进行记录 3. 可以进行亲子制作或者亲子探索活动

自制延长浇水器的探秘之旅

◎张敏嫣

一、活动背景

在种植活动中，"浇水"是最基本的照料植物的方式之一，也是孩子们最喜欢做的一件事。每次来到小菜地，孩子们都不约而同地选择各式各样的浇水壶进行浇水。正因为幼儿浇水行为的普遍性，教师往往只是在发现幼儿浇水太多后直接制止或引导，而忽视了对幼儿"浇水"的兴趣和对"浇水"背后出现的探究行为的捕捉。

针对这一现象，我从幼儿最常见的照料植物的方法着手，以"浇水"为切入点，细心观察幼儿在浇水过程中可能遇到的问题，在问题情境中使幼儿能逐渐养成在种植活动中的主动观察的习惯，提升自己发现问题和解决问题的能力。

二、故事实录

【镜头一】在浇水中发现问题

在一次种植活动中，五六个男孩子正拿着洒水壶在给小菜地的每一块菜地浇水。突然听到橙子喊道："这块地我已经浇过水了，你不要再浇了！"边说着，边生气地看着小马。

小马连忙指着橙子后面的一块地，说道："你不是在那边浇水吗？"

橙子鼓着腮帮子说："这里我也浇过了！"

"我又不知道！"小马不服气地说道。

当捕捉到这一画面时，我原本想通过分享交流环节来引导大家讨论浇水人员的分工，却不承想到，橙子在分享时说了句："我想在小菜地里有个自动浇水的装置，这样我只要站在中间浇水，水就会流到旁边的菜地里，小马就不会来我的菜地浇水了。"

橙子的突发奇想，打开了我的教育思路，于是我便鼓励橙子可以利用百宝箱的各种材料，来实现自己的发明创作。

1.幼儿的学习

橙子提到要有个"自动浇水装置"的想法时，不仅让我惊讶，也让我看到了孩子们学习的无限可能。当橙子在照料植物过程中发现自己浇过水的小菜地被同伴反复浇水后，并不是等着老师来解决问题，而是主动思考，希望通过浇水装置在方便自己浇水的同时，也能通过区域的设备，来告知同伴这块地是他负责的，减少了反复浇水的可能。

2.我的策略

当橙子和小马在浇水过程中遇到矛盾时，我并没有介入，而是选择将教育契机放在分享交流环节，想将个体的问题借用集体的经验来解决，但我低估了橙子的学习能力。因此在得知他有更好的浇水方法时，我及时予以肯定和鼓励，并拓展他使用材料的途径，助推他尝试实现自己的奇思妙想。

【镜头二】实践体验，发现问题

在第二天的种植活动中，橙子拿着一张计划书来到小菜地的百宝箱前挑选起了材料。原来他为了能自制自动浇水装置，回去寻求了爸爸的帮助，在网上查阅、了解了自动浇水装置的样子后，开始设计自己能做成的浇水器。

只见橙子在百宝箱中挑选了几个薯片罐，拿来问我："老师，我可以把薯片罐剪开来吗？"见我没有马上回答，立刻接着说道："我要把它们变成那个一半的水管一样，来浇水。"

"好的，你可以试一试。"在了解他的用意后，我同意了他的要求。只见他用剪刀先将薯片罐从中间剖开，再将底部的圆形铝片剪下来，不一会儿，薯片罐就变成了两个半圆形的铝箔片。诚哥见状也加入了橙子的"发明创作"中。在两个人的共同努力下，一下子做出了六个半圆形的铝箔片。

随后两人找来了砖块，在靠近走道边的小菜地里将两块砖块垒高后，相隔一只小手的距离又放两块砖垒高，再间隔一只小手多一点的距离，放两块砖垒高，所有的砖块都是横着排列着，形成了三个支架。接着他们又将两个半圆形的铝箔片放在三个支架上后，因为支架的距离较近，两个半圆形的铝箔片之间重叠的部分较多。橙子看到后，连忙去拿来了水壶，往靠近走道的支架起点处的半圆形的铝箔片内倒入水，只见水顺着铝箔片慢慢填满两个铝箔片，并从铝箔片尾端流入小菜地，正当两人高兴时，铝箔片却发生了倾斜，水从两边流了出来，当他们把铝箔片扶正再次倒入水时，发现当水壶里的水不再灌入的时候，水也都留在铝箔片内不再流入小菜地。

这时诚哥说："我觉得要像沙水池那里一样，有的砖头要高，后面的砖头要低，这样水就会往前面流了。"

橙子点点头说："我知道了，这里可以搭三块，这里一块就好了。"边说边将最后一个支架的砖块拿到了第一个支架上。随后两人再一次往支架中灌水，这次水流很顺畅地从铝箔片尾端流入小菜地。

橙子说："我觉得我们可以在这个上面打几个洞，水就会从洞里流下去，这样就都能浇到水。"于是他们两个跑到我身边，询问我是否有可以打洞的工具。在他们的要求下，我利用打洞器在铝箔片的两侧各打上了两个洞，他们又高兴地去尝试浇水。但由于洞洞在铝箔片的两侧，他们需要往铝箔片内灌入较多的水，水才会先从洞洞里流出，但由于灌入的水流变大，铝箔片再一次翻倒，试了几次后，铝箔片仍会"不听话"地翻倒，掉落下来……于是我便拿出手机，记录下了这一刻。

1. 幼儿的学习

从"计划书"的制订可以看出橙子对"自动浇水器"的兴趣之浓厚，也得到了家长的支持，通过亲子查阅资料，他了解到自动浇水器的一般样子和需要的材料，为他能顺利制作出属于自己的浇水器埋下伏笔。

在制作过程中，橙子和诚哥能利用小菜地周围的各类材料进行组合、搭建，同时能在第一次浇水的过程中就发现水需要从高处往低处流的特性，结合自己在沙水区游戏的经验，调整了浇水器的支架高度，来实现使水流动起来的第一步。在之后的操作中，为了实现"自动化"，想到利用铝箔片上的"洞洞"来使水能一路从铝箔片上流出，灌溉到各处土地上，但在这个过程中，却遇到铝箔片会翻倒的问题，且尝试过对此进行调整，依旧解决不了。

2. 我的策略

在橙子和诚哥制作浇水器、使用浇水器的过程中，我始终以旁观者的身份在一旁静静观察，当他们遇到水流无法顺利流出铝箔片，且铝箔片容易东倒西歪时，并不忙于给予他们方法和经验，而是观察他们会利用哪些方法来解决。在他们主动来找我询问改变薯片罐形状、为铝箔片打洞时，我才进行适时地介入。因为我觉得对于大班幼儿的探究活动，需要实践体验的不仅仅是成功喜悦，更是发现问题后的积极寻找解决办法，这才更有利于幼儿学习品质的培养。因此在发现铝箔片老是容易掉后，我选择利用照片的形式进行记录，便于之后在分享环节使用。

【镜头三】分享交流，拓展经验

在分享环节，我有意识地邀请橙子和城哥来分享他们今天的发现。橙子他们表述了铝箔片老是会掉下来这个问题，我便把我拍摄到的照片播放给大家看。我把问题抛给孩子们："问题会出现在哪里呢？"孩子们便七嘴八舌地说了起来。

小马说："我觉得是砖块的距离太远了，铝箔片没有压住。"

依依说："是不是铝箔片太滑了？"

辰悦说："我觉得是他们的砖头不好，太高了，铝箔片就滑下来了。"

小高说："我看是因为砖头没有放平，所以上面的东西才会掉下来。"

孩子们一边说，我一边利用气泡图的方式，将他们的想法简单绘画记录下来。看孩子们说得差不多了，随后问道："铝箔片老是会掉下，可能有这么多的原因，你们觉得该怎么办呢？"

希希说："我觉得我们可以用铲子的背面，先把地弄弄平，这样砖头放上去就不会歪掉了。"

歆歆说："我觉得可以用积木搭个树杈的样子，把铝箔片放在中间就好了。"

"利用其他的材料也能搭出支架来，那这个树杈一样的支架要怎么竖起来呢？"听到歆歆的回答，我追问。

"可以把它埋在地里面！"辰悦连忙说道。

歆歆接着说："对，还可以敲一敲，这样埋得更加深一点，就不会倒了。"

"希希和歆歆的方法都不错，让支架变得更牢固了，铝箔片就不会倒下来。"我总结，接着指着"铝箔片滑"的图示问道："那有什么办法让铝箔片变得不滑吗？"

月月说道："可以用双面胶，把铝箔片粘在砖头上。"

小月饼说道："我觉得是因为砖头旁边没有东西固定，可以像积木一样，在砖头的两边再搭个小砖头，这样铝箔片被固定住，就不会倒了。"

"大家都想了那么多的好办法，我也用一个个气泡的方法记录了下来，贴在这些问题旁边，这样下次种植活动的时候就能去试试，看看你们的办法到底好不好，能不能帮助橙子他们顺利完成自动浇水。当然你们如果还有其他的好办法，或者觉得我的记录没有很好地把你们的想法记录下来的，那你们也都可以来画一画小气泡，贴在旁边再试一试，看看谁的方法更方便。"我说道。

1. 幼儿的学习

在分享过程中，孩子们看到了铝箔片从砖头上掉落下来的照片，通过观察、比较和分析，发现了铝箔片与砖头之间的关系，大胆猜测了铝箔片可能掉下来的原因并描述。同时通过思维碰撞、相互讨论，将个体的经验转化为集体经验，用牢固支架、稳固铝箔片等方法，来解决铝箔片掉落的问题。

2. 我的策略

利用分享环节，呈现了橙子他们在活动中遇到的问题，同时支持和鼓励孩子们观察画面，大胆联想，寻找原因。将孩子们的发现通过气泡图绘画的形式进行记录，形成了"自动浇水器—铝箔片滑落"思维导图的问题部分，同时引导幼儿开动脑筋，表述解决铝箔片掉下来的方法，并呈现幼儿的思维表征。虽然这次的气泡图的制作都是我在记录，但通过我将问题、解决方法猜想逐一呈现，也拓展了幼儿的思维的方式。而这份气泡图的记录不仅仅是孩子们的简单猜测，也是孩子们在之后活动中的参考计划书，因此我鼓励幼儿能利用这种形式，对自己的猜测进行记录，再通过实践进行验证，来帮助幼儿丰富观察经验、建立铝箔片和支架之间的联系并分享发现。

三、我的收获

（一）问题情境，是孩子们打开探索的"金钥匙"

在此次种植活动中，我捕捉到了幼儿在浇水中产生的问题——同一块区域出现多人浇水的现象。因此以此为切入点，组织幼儿分享交流，从幼儿的实际需求出发，通过自制浇水装置，不仅能解决多人重复浇水的问题，也能使浇水更为方便。幼儿在想要解决自己的问题时，会主动寻找解决办法，寻求成人的帮助，因此自发地制作了"自制浇水装置"计划书，为之后寻找材料、反复验证的自主探究，埋下了伏笔。

（二）对话交流，是孩子们建构经验的"脚手架"

在分享交流环节，当我发现产生了有价值的话题时，我直接以幼儿在自制浇水装置过程中遇到的问题来引发幼儿之间的讨论，让幼儿一起来想一想铝箔片会倒下来的原因。高质量的师幼对话，并不在于教师说的多和少，而是能够真正激发幼儿的思考。幼儿在我的提问下，有序地思考发生问题的原因可能有哪些，再根据这些原因来逐一思考解决的办法，在这个过程中的对话交流不仅让我更了解幼儿的想法，也使幼儿丰富了视野、梳理与建构了经验，进行了深度学习。

（三）思维导图，是孩子们深度学习的"奠基石"

分享交流中，我成功引导幼儿共同猜测铝箔片会倒下来的原因，针对原因来想出对应的解决办法，通过气泡图的方式，帮助幼儿理清思路，构建思维框架，帮助幼儿建立了科学的思维方式，使他们逐步了解了探究的科学方法，提升了探究的能力。

大家关于"自制浇水装置"在实行过程中产生问题的讨论，激发了大家都去试一试的欲望，在之后几天的种植区活动中，不仅能看到橙子和诚哥还在利用砖头制作支架尝试的身影，还看到了其他小伙们分组尝试各种材料制作支架的有趣画面，有用插件玩具的，也有用一次性筷子的。孩子们的想象无限，探究能力也在无限提升。

探寻植物喝水的奥秘

◎张瑜琪

一、活动背景

种植活动中,幼儿会亲历种子发芽、种植记录、见证成长、收获成果,在这样的过程中感受着植物的生长变化。种植是幼儿认识自然的一扇"窗",也是开启科学探索的一条"路"。所以,种植活动也能作为幼儿科学探究的一种方式,围绕着问题的出现为起点,围绕着问题的解决为结果,通过一系列探究活动,引导幼儿在活动中学会不断发现、观察、思考、合作交流、调查记录、寻求答案解决问题的方法。围绕"植物缺水"这个问题,鼓励幼儿发现问题、分析问题,最终解决问题,引导幼儿在劳动种植的过程中发展初步的探究能力,在尝试的过程中丰富幼儿种植新经验。

二、故事实录

【镜头一】奇思妙想

在一次种植活动时,我看到五六个孩子围在小菜地旁,小手指着植物在讨论着什么,于是我便来到他们的身后。

新月说:"哎呀,我发现土地都干裂了,这些植物每天都晒在太阳底下,会不会被晒化了呢?"

昕昕接着说:"对呀对呀,我们周末放假了,这些植物在幼儿园都没人照顾它们了。"

小陆在一旁说道:"我看到小区里有一个自动浇水的喷头会自动旋转给植物浇水,要是我们也能做出一个这样的机器来帮我们浇水就好了。"

1. 我的分析

本学期我班的户外自主游戏场地在幼儿园的小菜地，每天孩子们在这一片区域玩耍，自然而然地，小菜地的种植、浇水工作也由我们班级的孩子们承担。听着孩子们之间的对话，我惊喜地发现，孩子们在发现问题后不是第一时间去找老师求助，而是会相互讨论着问题，并尝试想出解决问题的好方法。我在心里为孩子们赞叹的同时，也想着要对孩子的探究行为予以指导。

2. 我的策略

（1）设疑解答法

在捕捉到孩子们发现的问题后，我利用集体分享的时间，向孩子们抛出问题，将个体的问题抛给集体，让班级孩子一起出谋划策。当小陆说出自己想做一个自动浇水装置的想法后，引起了孩子们的兴趣，大家七嘴八舌地讨论了起来。

"我看到公园的草坪上也有，会一直给小草浇水，我想用材料超市里的瓶子试试，在瓶子上凿一个洞，让水慢慢流出来。"小马激动地说。

小陈接着说："我想用教室里的积木玩具，先搭一个高架桥一样的，再找一些管子连接在上面。有了自动浇水装置，这样周末就不用了担心植物口渴啦。"

大班幼儿在教师提出问题后能自己想办法解决，愿意自主地去寻找班级材料超市里的材料进行探究，对问题的把控越来越强，心中有方向，能主动进行有目的的探究活动。

（2）情境暗示法

启发幼儿的深度学习，良好的环境是第一位。对此我们创设了开放的种植区环境，鼓励幼儿画出他们的问题、种植计划、计划书、记录发现等，并将其展示在小菜地的墙面上。

通过创设直观、丰富、生动、具体的环境，孩子们在不知不觉中进入了种植区，不知不觉地进行了观察。每次去种植区玩，为什么土都是干干的，植物喝不够水，我们该怎么办呢？发现问题的孩子画下疑问贴在问题墙上，班级其他孩子看到后纷纷帮忙想起了对策。当大家一致想要做个自动浇水装置来解决问题时，我便鼓励孩子们先画下计划书，贴在墙面上后，找找和自有相同计划的朋友组成一组开始进行深入的探究活动。

在探究中，孩子们动手动脑，不断去实验、改造浇水装置。他们记录下他们用到的材料、制作的方法，分享在种植区的墙面上。教师创设一系列的情境墙面，让孩子们在观察中不仅获得了快乐，还逐渐培养了他们观察的持久性和有效性。

【镜头二】合作尝试

又到了户外游戏时间，孩子们带着计划书来到了种植区，新月、昕昕和晞晞看着计划书上要用到的材料在材料架上找了起来。通过发放调查问卷，孩子们和家长一起设计了自动浇水装置，也想好了需要的材料。在找到了瓶子、一次性筷子、胶带、剪刀等工具后，拿上工具就开始做起了实验。

新月拿出两根筷子在水瓶上比了比，想要把筷子固定在瓶子的四周，她对小伙伴们说道："你们能来帮帮我吗？我们一起用胶带来把筷子缠在瓶子上吧！"昕昕找出胶带，新月负责找准筷子固定的位置，晞晞拿出剪刀帮忙剪断胶带，孩子们一边配合一边不断调整筷子的位置。晞晞说："筷子要再往下面一点，我们等会儿要插进土里，太短的话瓶盖就要碰到泥土了。""有道理，我们可以去菜地里试试瓶子的位置，这样就能知道筷子要固定在哪里了。"就这样，孩子们在合作下把筷子固定在瓶子的四周。我看到后，朝孩子们竖起了大拇指："哇，你们真棒，一起合作把瓶子固定住了，相信你们马上就能完成了。"

"接下来，我们在瓶盖上凿个洞，让水能流出来吧！"昕昕激动地说。但是三个女生在凿洞上遇到了困难，于是来寻求我的帮助："老师，你能帮我们在瓶盖上凿个洞吗？"在了解孩子们的想法后，我帮助了她们。她们拿着凿好的瓶盖，往水瓶里灌满了水，迫不及待地要去小菜地里试一试。"哎呀，这个水流得太快啦，这样水一会儿就流完了。"晞晞发现了问题，"我们去看看有什么材料能把洞给堵上。"新月说完就来到材料架边，不一会她拿起了棉签，"棉签棒的头是棉花，说不定水可以顺着棒子滴下来呢。"在找到新材料后，孩子们继续改造着她们的自动浇水装置。

1. 我的分析

问题源于孩子，这能够激发他们强烈的探究欲望。在探究的过程中，他们会仔细观察、分析、猜想。遇到问题时，幼儿之间会互相交流与合作，体验探究的乐趣。

2. 我的策略

（1）调查问卷法

探究活动开始前，基于孩子们的探究兴趣，利用家园合作的形式，发放调查问卷，请家长和幼儿共同设计解决问题的方法。通过组织幼儿分享交流，说说自己设计的好方法，让有同样想法的幼儿一起合作实验。

（2）问题情境法

抓住种植区"土地干裂，植物缺水"这一问题，引发幼儿的探索活动。师生共同收集材料，当孩子积极主动地运用自身感官进行尝试，他们所获得的外部信息也会越多，积累的经验也会越广泛、越丰富。

【镜头三】头脑风暴

在分享交流时，我惊喜地发现孩子们又发现了新的问题。"老师，我们的自动浇水装置用筷子固定，但是胶带缠好后，时间一长就有些绑不住了，瓶子都有点松动了。"昕昕又提出了新的问题。于是，大家纷纷想起了对策。

"一定是胶带碰到水了，黏性不够了，我觉得应该换种材料，可以试试教室里的扭扭棒。"小陆建议。

"我觉得橡皮筋也能固定住，多缠几圈就会变得很牢固了。"彤彤说。

我肯定了孩子们的各种奇思妙想："宝贝们你们真棒，大家都帮忙想到了好办法，那我们下次可以找到这些材料再试试看。"

1. 我的分析

在"浇水装置"的探索之旅中，幼儿的学习品质明显提升，比如能更多关注生活中的事物，进一步养成好奇好问、乐于探究的习惯；遇到问题时能互相听取同伴建议，合作优化商讨解决问题的办法等。教育源于实践活动中的经验，幼儿通过经历和体验，在实践活动中获得丰富的知识经验。同时，幼儿也通过实际操作，不断地根据实际情况来调整原先设计。

2. **我的策略**

幼儿开展探究活动时，及时表扬鼓励，多用高兴、惊奇、欣赏的眼光和语言、动作去称赞他们的成功；当孩子有了新的想法，及时肯定，助推他们种植探究活动的深入开展。

三、我的收获

（一）创设互动式的墙面环境

种植区互动式墙面的创设提高了孩子运用多种感官感知事物的能力。另外，种植区的创设发展了幼儿的观察能力。在观察中，孩子通过和墙面的互动去发现问题、提出问题，并记录解决问题的过程。推动孩子们发现大自然的奥秘，激发孩子探究大自然的兴趣，从而进行再次新的或更细致的观察。

（二）助推幼儿的探究意识

种植活动中蕴含了很多科学知识，教师鼓励幼儿自主尝试以及给予幼儿自主探究的机会，推动了种植活动的深入开展。在一次次试错的过程中，不断尝试，直到问题解决，在这个过程中，幼儿因为好奇心的驱动，收获了许多意料之外的经验。

（三）启发幼儿深入探究

教师在活动中可以"连续性"地观察，幼儿在活动中的发现会持续一段时间，可能孩子们今天游戏的发现通过他们的探究会解决，也可能得不到解决。作为教师，要使孩子们的好奇心蠢蠢欲动，在观察的过程中给予适宜的支持。逐渐使孩子自发的好奇心转化为特定方面的好奇——对科学的好奇、对探究的兴趣、对成功的向往，为幼儿播下了爱科学的种子。

附：相关科学实验资源包

"自动浇水装置"科学实验资源包（大班）

实验主题	物质科学	实验名称	自动浇水装置
实验来源	新编科学玩中学	建议主题	春夏和秋冬
实验问题	小菜地里的植物太远浇不到水怎么办？		
提出者	幼儿		
预设目标	科学知识 / 经验	水的流动性	
	科学词汇	流动性	
	探究技能	观察、猜测、比较、发现	
	情感、态度、价值观	感受水的流动性，提升经验，能耐心地进行实验	
幼儿已有经验	幼儿知道水是会流动的		
材料准备（找一找）	收集者：师生、家长共同收集		
	实验材料：积木、棉签、水瓶、筷子、薯片罐、水、胶带、橡皮泥 实验资料：1.书籍《有趣的水流》；2.浇水装置资料 生活经验：寻找生活中的浇水器		
	环境材料照片： 		
预设玩法（做一做）	玩法 1：自制滴水装置 1.找到瓶子，在瓶盖上挖个洞，将棉签插进去 2.两人合作尝试将筷子固定在水瓶四周，用橡皮筋绑住 3.在瓶子中装入水，盖上盖子后，倒着插进泥土里，观察水流情况并记录下实验结果 玩法 2：自动浇水装置 1.用积木搭出 Y 字形，用于连接薯片罐 2.将 Y 形积木固定在泥土里后，尝试连接薯片罐 3.将水倒在薯片罐中，观察水流流动的方向		

（续表）

实验步骤 （附照片）	1. 问一问 幼儿 1：土地干裂了怎么办？ 幼儿 2：植物晒不到太阳怎么办？ 幼儿 3：植物长得太远浇不到水怎么办？  2. 猜一猜 幼儿 1：可以用班级里的管道材料来做自动浇水装置。 幼儿 2：我们可以用水瓶和棉签，让水一滴滴地滴下来。 幼儿 3：用积木和薯片罐，不管植物有多远，都能被浇到水。  3. 记一记 幼儿先画下计划书，再做实验进行验证，并记录下实验结果  4. 说一说 教师启发引导： 问题 1：为什么 Y 形积木离得太远不行呢？ 问题 2：水流得太快了，很快瓶子里的水就流光怎么办？ 问题 3：你觉得还有什么材料也能做自动浇水器？ 实验中幼儿的话（发现、问题、互动交流等）： 幼儿 1：因为 Y 形积木太远，薯片罐就连接不起来了，我们可以先用薯片罐来量量距离呀。 幼儿 2：可以塞棉签呀！我之前调查的时候就发现有的自动浇水装置是把棉签塞孔里，这样水就慢了。 幼儿 3：我觉得还可以用管道来做个浇水装置。

（续表）

实验步骤 （附照片）	5. 想一想 浇水器在生活中的运用 
实施建议	1. 教师可鼓励幼儿大胆提出对于实验的猜想并画出计划书 2. 在孩子们操作过程中,给予幼儿足够的时间去尝试,不断尝试、适时介入 3. 注意使用剪刀时提醒幼儿保护双手 4. 可以进行亲子实验,收集不同方法制作的自动浇水器继续探索

第六章
重力、火山

导　言

　　重力是能够影响物体运动和相互作用的自然力量，也是自然界最基本的物理现象之一。火山喷发虽是一种自然灾害，但其中蕴含着火山形成的原因以及火山喷发的相关知识。《3—6岁儿童学习与发展指南》中提到：幼儿科学学习的核心是激发探究兴趣，体验探究过程，发展初步的探究能力。一系列的相关实验，能够帮助幼儿更好地理解重力这一抽象的概念以及了解火山喷发的现象，具有很强的探索性。

　　幼儿园设计了"失重餐厅""火山喷发"两个小实验，通过这些实验，幼儿通过主动提问、大胆猜测，寻找材料、细心观察、及时记录、亲自操作等方法探究重力的存在与作用以及探究火山喷发的特点，同时获得相关的经验。幼儿在体会重力与火山和人们生活的关系中萌发关心周围环境的情感。

　　在开展这些重力与火山实验活动中，我们运用多种方法提供教师的支持。

　　一是动态调整实验材料。通过观察幼儿在实验过程中发现的问题，引导幼儿在材料的运用上进行动态调整，激发幼儿继续探索的兴趣。

　　二是合理运用介入方式。教师以平行介入的方式，对幼儿新奇的想法给予鼓励和支持。当幼儿还意犹未尽时，与幼儿共同商量后进一步提升探索策略，比如适当加入新的辅助材料，同时引导幼儿相互合作，支持幼儿自主探索。

　　三是充分发挥幼儿自主性。教师在"让孩子当家作主"的教育理念下，引导幼儿自主选择讨论问题作为共同研究的方向，让幼儿之间相互分享科学经验。比如，通过图画与解释结合、幼儿自定选择规则、在比较中发现等方法，帮助他们获得科学经验。

　　四是创设"儿童视角"下的"材料仓库"。教师引导孩子自己决定科学工具材料，在家长帮助下自己收集材料，更让孩子自己管理"材料仓库"。

比如，大班可以通过让幼儿主动申领各自任务、引导幼儿整理材料仓库、推选科学区值日生等方法让幼儿积极主动地去发现科学、探究科学。

　　五是提供自主制定实验材料和步骤的机会。给予幼儿充分自主制定实验材料和步骤的机会。教师可通过制订计划书、开放时间和空间、根据幼儿需求调整计划等方法激发幼儿探索兴趣，支持幼儿获得科学经验。

让孩子"当家作主"
——浅谈幼儿园大班科学区"火山"实验环境创设的自主性

◎沈 莺

以前科学活动区的创设通常是基于成人的视角来进行的环境创设、材料投放、活动安排等，导致一部分幼儿对科学区角活动不感兴趣，错失在活动中进行科学探索的良机。在《幼儿园教育指导纲要（试行）》（以下简称《纲要》）颁布之后，国内对于科学教育的价值取向转变了。《纲要》中对科学教育的价值取向、构成要素、内涵都重新做了阐述，强调"幼儿最主要的学习方式就是直接感知和亲身体验"，使得学前儿童科学教育从以知识为中心转为以探究为中心。国内外学前儿童科学教育的发展趋势也都表明了儿童的主体地位引起了国内外研究者的高度重视。

同时，终身学习理念的践行需要人们具备自主学习的能力，也就是说，只有自主自发的学习才能让人们在面对新知识的时候知道该怎么学、该怎么做。从根本上说，在学习型社会中，教育是学习者在教师的科学指导下，通过自主学习，实现自我建构、自我发展的活动。学前教育为人终身教育的起点，更是要在幼儿时期就开始注重自主学习的培养，有利于为幼儿后继学习养成良好的学习习惯并为终身发展打下良好的根基。

随着大班幼儿自我意识的发展，大班幼儿不再满足于追随、服从成人，而是有了自己的想法和主见，他们活动的自主性、主动性水平明显提高。科学区是幼儿自由操作、自由探索的场所。幼儿迫切希望可以按照自己的兴趣和意愿进行科学区的创设，选择活动内容，投放适宜的活动材料以及进行实验操作，在科学区里不断地探究和发现。幼儿在活动中通过自主探究的过程可以具备初步的探究能力，幼儿有了初步的探究能力就具备了基本的探究未知、寻求答案和获取知识的方法和能力，也就在一定程度上具备了主动学习、自主学习的能力。

本文中的幼儿园大班科学区环境创设，主要是指让大班幼儿通过适宜的方式表达自己对班级科学活动区创设的真实看法，并且亲自动手创建科学区环境的过程。

自主性是幼儿园大班科学区环境创设的一种重要特点，具体可以体现在大班幼儿按照自己的兴趣和意愿自主选择科学活动区活动内容，收集活动材料、参与管理维护、制定实验操作方式等方面，让他们在整个过程中真正当家作主，让幼儿成为环境创设的主人。

陶行知曾提出："解放儿童的头脑，解放儿童的双手，解放儿童的眼睛，解放儿童的嘴巴，解放儿童的时间，解放儿童的空间"的"六大解放"教育思想。

在大班科学区"火山"实验活动环境创设的过程中，孩子们以自己为主，听从自己的头脑、运用自己的双手、计划自己的玩法，家长和老师共同参与支持的创设开始了，整个过程孩子"当家作主"，充分融入了科学区环境创设的自主性特点，下面谈谈我的具体做法和思考：

一、听从自己的头脑——"我想知道"不是教师拍脑袋想出来的

幼儿可以就自己感兴趣的事物，就自己所关心的焦点、热点，以及幼儿自己所熟悉的社会生活的方方面面去确定科学探索的实验问题。因为这样的科学教育活动的问题是幼儿自身提出的，所以更"接地气"，更受幼儿喜欢，幼儿也更愿意积极、主动而富有创造性地投入这样的科学探索活动之中。

（一）实践做法

老师：你们有什么科学问题呢？

幼儿1：我想知道恐龙为什么这么大。幼儿2：我想知道山为什么这么高。幼儿3：我想知道火山为什么会喷火。幼儿4：我也是。幼儿5：我想问楼房怎么能那么高却不倒……

老师：那你们把问题画下来吧。

（孩子们很认真地把问题用图画的方式呈现出来，同时也向同伴们解释

了自己的问题，互相交流）

老师：那哪些问题是大家都想知道的呢？

幼儿：火山，还有恐龙。

老师：那我们先研究什么问题呢？火山和恐龙，哪个能做实验？

幼儿：我看到过火山实验玩具。

幼儿：恐龙已经灭绝了，只有化石可以研究。

老师：我们最后怎么决定？

幼儿：我们黑白配，投票吧。

（二）我的思考

在确定科学区实验问题时，并不是教师拍脑袋就想出来的。教师在"让孩子当家作主"的教育理念下，从孩子们许多五花八门的各种问题中，引导他们自己讨论选择问题作为大家共同研究的方向，让幼儿之间相互分享科学经验。孩子们自主确定了科学区问题，同时教师了解了幼儿的科学探究兴趣点和已有科学经验。其中教师运用了以下几个方法：

1. 图画与解释结合

大班的幼儿由于语言表达能力较强，也有一定的图示符号表现能力，教师让幼儿将自己想了解的问题用图画呈现，并向同伴解释相结合的方式，和大家沟通自己的科学问题，让幼儿也能了解同伴已有的科学经验。

2. 自定选择规则

面对如此多的问题，到底怎么选择呢？随着大班幼儿对于社会规则的认识丰富和内化，选择的规则由他们自己制定和遵守。投票、石头剪刀布、黑白配等幼儿制定的规则在确定问题时发挥了重要的作用。

3. 比较中发现

最初孩子们选出火山和恐龙两个研究问题，但老师在心里也要有把尺子。"儿童视角"并不是放任不管，教师要根据幼儿的年龄特点和可实践操作性引导幼儿，帮助他们获得科学经验。教师让孩子们通过比较的方式发现火山的实验材料更容易寻找，于是关于到底研究什么问题的"世纪难题"迎刃而解。

二、运用自己的双手——"材料仓库"我们是建造者，也是管理者

科学区实验的活动材料从哪里来，是否合适并不是教师说了算。幼儿进入科学区开展实验的第一步就是对学习的工具和材料进行选择和收集，建立材料仓库。幼儿在选择收集材料时除了按照自己的兴趣，还依据自己已有的认知水平。经过自己选择、自己收集的科学探究材料才会更适宜幼儿，更有利于让幼儿积极主动地去发现科学、探究科学。

另外，幼儿在科学区活动中的规则需要符合幼儿的内在需求，这样幼儿才会自觉遵守。这个规则不是教师单独制定出来的，而是与幼儿协商建立的，它能够保证区域互动的有序开展。在材料仓库的管理上充分体现了这个特点。

（一）实践做法

老师：我们做"火山"科学实验，你们就是小科学家了吧，那我们要些什么工具材料呢？

幼儿：我看到科学家戴眼镜。

老师：为什么要戴眼镜？

幼儿：保护眼睛呀！防止实验时有材料伤到眼睛。

老师：那除了戴眼镜，还要用什么保护自己？

幼儿：手套。

幼儿1：还有试管、放大镜、量杯。

幼儿2：火山模型、小苏打、色素，我家里有套火山喷发科学玩具。

老师：这些东西从哪儿来呀？

幼儿1：我家里有手套的，我来拿手套。

幼儿2：我也有。

老师：那都拿手套来，是不是太多了，其他东西怎么办呀？

幼儿3：我们分开带不同的东西吧。

（孩子们各自申领了科学工具材料后，老师也和家长沟通了这件事，请家长帮孩子一起收集。后面几天，孩子们陆续带来了各自申领的科学工具材料，乱七八糟地临时放在了一个地方）

老师：这些东西堆在一起怎么用呀？

幼儿：我们分开放，一样的放在一起。

（老师提供了许多篮筐，孩子们将科学工具和材料进行分类摆放，并自己设计了标签。随着实验的展开，一些生活中的材料筐空了，孩子们的实验材料不够了，有孩子提出了这个问题。）

老师：那大家想想怎么办？

幼儿1：再带来呗。

老师：那缺了什么？要带多少呀？谁管这个事？

幼儿2：我去看，我去记下来吧。

老师：看来我们的科学区也要有个人来管理管理吧。

幼儿3：选个科学值日生吧。

（二）我的思考

以往的科学活动，无论是科学集体活动还是个别化活动，材料基本是老师提供的。在"儿童视角"下科学区环境创设中，教师引导孩子自己决定科学工具材料，在家长帮助下自己收集材料，更让孩子自己管理"材料仓库"。孩子们学习承担任务，学习分工合作，学习整理收纳，学会爱护，像个"科学工具材料仓库"管理员一样。教师在这个过程中运用了以下几个方法：

1. 主动申领任务

在确定谁带材料，带什么材料时，教师并没有自己指定分配，而是让幼儿自己主动报名，申领任务。大班幼儿的主观能动性被激发了，他们每个人都把这件事牢牢地记在心里，成为他们要完成的首要任务。所以不用老师提醒，材料收集得很快。

2. 自己整理材料仓库

材料陆续收集来了，但乱七八糟堆在一起，教师没有"代劳"，而是让幼儿自己发现材料杂乱无章的不便，然后讨论整理的方法，讨论后用大家一致认同的方式自己整理归类。这个过程中，教师给予幼儿充分的自主，让幼儿自己发现问题，自己想出办法，自己解决问题，这不仅是个整理的过程，也是一个探究的过程。孩子们的自主生活能力获得了锻炼和提升。

3. 选科学区值日生

值日生制度在培养大班孩子责任意识和能力上发挥了有效的作用，孩子们以当值日生为荣。科学区材料仓库创设后发生了缺材料、空材料的现象，老师抓住这个契机，引发幼儿产生选科学区值日生的想法，既能解决问题，又能培养大班幼儿爱护、管理物品的能力，同时也让孩子们"班级小主人"意识增强了。

三、计划自己的玩法——"我的玩法"我们计划、我们执行

科学实验是探索的过程，但实验步骤不是固定的。实验开展的时间、空间、步骤是根据实验者的具体情况进行的。在幼儿科学区、幼儿不应该只是进行模仿实验，重复教师提供的实验步骤，而是可以根据自己不同的实验猜测，设计实验步骤，然后在操作中去发现实验现象，验证自己的猜测，探索生成新的科学实验。

（一）实践做法

老师：火山喷发实验怎么做呢？

幼儿1：我看了书上，用醋、柠檬水。

幼儿2：我问了爸爸，可以用小苏打、可乐。

老师：要不给你们纸，把实验怎么做、需要什么材料画出来，按顺序制订个实验计划吧？

（幼儿根据不同的实验材料和步骤，自主分成了五个实验小组，并共同完成了实验玩法板。接下来幼儿在来园时间、自由活动时间、幼儿生活活动时间、个别化学习时间，甚至离园准备时间，只要他们想便可以随时随地进行科学实验。这样玩了一阵子，孩子们又提出了自己制作火山模型的想法。）

老师：怎么做？那要什么材料呢？

幼儿：要用瓶子，其他不知道了。

老师：要不给你们纸，把做法和需要的材料画下来，制作个新的计划。

（二）我的思考

科学实验是个幼儿自主探索的过程。实验操作的材料和步骤也是根据幼儿的兴趣和猜想进行。教师给予大班孩子充分自主制定实验材料和步骤的机会，不仅发展了大班幼儿探索精神，也培养了大班幼儿计划与执行能力的学

习品质。在这个过程中，教师运用了以下方法：

1. 制订计划书

实验材料需要什么、实验如何做，都是需要事先思考的。教师引导孩子在实验开展前制作实验玩法板，在制作火山模型前制订计划。教师提供一张纸，给予孩子鼓励、信任，也提醒了计划书的顺序性。

2. 我行我素

幼儿进行科学实验的时间和空间是开放的。只要不影响一日作息安排，不影响同伴的其他活动，幼儿可以随时随地进行实验。幼儿的科学探究兴趣主导了探究行动。为此，在创设科学区环境规则时，教师不仅为幼儿提供宽松、自由的心理环境，也提供了开放的物质环境，保证幼儿"我行我素"地进行科学探究。

3. 调整计划

实验不是一成不变的。根据孩子们的经验和兴趣，实验是可以调整的。在实验进行了一段时间，孩子们获得了一定的科学经验，兴趣点转移时，教师支持他们的"变心"，鼓励孩子们制订新计划。所以，形成了火山模型制作图。

在大班科学区环境创设过程中，给大班孩子们"当家作主"的权利和义务，教师要做的就是鼓励他们，信任他们，支持他们，让孩子们爱探究，会探究，能探究。在过程中，教师还要注意以下几个方面：

（1）自主收集：让幼儿自己收集材料和资料。在这个过程中，教师要明确自己的角色定位。幼儿是主要发起人和收集人，教师是共同收集人。

（2）自主商讨：行动前让幼儿自己讨论。教师可以作为梳理者，但绝不是决策者。

（3）自主布置：教师要引导幼儿自己进行科学区环境的布置，还包括科学探索轨迹的呈现，科学问题、经验的分享方式等。

（4）自主结伴：教师要允许幼儿自由组合，可以合作进行，也可以独自一人。

总之，幼儿园大班科学区学习环境创设的自主性，就是幼儿按照自己的兴趣和意愿自主选择科学活动区活动内容，收集活动材料、参与管理维护、制定活动操作方式等，让他们在整个"火山"实验探索过程中真正当家作主，听从自己的头脑，运用自己的双手，计划自己的玩法，让幼儿成为环境创设的主人。教师要做的就是鼓励他们、信任他们、支持他们，让孩子们爱探究、会探究、能探究。

附：相关科学实验资源包

"火山爆发"科学实验资源包（大班）

实验主题	地球宇宙科学	主题名称	火山爆发
实验来源	新编科学玩中学	建议主题	动物大世界
实验问题	恐龙怎么灭绝的？		
提出者	幼儿		
预设目标	科学知识／经验	小苏打与酸性液体产生化学反应	
	科学词汇	堆积、化学反应、喷发	
	探究技能	想象、猜测、计划、操作、观察、比较、发现	
	情感、态度、价值观	模拟火山爆发自然现象，感受自然的强大，能耐心进行实验	
幼儿已有经验	幼儿知道火山爆发的现象		
材料准备 （找一找）	收集者：师生、家长共同收集		
	材料：KT板、泥土、沙、石头、鹅卵石、泡沫、废纸、报纸、可乐、白醋、小苏打、薄荷糖（曼妥思）、颜料、毛笔、动物模型、恐龙模型、胶带、橡皮泥 实验资料：1.书籍《恐龙灭绝之谜》；2.《火山爆发》系列视频		
	环境材料照片： 		
预设玩法 （玩一玩）	玩法：模拟火山爆发 1.找到适合的材料以及底盘 2.小组合作尝试堆积火山 3.装饰火山，让火山变得更加逼真 4.加入小苏打和白醋模拟火山爆发 5.改进火山或再造火山，调整火山爆发反应材料		

（续表）

实验步骤 （附照片）	1. 问一问（幼儿提出关于火山的问题） 幼儿1：火山是怎么形成的？ 幼儿2：火山为什么会爆发？ 幼儿3：火山爆发前后有什么不同？  2. 猜一猜（幼儿对关于火山的一些问题进行猜测） 幼儿1：火山能不能在水下爆发？ 幼儿2：地下为什么会有岩浆？ 幼儿3：薄荷糖加上可乐能不能有火山喷发的效果？  3. 找一找（寻找制作火山的材料） 4. 记一记（幼儿先画下计划书，再做实验进行验证，并记录下实验结果。幼儿将实验后的发现用绘画等方式进行记录）  

（续表）

实验步骤 （附照片）	5.说一说（火山小百科） （1）火山爆发是因为地球内部存在压力，迫使岩浆喷发出地表形成火山 （2）海底也会有火山爆发，久而久之露出海面形成火山岛 （3）研究发现火山灰中富含各种矿物质，在火山休眠期火山周围的环境十分利于植物、动物生长  6.用一用（火山存在的意义） （1）释放地球内部压力 （2）产生自然温泉 
实施建议	1.火山爆发实验适合大班分组进行，教师可鼓励各组幼儿大胆提出对于模拟火山爆发的猜想并画出计划书 2.在孩子们操作过程中，给予幼儿足够的时间收集准备材料去尝试，重复尝试、不断改进，教师适时介入 3.在整个推进过程中可以用一些火山爆发的真实视频启发幼儿，激发进一步改进的兴趣 4.在实验成熟阶段可以进行组间展示、投票互选，选出最棒模拟火山

滑滑梯餐厅里的秘密

◎陆静逸

一、背景说明

在幼儿教育领域，游戏是关键的学习途径，而户外游戏对于幼儿多方面能力的发展具有重大意义。《指南》明确指出，培养幼儿的游戏兴趣、帮助他们积累经验是至关重要的。

我注意到，在室内餐厅游戏变得不那么受欢迎之后，好好分享的特别经历激发了孩子们的创新思维。他们将滑滑梯融入餐厅游戏，开启了一段探索之旅。我也观察到孩子们对"食物运输"表现出浓厚的兴趣，并积极地提供支持和引导。通过提供多样化的辅助工具、讲解传输原理、引入新材料，我们始终遵循"幼儿在前，教师在后"的原则，为孩子们创造了一个自由探索的空间。在这一过程中，孩子们不断地在发现和解决问题中锻炼了问题解决、交往合作以及科学探究等能力，逐步迈向更高层次的发展阶段，有效地促进了他们的成长。

二、过程描述

（一）游戏过程记录及反思推进（第一次）

1. 游戏实录

最近发现，孩子们在室内玩娃娃家"餐厅"的时候似乎失去了兴趣。怎么回事呢？忍不住好奇的我在交流分享环节中与孩子们一起商讨。孩子们说："老师我不想玩了。""为什么呢？"这时好好直接打断了我和孩子们的对话："陆老师，周日我和妈妈去了一个很好玩的餐厅吃饭，他们的食物是从上面滑下来的，很神奇呢。我也想开这样的餐厅，肯定会有很多小顾客。"一句"很神奇"似乎点燃了孩子们对"餐厅"的新设想。

第二天，孩子们就拿着盘子、甜甜圈等游戏材料来到了户外游戏场地，他们找到了小木屋作为餐厅，用滑滑梯做"高科技"的"食物传送带"，玩得不亦乐乎。可是，过了一会就有孩子跑来向我反映："陆老师，我的东西都被阳阳（服务员）弄到地上了。""是吗？"我走过去一探究竟，发现食物确实从滑滑梯上传送下来时直接掉落在了地上，而且盘子和食物都分开了。

2. 情况分析

在实际搭建和操作"食物传送"系统的过程中，孩子们面临了诸多挑战。食物在从滑梯滑落时，盘子与食物分离并散落一地，这揭示了他们在实施创意过程中，对物理现象如物体滑落轨迹、速度、摩擦力等缺乏基本的理解和预期。他们还未学会如何使用简单工具和材料构建一个稳定、有效的传输机制，在实践操作技能和科学原理应用方面存在明显的不足，需要在后续的探究中进一步学习和提升。食物滑落造成的混乱局面反映出幼儿对基础物理现象缺乏足够的认识。在搭建传送系统时，他们没有考虑到物体在斜面上的运动规律，例如重力作用下的加速、摩擦力对物体运动的影响等，这使得他们难以构建一个稳定且有效的传输方式。

3. 教师的支持与回应

通过观察，我发现孩子们对"食物运输"非常感兴趣，我又为孩子们增设了碗、大小不一的仿真面包等供孩子探索。孩子们在进行游戏时，食物不能平稳落地，导致食物频频洒出来，让孩子们有点为难。但是孩子们乐此不疲，喜欢这样的过程。针对这次游戏发现的问题，我在下一次活动中主要引导孩子在材料运用上进行调整。

（二）游戏过程记录及反思推进（第二次）

1. 游戏实录

接下来，当孩子们发现问题后，他们不再满足于一个人的构思，而是会寻求小伙伴的帮助。

茉茉拉着好好说："我们一起玩可以吗？我们一起想办法。"

在这次游戏中，孩子们不断尝试多种方式去稳固"食物传输"，有的直接把食物放上去，一放手食物就洒出来了。有的小朋友运用到老师提供的图片，观察到了，"失重餐厅"那个食物运输旋转滑梯是需要用东西去固定的，于是又进入了忙碌的场景，有的三位孩子为一组，有的二位为一组，开始想办法稳定食物。其中，有一组孩子运用的依然是餐盘装食物，想要再次尝试，当他们觉得要成功时，食物从滑梯最上面滑到下面时就洒出来了；有的运用到本次提供的新辅助材料碗，经过一番操作，用碗装食物，竟然发现传输到最下面的时候食物稳住了，孩子们高兴得跳起来，说成功啦！这时有位小客人要点一瓶饮料，孩子们利用刚尝试成功的经验，把饮料放到碗中，准备传输，"啊，我的饮料全洒了！"传送失败，饮料直接"飞"了出来。孩子们的脸上写满了失落，但是他们依旧不放弃，还在讨论：怎么样饮料才不会洒呢？才可以给小顾客呢？

2. 情况分析

部分幼儿能够敏锐观察教师提供的失重餐厅图片信息，并将其中"食物需固定运输"的关键知识迁移至游戏实践，积极尝试用各种方式固定食物。这体现出他们具备一定的观察能力，能够从外界信息源获取有用知识，并在相似情境中灵活运用，展现出知识迁移的思维萌芽，为科学探究积累了理论与实践结合的经验，是科学思维发展的重要表现。在游戏中，幼儿不断尝试多种材料与方法进行"食物传输"实践，面对餐盘、碗等不同工具及饮料传输新挑战，虽历经多次失败，但始终保持高度热情与坚持不懈的精神，持续探索问题根源与解决途径。从最初食物滑落，到碗装食物部分成功，再到深入思考饮料传输问题，他们在实践中不断总结经验教训，调整策略，逐步提升问题解决能力，彰显出强烈的实践探索欲望与科学探索精神。

3. 教师的支持与回应

教师以平行介入的方式，体验着孩子们游戏的快乐，对孩子新奇的想法给予鼓励和支持。孩子们对这一次的建构还意犹未尽。为了继续满足孩子们的兴趣，进一步提升孩子们的探索策略。我在与孩子们共同商量后，适当加入新的辅助材料，在下一阶段，我将会投入一些篮筐、超轻黏土、橡皮泥等辅助材料，同时也会继续引导孩子们相互合作。

（三）游戏过程记录及反思推进（第三次）

1. 游戏实录

接着上次游戏，这次孩子们可兴奋了，经过前两次的探索经验，这一次在游戏活动开展前我组织孩子们开了个小会，并介绍了今天提供的新辅助材料：篮筐、超轻黏土、橡皮泥。孩子们对新材料充满了好奇和期待，这个时候有孩子发出了分组的信号："老师，我们能不能分成女孩跟男孩两组比赛，看谁厉害。"我瞬间被逗乐了："孩子们，这个提议很好，男孩和女孩各派一位代表来选择辅助材料。"孩子们还提出了用剪刀石头布的方法来决定谁先选择辅助材料，太好玩了！最终，男孩选择了超轻黏土和碗，女孩直接选择了篮筐和橡皮泥！

热闹的场面开始了，孩子们分组开始探讨了。孩子们通过运用滑梯对食物运输的各种探究后，各抒己见，产生了很多的想法，这次在研究时，孩子们尝试着用新材料结合之前提供的材料进行探索。

突然听到"陆老师，陆老师，你快来看看我们，我们的食物没有'飞'出去，它完好无损地滑了下来。"我闻声走过去，化身神奇宝宝："哇，你好厉害，怎么做到的，可以跟我分享吗？"脉脉回答道："我们运用了橡皮泥，我们先把饮料放在篮筐中，然后把橡皮泥围绕在饮料周围，把顾客的饮料固定在篮筐中。增加了重力，这样在传输的过程中就不会飞出去了！"他边说边操作给我看，也吸引了男孩子过来围观。听了脉脉的话，男孩子也开始蠢蠢欲动，他们学着女孩子的办法，碗里放满了超轻黏土，再把饮料卡在里面，利用滑滑梯把饮料传送下来，可是让人失望的是，饮料还是洒了。

2.情况分析

在本次幼儿游戏活动中，孩子们表现出了极高的参与热情和创新精神。通过引入新的辅助材料，如篮筐、超轻黏土和橡皮泥，孩子们的探索活动得到了进一步的丰富和拓展。孩子们能够结合之前的游戏经验，尝试用新材料进行创新性的尝试。女孩们通过使用橡皮泥将饮料固定在篮筐中，成功地解决了饮料在滑梯运输过程中飞出的问题。这种问题解决能力的展现，说明孩子们在游戏过程中不仅能够享受乐趣，还能够学习到实际解决问题的技能。

相比之下，男孩子们虽然也尝试了类似的方法，但最终饮料还是洒了，这可能说明他们需要更多的尝试和调整，或者需要进一步的指导来改进他们的方法。这也为教师提供了观察和指导的机会，帮助孩子们在失败中学习和成长。

三、我的感悟

幼儿在前，教师在后，敢于放手让幼儿自由探究，把解决问题的机会尽可能留给孩子，给幼儿提供时间和空间，让他们在做中学，在做中思考。让孩子体会寻找解决问题的办法，体验合作成功带来的成就感。我们看到孩子在发现问题、解决问题的过程中获得了解决问题的能力、交往合作能力、科学探究能力等多方面能力的发展，同时自主探究的方式也体现了我们理念：每一个孩子都像一颗种子，而教育就是唤醒、滋养、守望，让孩子用自己的方式，长成最好的自己。观察孩子的现有经验水平，寻找新的突破口，促成幼儿经验迁移，推动幼儿游戏水平向更高层次发展。

第七章

其他

导　言

　　本类目包含亲子科学小实验与科学区创设的相关文章。亲子科学小实验作为家庭科学教育与幼儿园科学教育紧密结合的重要活动形式，对幼儿的成长与发展意义非凡。科学区创设则为幼儿打造了一个自主探索的场所，助力幼儿在科学探究中学会解决生活中的问题，还在实践中体验到了劳动的乐趣，激发了劳动热情，实现了科学探究与劳动教育的有机结合，为幼儿科学教育提供了新的思路和方向。

　　亲子科学小实验是一种旨在培养幼儿科学思维和动手能力的活动。通过与家长一起参与科学实验，幼儿可以在实践中探索自然现象，加深对科学知识的理解，并培养好奇心和探索欲望。《3—6岁儿童学习与发展指南》（以下简称《指南》）中指出：“引导幼儿通过观察、比较、操作、实验等方法，学习发现问题、分析问题和解决问题”“有条件时和孩子一起做一些有趣的小实验”。亲子科学小实验可以培养幼儿的科学思维方式，例如观察、提问、实验和总结。通过实际操作和亲身体验，幼儿可以更好地理解科学知识，在实践中掌握科学的思考方式。同时，由于科学实验强调实践操作，涉及实验器材的使用、实验步骤的执行等，通过参与实验，幼儿可以锻炼手眼协调能力、操作技能和空间意识，提高动手能力。另外，亲子科学小实验是家长与孩子共同参与的活动，通过实验中的合作和研究，可以增强家庭成员之间的情感联系，拉近亲子间的距离。

　　亲子科学小实验通过亲子之间的示范、讲解、操作，引导幼儿在动手操作的过程中进行探索、观察和发现，从而让幼儿掌握实验的方法和步骤，并通过观察、记录、验证等方式来迁移经验，从而激发幼儿对科学活动的兴趣，培养幼儿科学素养。

　　在指导家长开展亲子科学小实验的过程中，教师们针对家长积极性不高、亲子互动性不强等问题进行针对性分析，并提出鼓励推动、以点带面、及时追踪、适时点拨等方式，指导家长、孩子一起进行亲子科学小实验活动。教师们建议家长应成为亲子科学小实验的参与者、指导者、分享者与成功者，阐述了亲子科学小实验对提升幼儿探究兴趣与能力，提高家长、教师的家教指导能力的重要性，同时也进一步明确了家园合作、共同形成幼儿园科学教育特色的目标。

科学区创设是指在班级内为幼儿提供一个具有科学实验、观察、探索等活动的场所，旨在通过积极的科学体验和亲身参与，激发幼儿的科学兴趣和探索欲望，体验劳动的快乐。

《指南》中指出："给幼儿提供丰富的材料和适宜的工具，支持幼儿在游戏过程中探索并感知常见物质、材料的特性和物体的结构特点。"因此，科学区创设可以通过丰富多样的实验器材、观察工具、科学图书等，激发幼儿对科学的兴趣，引导他们主动探索科学世界。同时，丰富的观察材料和实验装置可以培养幼儿的观察力和注意力，使他们能够细致入微地观察现象，培养科学思维。科学区能为幼儿提供简单科学实验的机会，幼儿通过亲身参与实验，培养实验能力和动手能力，提高他们的问题解决能力。同时科学区也为幼儿提供了自主探索的机会，鼓励他们主动提出问题、进行探索，并通过实践来解决问题，培养幼儿的探索精神和劳动能力。

在科学区创设的过程中，可以根据班级幼儿的兴趣和需要进行区域规划和材料分类。同时通过家园合作的方式共同收集相关材料，保证各类材料的种类丰富和充足。在材料整理的过程中师生可以共同参与，保障幼儿熟悉该区域，切实保障幼儿在科学区内进行自主探索和操作。

结合自己的实践，教师们梳理总结了指导幼儿进行科学实验的方法和策略。如通过创设优质科学区环境培养幼儿学习品质，可通过"看中学""找中学""做中学""思中学"与"用中学"等方式为幼儿提供自主学习、自主思考、自主发展的空间，从而帮助幼儿形成良好的学习品质。同时，在科学实验中，教师也可以通过观察发现、适时介入、关注个体等支持策略引导幼儿通过自己的发现主动建构有关的知识经验。

亲子科学小实验与科学区创设都可以让幼儿在与材料的充分互动的过程中，探索事物间的异同和联系，对幼儿的全面发展具有关键意义。

由亲子科学小实验"会跳舞的盐"引发的
家园共育思考

◎沈 莺

　　幼儿在大部分时间，都生活在家庭这一具体的环境中，他们所接触到的科学，其实大部分都来自家庭及周围的环境和事物。2010 年国家颁布了《国务院关于当前发展学前教育的若干意见》，进一步提出"要把幼儿教育和家庭教育紧密结合，共同为幼儿的健康成长创造良好环境"。因此，家庭科学教育和幼儿园科学教育都是不可取代的，两者紧密联系、互为补充。幼儿园的科学教育要以幼儿已有的科学经验为基础，而幼儿在幼儿园所学的科学知识也需要回归到家庭日常生活中去体验和实践。家庭和幼儿园紧密配合，才能真正使孩子获益。

　　但我们发现，我们的家园合作活动主要还是教师主导，家长配合的方式，以家长单方面接受幼儿园指派的任务或指定的活动为主，家长缺少主动参与性。家园合作灌输性多，商讨性少，幼儿园更多的是要求家长和家庭尽可能地配合园所的保教工作，却很少了解不同幼儿家庭的需求，家长未能有机会发挥自己的特长和作用。家长虽然不是专业的教育者，但绝不是教育的旁观者。因此，我班的亲子科学小实验俱乐部活动应运而生，活动的开展并非一帆风顺，处在"产生问题—解决问题—产生问题—解决问题"中，希望通过这一活动的开展，能走在"家校真合作"的探索道路上，共同开发合适的亲子科学小实验，提升幼儿的科学素养。

一、鼓励推动，以点带面，激发家长参与活动的主动性

（一）问题：家长没兴趣，参与不积极

　　班级亲子科学小实验俱乐部活动开始之初，我们通过家长讲座、钉钉班

级群发通知等方式，告知了家长活动的开展，并将经过家委会和教师共同筛选的小实验的文本内容也发给了家长。在通知中，我们这样写道：

各位家长大家好！为了能培养家庭中幼儿进行科学探究的习惯，增进家园合作，我班将开展亲子小实验俱乐部活动，需要您与幼儿一起完成。小实验是"会跳舞的盐"。通过实验，让幼儿初步了解声音与震动的关系。实验主要过程是：1.第一步，用保鲜膜把空杯子罩住，表面一定要拉平。2.第二步，在保鲜膜上倒上少许食盐。3.第三步，对着食盐大喊，也可试一下小音量和唱一首歌。接下来我会把实验参考发给你们。

1. 请将与幼儿做实验的过程以照片或视频的形式发给我们。

2. 实验时间在 4 月 10 号至 4 月 21 日，上传材料最晚时间是 4 月 22 日。

可是快要到截止日期，只有寥寥几个孩子的实验照片传到了群里。一个小实验视频都没有。看来，家长们对这个活动的热情度不高，班级的活动参与率很低。

（二）方法：鼓励推动，以点带面

1. 鼓励推动，激发家长兴趣

面对家长缺少主动性的问题，我们采用了鼓励推动的方法。对家长和幼儿积极参与科学实验活动给予及时的表扬、积极的评价，及时回复家长和幼儿的反馈，激发他们的活动兴趣。

对主动上传孩子实验照片的家长进行留言点赞，给孩子竖大拇指，"孩子实验很认真""孩子真是一个小小科学家""孩子自己动手实验真能干"等。我们反思了活动通知的重要性，在下一次实验开展的通知中我们增加点名表扬"补充一点：先表扬一下上个月很多孩子，×××，×××，×××……都积极参与了这个科学小实验，视频发得也非常好，希望这个月我们继续！"

同时，我们鼓励家长和幼儿进一步地探索或者挖掘更多的相关实验，以积极的态度推动家长和幼儿进行科学小实验。

我们提供的小实验虽然是由班级家委会和教师共同筛选的，但实验材料、实验步骤等都为家长提供了参考，实验材料可能有，可能无；对于实验步骤，不同的家长和孩子可能有不同的想法，这些原因可能会阻碍家长的积极主动，于是我们在通知中进行了鼓励："补充一点，如果你觉得'会跳舞的盐'实验材料可以用其他东西代替也可以，关键是让孩子了解这个实验原理，如果有其他玩法也可以，请你用拍照或文字形式、语音发在群里面，让我们大家知道你的新玩法和新材料。"

2. 以点带面，发挥引领作用

我们使用了以点带面的方法，发挥教师与家委会家长的引领作用，组成强弱搭配的亲子互助团体，积极引导幼儿之间、家长之间、师幼之间互相学习，增强共学互学的氛围，激发亲子积极参与实验活动。

首先，在班级家委会群中，我们与家委会家长针对这个问题进行了交流沟通，共同思考解决办法。交流中，家委会家长们提出除了积极上传自己的亲子小实验视频、照片以外，还可以去回复评论其他家庭的亲子小实验视频，家长之间进行相互鼓励。其次，我们家委会家长在群里积极上传了小实验视频，并表达了孩子在实验中的愉悦之情。最后，我们趁热打铁，及时鼓励家长相互交流。"孩子很开心就好，家长朋友们或者孩子们都可以来发表情、文字、语音等说说自己做小实验的感受，也可以来评价（点赞）一下同学的哦。"

很快，家长在群里对其他幼儿竖起了大拇指，表扬其他幼儿"真棒"。"看到其他孩子做实验，我们家也吵着要做实验呢！""其他同学的小实验视频，他都仔细看了。"在第二个实验活动通知后，群里热闹了起来。小实验视频和照片多了，家长之间的交流互动也多了。有的家长还和孩子做了新的实验——"传声筒实验"，其他家长和孩子看了，纷纷效仿。

二、及时追踪，适时点拨，增强亲子实验的互动性

（一）问题：孩子独自实验，亲子缺乏交流

在亲子实验视频中，我们发现：很多都是孩子一个人在进行实验操作，家长全程只是进行了录像，很少和孩子进行言语对话等互动交流，仅有的交流就是孩子操作有困难时，家长会帮助孩子进行操作而已。偶尔有的家长会在实验结束后和孩子进行简单的对话，说说实验的科学原理。比如，"你知道盐为什么会跳舞吗？""因为有声音，产生了振动，盐就会跳起来了。"但交流

就仅此而已了。

在实验过程中，孩子往往都是独自进行实验操作，和家长之间缺乏沟通交流，偶尔有沟通交流也是比较简单"粗暴"的关于科学原理的解释而已，孩子可能并没有理解，这样的实验没有体现"亲子"特点，缺乏有效的互动性。

（二）方法：及时追踪，适时点拨

1. 及时追踪，及时了解亲子实验的开展情况

为了增强亲子实验的互动性，教师在发布活动通知后要通过钉钉班级圈、晓活动、私信、实验记录表等途径及时收集开展亲子实验的照片、视频等资料，以便及时了解亲子实验的开展情况。

在每个实验活动通知后，家长会不定时在群里发布照片、视频，但不管什么时候，我们都尽可能第一时间看看每张照片、每个视频，以便马上了解实验活动的内容、材料、亲子互动情况等，然后可以及时作出回应。此时，往往家长也会及时进行回复，家长就会及时调整自己和孩子在实验中的互动内容，提升亲子实验互动性。

2. 适时点拨，提升亲子实验互动有效性

家长不是专业的教育者，所以他们不清楚在亲子实验中需要和孩子进行言语等交流，也不清楚如何交流才是孩子理解的，才能有效促进孩子的科学素养，他们还是需要教师一些专业的"点拨"，一些适当的方法。

在视频下面，我们会适当地给家长一些建议，鼓励家长参与实验的操作过程，如"如果实验有爸爸妈妈参与，孩子会更高兴的""孩子真棒，已经知道整个实验怎么一步一步玩了，妈妈可以问问孩子怎么回事呢""妈妈可以简单地和孩子说说水龙头是怎么回事哦""爸爸和孩子一起做实验，孩子笑得可开心了"等。

我们提供亲子实验中互动的具体问题供参考，让家长与孩子能交流起来，启发孩子进行科学探索和思考。如"希望妈妈爸爸在实验中能问问孩子为什么盐会跳起来，启发思考科学现象""建议让孩子观察声音大和声音小后盐的变化，问问孩子原因哦"。

家长生活经验丰富，他们的体会肯定会比较深刻一点，正好弥补了孩子们对于实验的浅显认识。虽然孩子的认识很浅显，有的时候会比较幼稚好笑，

但我们依然不能剥夺他们交流的权利，能将自己的体会用语言表达出来，不但说明他理解了实验，同时也能训练他们科学实验现象的描述能力，如果不小心他们的理解错了，家长也可以马上反馈，以免他们把错误的知识点记在脑中。

经过及时追踪、适时点拨，家长逐渐学会了在亲子实验前让孩子进行猜想，实验中适当参与操作，启发提问、引导孩子自己进行实验探索，不仅提升了亲子实验互动的有效性，也使亲子科学小实验俱乐部活动不仅仅是孩子、教师为主的活动，而是孩子、家长、教师"三位一体"真正共同参与的活动。

三、感悟收获，评价反馈，共同优化实验的适宜性

（一）问题：孩子和家长有哪些收获，实验合适吗？

由于亲子实验俱乐部活动是在家中开展的，那亲子科学小实验孩子喜欢吗？孩子在实验中、实验后有没有提升对于科学实验的兴趣，实验后的情况如何？家长对于实验有什么想法，实验有什么要调整的地方呢？这一连串的问题都是我们需要了解的。

亲子科学小实验俱乐部活动是孩子、家长和教师共同开发的，我们需要了解家长和孩子的想法，才能对亲子科学小实验俱乐部活动进行优化和调整。

（二）方法：感悟收获，调查反馈

1. 感悟收获，了解亲子互动情况，孩子发展水平

我们通过钉钉群发表情、文字、语音、活动感悟文本记录等方式，引导孩子、家长表达对亲子小实验的体验感受，了解亲子互动情况、孩子发展水平等。

教师："家长朋友们或者孩子们都可以来发表情、文字、语音等说说自己做小实验的感受。"

家长："陪伴孩子发现生活中的小乐趣，孩子在过程中充分地感受到了爸爸妈妈的陪伴，增加了亲子关系。在整个实验过程中，孩子的动手能力得到了很有效的提升，他很认真地参与其中。""孩子对与家长做这样的小实验很感兴趣，一方面在玩，一方面在学，做完实验后和她讲一些生活中的例子，她也就很容易理解了。""科学小实验可以让孩子更好地认识自然，在实际操

作中观察现象并能用自己的语言表达所看到的现象，很好地开发了幼儿动手能力和观察能力。科学在他们幼小的心灵里埋下了一颗探索的种子，激发他们对自然科学的兴趣，让他们知道遇到事情不仅可以动脑，还可以动手实践。”

2. 设计问卷，以便调整和推动后续活动的开展

我们设计调查问卷，了解孩子、家长对于亲子科学小实验开展后的想法，包括认可的地方和相关的建议，以此更好地调整和推动后续活动的开展。

调查对象：班级家长

调查内容：幼儿的愉悦性、幼儿的专注性、幼儿的创造性、幼儿的延续性、家长对实验的建议

调查方式：问卷星

问卷样本（图1）：

家园开发亲子小实验活动家长问卷

各位家长：

您好！为了提高孩子的科学探究能力，除了在幼儿园开展科学实验活动，我们也通过家园合作开发亲子科学小实验，为了让亲子小实验活动更具适宜性和科学性，我们诚挚的邀请您能参与问卷调查，提供最有价值的信息。本问卷为匿名问卷，调查结果仅供研究之用，且只做整体分析，不会涉及到您的个人隐私。所给答案均无对错之分，请您选择最接近您实际情况的答案如实填写。谢谢您的合作！

1. 您是孩子的 ________
A. 爸爸　B. 妈妈

2. 您的孩子所在年龄段是 ________
A. 小班　B. 中班　C. 大班

3. 在和孩子一起做亲子实验时，孩子的情绪是________
A. 很愉快　B. 比较愉快　C. 一般　D. 不开心

4. 在和孩子一起做亲子实验时，孩子表现得________
A. 主动参与　B. 比较主动参与　C. 被动参与　D. 不愿参与

5. 在做亲子实验过程中，孩子的注意力________
A. 一直集中　B. 比较集中　C. 不集中

6. 当实验失败或有困难时，孩子会________
A. 多次尝试，直到成功或解决困难为止　B. 继续尝试 1-2 次，可能成功或解决困难，可能没有　C. 马上放弃实验

7. 在实验过程中，孩子会探索实验的新玩法吗？
A. 会自己探索　B. 在启发下探索　C. 不会探索

8. 当孩子有了实验发现（了解科学经验）后，会有科学创想吗？
A. 会（请继续做第 9 题）　B. 在启发下会（请继续做第 9 题）　C. 不会（请跳过第 9 题）

9. 孩子会如何表达科学创想？（可多选）
A. 说一说　B. 画一画　C. 做一做（科学小制作）　D. 其它________

10. 和孩子一起做实验后，孩子还愿意再做实验吗？
A. 十分愿意　B. 比较愿意　C. 勉强愿意　D. 不愿意

11. 孩子会将实验中获得的科学经验运用到生活中吗？
A. 会　B. 在启发下会　C. 不会

图1　问卷样本

总之，班级的亲子科学小实验俱乐部活动是建立在家校合作、共同开发实验的基础上。我们通过鼓励推动，以点带面，激发家长参与活动的主

动性，让亲子科学小实验俱乐部活动成为孩子、家长、教师"三位一体"真正共同参与的活动；通过及时追踪，适时点拨，增强亲子实验的互动性，让亲子实验像学校实验一样，有思考与交流。实验后，每个家庭成员分享自己的理解、感受，共同进步；通过感悟收获，评价反馈，共同优化实验的适宜性，实现家庭科学教育和幼儿园科学教育互为补充，最终促进幼儿科学素养的发展。

附：相关科学实验资源包

"会跳舞的盐"科学实验资源包（小班）

实验主题	物质科学实验	实验名称	会跳舞的盐
实验来源	日常生活	建议主题	好听的声音
实验问题	盐为什么会跳舞？		
适合年龄	小班幼儿		
预设目标	科学知识/经验	初步了解声音与震动的关系	
幼儿已有经验	知道生活中的盐，盐的形态、颜色、味道等		
材料准备 （找一找）	收集者：家长、幼儿共同收集		
	材料：空杯子1个、食盐少量、保鲜膜（能包裹杯口即可）		
	材料照片： 		
预设玩法 （玩一玩）	1. 第一步：用保鲜膜把空杯子罩住，表面一定要拉平 2. 第二步：在保鲜膜上撒上少许食盐 3. 对着食盐大喊，也可试一下小音量和唱一首歌		
亲子互动	妈妈：宝宝，知道我们的耳朵为什么能听到声音吗？ 幼儿：因为耳朵里有秘密。 妈妈：对啦，那是什么秘密呢？今天我们用保鲜膜和食盐来做一个科学小实验吧。 幼儿：妈妈，盐为什么会"跳舞"呀？ 妈妈：因为声音是由物体振动产生的，声音越大，盐抖动得就越剧烈。你再小声地喊一声试试或者唱一首歌给它听。		

（续表）

实验步骤	1. 家长引导幼儿将保鲜膜紧贴在空杯子上，确保表面平整没有褶皱 2. 家长在保鲜膜上撒上少量的食盐，形成一个薄薄的盐层 3. 家长引导幼儿轻声喊出"嗨"或唱一首轻柔的歌曲，观察食盐的变化。接着，家长指导幼儿大声喊出"哇"或唱一首节奏强烈的歌曲，再次观察食盐的反应 4. 提问与引导 在每次实验后，家长可以向幼儿提问："宝宝，你看到了什么？为什么盐会动呢？"引导幼儿理解声音是由物体振动产生的，而振动会传递到食盐上，使其"跳舞"
	备注：小音量或者发出短暂的音量更好玩
亲子实验后家长感悟	在本次《会跳舞的盐》亲子实验中，孩子全身心投入，眼中满是好奇与惊喜。当看到盐随着声音跳动，孩子们那股兴奋劲儿溢于言表，迫不及待地想要探究其中奥秘。通过和孩子的紧密互动，不仅让孩子直观地感受到了声音与振动的奇妙联系，更在实践操作中锻炼了其观察力和思考力。孩子学会了主动提问，积极尝试不同音量对盐的影响，在轻松愉悦的氛围里收获了科学知识。这一实验极大地增进了我和孩子的感情，让我深刻体会到陪伴孩子探索科学世界的重要性，也为孩子开启了一扇热爱科学的大门，助力其在成长道路上保持对未知事物的热情与探索精神

基于问题支持亲子科学小实验的探索

◎王晨琳

幼儿园教育必须与家庭教育相互支持、相互合作，这已成为大家的共识。在我园区级课题的引领下我们申报了区级规划课题"家园合作开发亲子科学实验的实践研究"，以亲子科学小实验俱乐部的形式开展研究。但在研究中也发现了一些问题，针对问题我们进行分析，积极思考有效的策略，帮助家长习得更多的亲子实验方法，共同助推幼儿的成长。

一、当前亲子科学小实验中存在的主要问题及原因分析

（一）问题一：家长参与度不高，家庭中亲子科学小实验做得较少

原因分析：有的家长由于工作繁忙，较少有时间或精力参与亲子小实验；有的家长在收集实验材料时遇到问题或者怕麻烦导致亲子实验无法进行；有的家长虽然看到了活动预告和小实验推荐视频，但还是不清楚具体如何开展。

（二）问题二：亲子科学小实验中家长与幼儿之间互动方式不适宜

1. 家长包办多，幼儿动手操作少

原因分析：家长不相信自己的孩子有能力做好实验，怕衣服弄脏、怕东西打翻，使得幼儿得不到应有的锻炼。

2. 亲子实验中幼儿与家长的互动对话少

原因分析：我们了解到有的家长平时与幼儿的沟通交流较少，不习惯在实验中进行互动交流；有的家长不知道如何与幼儿互动，不知道互动些什么，对互动的重要性认识不足。

3. 亲子实验中家长对科学现象的引导观察较少，科学解释太深奥

原因分析：家长对幼儿的年龄特点不清楚，不知道如何用幼儿听得懂的语言或者幼儿能理解的方式解释科学现象，对科学现象观察的重要性认识不足。

二、提升亲子科学小实验参与度与互动质量的支持策略

（一）视频面对面

我们在开展亲子小实验前利用周末时间，在班级钉钉群中召开视频见面会。向家长介绍亲子实验的玩法、材料、注意事项等，让家长对科学小实验有全面的了解。同时积极与家长互动，了解家长对于实验的问题和困惑，及时解答。这样大大激发了家长参与科学小实验的积极性。

（二）互助对对碰

我们积极发挥家委会引领的作用，用互助对对碰的形式开展亲子实验。比如，在亲子实验前、实验中、实验后，我们都会召集家委会开会，共同商讨亲子实验的方法，让家委会学在前、思在先、做在前。同时引导家委会以小组的形式结对抱团研究，组建互助群。当家长提出困难时，家委会会主动解答；当家长有新的想法时，家委会会主动与其交流互动；当大家都完成实验时，家委会会鼓励大家将好方法进行分享。互助对对碰促进了家长之间的互动交流，在互动交流中激发参与兴趣，提高参与质量。

（三）"爱的放手"微讲堂

我们组织亲子实验中不够放手的幼儿家长开设小型家长讲座。通过讲座引导家长转变对幼儿教育的传统观念，让家长学会"爱的放手"，让家长知道幼儿动手操作的重要性以及一些实际可操作的提示或者建议，帮助家长在日常生活中引导幼儿进行科学实验。

（四）俱乐部分享会

在实验前、实验中和实验后我们会不定期地开展科学实验俱乐部分享会。利用钉钉日记、语音留言等方式组织家长们进行小组讨论，分享对开展亲子实验俱乐部的经验和做法，使个体的经验变成集体的经验，助力更多的家长采用更有效的方式开展科学实验。同时我们老师也会将教研组研讨出的互动策略分享给家长，如榜样启发、耐心等待等。将老师与孩子实验互动的视频给予家长参考，让家长更直观地习得互动方法。

（五）集思广益听建议

我们集思广益，通过家长调查问卷，与家长、幼儿的交流互动，幼儿表

征等方式及时了解幼儿、家长对于亲子科学小实验中科学现象的感知理解情况、对实验设计的建议等，以此更好地调整和推动后续亲子实验的质量。

三、亲子小实验的收获与成效

（一）教师的成长

1. 支持策略更有效

教研组的专题研究帮助教师积累了支持家长开展亲子科学小实验的方法，商讨出了给予家长的温馨提示，让老师们在支持家长开展亲子科学小实验的过程中有想法、有方法、有成效。

2. 互动方式更丰富

通过研讨，教师获得了更多家长、幼儿喜爱的互动方式，比如钉钉日记、班级朋友圈、点赞评论、视频见面会、语音留言、问卷星调查等。

3. 角色定位更明确

教师们的角色定位有了转变，从指导者变成了合作者。能基于家长的需求，收集意见，与家长合作研究设计亲子科学小实验，发挥家长的主动性与积极性，并给予家长积极的支持，共同合作提升幼儿的科学素养。

（二）家长与幼儿的成长

除了教师的成长外，我们的孩子成了"好奇探究、乐慧创玩、美言美行、和谐发展"的具有初步"探究精神和探究能力"的有灵气的好儿童。

我们的家长开始真正走进幼儿园的课程中，关注到生活中的科学，重视科学教育，重视亲子互动，与教师的互动更积极，真正形成了家园教育合力。

幼儿的发展、家长的认可就是我们科学研究前进的动力，我们将继续家园携手，在科学教育的道路上共同成长！

科学探究中，激发劳动兴趣
——以大班科探活动"去污有妙招"为例

张燕静

自从我园被评为浦东新区"五育并举学段化推进"实验校以来，我们一直关注在科学活动中促进幼儿的全面发展。自 2021 年发布了《上海市浦东新区劳动教育特色课程范例》，我们就更加关注在一日活动中，将劳动教育融入科学探究中。下面我就以大班科探活动"去污有妙招"为例，介绍一下我们班级幼儿的探究过程吧！

一、缘起，发现问题

在一次活动中，我发现阳阳和轩轩用橡皮在桌子上用力擦了擦。随后我就询问他们："你们在干什么呀？"阳阳害羞地回答道："我们刚刚不小心把记号笔的颜色弄在了桌子上，我们想用橡皮把它擦掉，但是擦不掉。"于是我就在自由活动结束时组织小朋友进行了讨论，让大家一起帮助他们想办法。小朋友提议可以用洗洁精、抹布、钢丝球，还说用柠檬。我就鼓励小朋友收集这些材料去尝试。

第二天孩子们从家里带来了这些材料，并开始了他们的探索。过了一会儿，晨晨跑过来说："老师，钢丝球把桌子擦出来一条一条划痕。"萱萱说："老师，柠檬把印记擦淡了，但还是有印记。"于是我便鼓励他们再和爸爸妈妈一起想想办法。

二、推进，解决问题

我在和家长的交流中了解到：有的孩子让爸爸妈妈帮忙网上查找好方法；有的会盯着奶奶问："家里洗碗去油渍的方法是什么？"……几天后有的孩子带来了一段视频，有的孩子从家里带来了自制去污水。于是我就决定开展一次"去污有妙招"的分享会，在分享会上我鼓励每个孩子大胆地说出自己找到的好方法。孩子们迫不及待地分享了自己收集到的方法。

有的孩子说："瞧，这个去污水是爸爸帮我做的，里面加了牙膏、白醋、自来水，可以把水龙头上的污垢去掉。"

有的孩子说："我看到奶奶洗碗的时候，在热水里加洗洁精，这样就能把油渍洗干净了。"

有的孩子说："妈妈给我看了去污的小视频，里面会把材料组合在一起用，就可以把东西弄干净了。"

通过孩子们的分享，大家发现了原来单一的材料是擦不掉印记的，但可以用材料组合的方法去除。于是我鼓励孩子们在家里找一找哪里有污渍和油渍，可以用学到的好方法去试一试。

之后的几天，我发现家长在班级圈里纷纷发上了孩子在家里做各种劳动的视频。仔细一看，有的孩子在用热水和洗洁精洗碗，有的孩子在利用盐、小苏打、洗洁精等材料清洗锅底，还有孩子在用热水和肥皂洗自己的衣服。没想到一个探究活动激发了孩子们劳动的热情。孩子们还会记录自己的劳动过程和方法，在班级朋友圈旁与同伴介绍自己在家里利用自制去污水去除水龙头的污渍、利用热水加洗洁精去除地面油渍等，得到同伴们的赞扬，别提有多骄傲了。

三、分析与思考

1. 抓住教育契机，让劳动在探究中发生

作为老师，我们需要保护孩子探索的好奇心，所以当孩子把记号笔的印记留在桌面上时，我没有责怪孩子，而是敏锐地利用桌面留下印记这一教育

契机，引发所有孩子对去除桌面印记的强烈探究兴趣。在探究后，通过分享会来有力地推进孩子在家里积极运用组合的方法进行去污，激发孩子的劳动意识，引导幼儿深入探究和实践劳动。真正让劳动在好奇与探索中自然而然地发生。

2.支持幼儿尝试，让探究与劳动相促进

从"去污有妙招"活动中看，孩子们遇到桌面印记难以去除的真实问题，激发孩子们自主收集材料的热情。我也鼓励孩子和爸爸妈妈一起寻找其他的方法来收集信息。通过分享信息，孩子了解到牙膏、白醋、自来水可以去除水龙头上的污垢，热水加洗洁精能够把碗洗得很干净等获得了去污方面的探究知识，即是探究也是劳动。根据家长在班级圈的反馈来看，孩子们在家里进行了更多的劳动，成功引发了孩子劳动的积极性，拓展了探究的方式，积累了探究的经验。在探究中体验到了劳动的乐趣，激发了孩子们对劳动的热情和为他人服务的责任感。孩子们在劳动实践中体会劳动价值，真真切切体会到"劳动是一切幸福的源泉"。

3.让探究和劳动更好地为生活服务

虽然"去污有妙招"的活动结束了，但从中我收获颇多，我深刻地意识到，作为老师，我们要做个有心人。更多地去关注孩子们生活中遇到的问题，抓住教育契机，去保护和挖掘孩子们探究的兴趣点，积极推进孩子们在探究中获得劳动的经验。在活动中提升孩子们用科学的知识和技能解决劳动过程中遇到的真实问题的能力，将科学与劳动紧密结合，以科促劳，帮助幼儿养成良好的科学素养和劳动品质，为幼儿的成长奠定扎实的基础。